中國學術思想 研究輯刊

十 編
林慶彰 主編

第 21 冊

王陽明良知學詮釋
鄭富春 著

王陽明詩與其思想
廖鳳琳 著

花木蘭文化出版社

國家圖書館出版品預行編目資料

王陽明良知學詮釋　鄭富春 著／王陽明詩與其思想　廖鳳琳
著 ── 初版 ── 台北縣永和市：花木蘭文化出版社，2010〔民
99〕
目 2+76 面／序 2+ 目 2+108 面；19×26 公分
（中國學術思想研究輯刊 十編：第 21 冊）
ISBN：978-986-254-350-4（精裝）
1.（明）王守仁　2.學術思想　3.陽明學　4.詩評
126.4　　　　　　　　　　　　　　　　　　　99016460

ISBN - 978-986-2543-50-4

9 789862 543504

中國學術思想研究輯刊
十 編 第二一冊　　　　　　　　　ISBN：978-986-254-350-4

王陽明良知學詮釋
王陽明詩與其思想

作　　　者　鄭富春／廖鳳琳
主　　　編　林慶彰
總 編 輯　杜潔祥
出　　　版　花木蘭文化出版社
發 行 所　花木蘭文化出版社
發 行 人　高小娟
聯絡地址　台北縣永和市中正路五九五號七樓之三
　　　　　　電話：02-2923-1455／傳真：02-2923-1452
網　　　址　http://www.huamulan.tw 信箱 sut81518@ms59.hinet.net
印　　　刷　普羅文化出版廣告事業
封面設計　劉開工作室
初　　　版　2010 年 9 月
定　　　價　十編 40 冊（精裝）新台幣 62,000 元　　版權所有・請勿翻印

王陽明良知學詮釋

鄭富春　著

作者簡介

　　鄭富春，1961 年生，台灣高雄人，祖籍彰化秀水，畢業於屏東師專、國立高雄師範大學國文學系學士、碩士、博士。曾任國小教師四年，自 1988 年 8 月至輔英科技大學任教迄今。現任人文與管理學院語言教育中心專任副教授兼共同教育中心主任。主要研究領域是宋明理學、儒家生死觀與中語文教學相關論題。發表的論文刊載於《鵝湖月刊》、《宗教哲學季刊》、《輔英通識教育年刊》。

　　現任：副教授（2009.7 ～）兼共同教育中心主任（2008.10 ～）。

　　學歷：1. 屏東師專（1976.9 ～ 1981.6）。2. 國立高雄師範學院大學（1981.9 ～ 1985.6）。3. 國立高雄師範大學碩士（1985.9 ～ 1988.6）。4. 國立高雄師範大學文學博士（1999.9 ～ 2008.7）。

　　學術領域：1. 宋明理學。2. 儒家生死觀。

（一）單篇論文：1.〈廣心餘情，裕於死生之際——王船山《詩廣傳》中的生死觀〉（《鵝湖月刊》四〇二期 2008 年 12 月）。2.〈王船山莊學生死觀〉（《宗教哲學季刊》四十五期，2008 年 9 月）。3.〈安死自靖，貞魂恆存——從《楚辭通釋》看王船山的生死觀〉（《鵝湖月刊》三九二期，2008 年 2 月）。4.〈物我一原，死生一致——船山《正蒙注》生死觀初探〉（《鵝湖月刊》三四三期，2004 年 1 月）。

（二）其他著作：部分撰稿《耕讀——進入文學花園的 250 本書》（五南出版，2007 年 5 月二版七刷）。書目導讀撰寫：《聆聽父親》、《青色的月牙》、《圍城》共三篇。

（三）學位論文：碩士論文：《王陽明良知學詮釋》，國立高雄師範大學國文系，1988 年 6 月。博士論文：王船山生死觀與其義理體系研究，國立高雄師範大學國文系，2008 年 6 月。

提　　要

　　本論文以「王陽明良知學詮釋」為題，共分五章。旨在彰顯陽明良知學在成德之教上的意義和啟發；並提出「兩端而一致」的實踐詮釋方式，為良知學的理解建立一個可能的範型，以見其簡易精微的實踐義涵。

　　第一章「導論」，共分二節：簡述研究目的、方法與論述程序；次論希聖的終極探索，旨在表顯陽明實現聖學的歷程，以見良知學的詮釋起點，首先凸顯了本體的創造意義。

　　第二章「體用一源的本體義」，共分三節：先述本體義；次論「聖人之道，吾性自足」的義涵；進而詳論陽明言「心體」、「良知本體」與「知行本體」的精蘊。

　　第三章「動靜一如的工夫義」，共分四節：首先表述工夫的涵義；次論工夫指點的原則，談教法三變的意義；並闡明德性工夫的規矩，循理便是善，動氣便是惡；進而展開主要工夫論的全幅精義，由簡易精一的特質，論《大學》格致誠正修的工夫。

　　第四章「動態發展的歷程義」，共分三節：說明動態發展的意義；並提出「兩端而一致」的具體實踐立義方式，表詮良知學義涵下的心事（物）、體用、知行三組詞語的主要內涵，彰顯其中的義蘊，並明其分際所在；同時就良知學存在歷程的實踐意義，言虛廓性與充實性、開放性與發展性四義，以作為今日返本開新的當代省思。

　　第五章「結論」，綜理諸章研究結果，並就本文不足處作檢討。

目

次

凡　例

一、文中提及王守仁之處，概以其號「陽明」或「王陽明」稱之。

二、所引陽明著作以《陽明全書》（台北，中華，四部備要本）爲主，此
據明謝廷傑彙編的《王文成公全書》（西元 1572 年）刻本。首三卷
爲《傳習錄》，引文各條之編號係取自陳榮捷《王陽明傳習錄詳註集
評》（台灣學生，民國七十二年初版），蓋以通行故也。

三、文中引用《陽明全書》各卷時，則簡稱《全書》，直接標註卷數、篇
名。

第一章　導　論

第一節　本文研究目的、方法與論述程序

　　自孔子啓明仁教，孟子十字打開言性善，〔註1〕即奠定了成德之教的規模，以重德爲首出，而不同於西方主智型態的文化表徵，因此「希聖」就成爲民族文化的精神根源。而歷代儒者從事安身立命、己立立人、己達達人的道德實踐時，展現在生命歷程中，每每先有一段豐盈的道德實踐經驗，作爲其生命學問的詮釋基礎。換言之，經由懇切反省、改過遷善、變化氣質的自覺實踐工夫，圓成一段動人的自我生命的實現歷程，以夙昔典型、古道顏色，薪傳慧命，提撕後學者，以成就雍雍穆穆的人文理想。其業容有時代殊別，而下學上達，即有限而無限的道德生命之躍動，其爲道也則一。

　　儒學之發展，在歷史的延續中，或揚或抑，在漢代曾衍發建構爲客觀的禮制事業，然落實之際，則缺乏仁教根源的主動掌握而僵化崩亂。其後文化主流爲魏晉玄學、隋唐佛學取代。此一歧出，亦豐富了儒學的內涵，而發展爲宋明新儒學，業以豁醒道德本源，以立人極，安立「倫理精神象徵」。遂自覺的談「道德形上實體」、「心性主體」，以破斥佛老世界觀的嚴重沖擊，此一宋明儒闢佛老的時代性，乃是面對唐末五代的殘破，民族文化的衰頹及佛老的盛行而發的省思。〔註2〕

〔註1〕見《象山全集》卷三十四言「夫子以仁發明斯道，其言渾無罅縫，孟子十字打開，更無隱遁，蓋時不同也。」（四部備要本）
〔註2〕見林安梧《王船山人性史哲學之研究》（台北：東大，1978年初版）頁13。

　　王守仁，字伯安，自號陽明子，學者稱爲陽明先生，生於明憲宗成化八年（西元 1472 年），卒於明世宗嘉靖七年（西元 1528 年），年五十七歲。陽明就在重德立本，窮究性命本原的氛圍中，展開一段曲折的自我生命探索，〔註 3〕一如儒學之發展，幾經轉折歧出，驗之身心，然後契悟聖人之道，眞實不虛。在宋明理學的系路中，陽明與象山在義理分位上，是同屬於道德本心爲首出的「心學」一脈，而陽明因早年一段歧出的摸索歷程，豐富了成德之教的內涵，除了應機揮斥，隨時指點外，更廣開教路，分解立說，循朱子《大學》立教的格局，言「致良知」爲徹上徹下的教法，由心學的內涵，充擴其義，闡發而爲良知學。

　　因爲陽明這一段生命自我實現的道德經驗，而有了「良知學」的詮釋性理論產生，〔註 4〕故本論文題爲「王陽明良知學詮釋」，旨在闡明陽明良知學在成德之教上的意義和啓發；並提出「兩端而一致」的詮釋運用，〔註 5〕試著建立良知學的理解範型，以見其簡易精微的實踐義涵。

　　因此，本論文僅就天人之際的道德實踐，申發良知學之義蘊。此外對於良知學由實踐而達到的天理流行，所呈顯的道德形上學之境界，因個人體驗有限，故暫略不論，姑俟來日。有關思想發生的背景，與當時學風的互動關係，及日後影響的探討，亦不在本文研究範圍內。至於涉及朱王論義的討論，則以註釋表之。

　　本文研究方法，以系統論義的疏解方式，〔註 6〕先分解立義言本體與工夫義，然後以「兩端而一致」的具體實踐立義，融貫於動態發展中言「心事是一」、「體用一源」、「知行合一」的歷程義，以見其虛廓性與充實性、開放性與發展性的特質，彰顯陽明良知學在成德之教上的意義，此爲論述程序。

〔註 3〕見本章第二節。

〔註 4〕由科學經驗而有解釋性的理論（explanatory theories），發表爲與因果之對比有關之命題，或爲針對理論內在一致性與動態性之命題；由道德經驗而有詮釋性的理論（hermeneutical theories），發表爲涉及意義的命題。見沈清松《現代哲學論衡》（台北：黎明，1985 年初版）頁 9。陽明良知學乃屬後者。

〔註 5〕關於「兩端而一致」的詮釋運用，請參看第四章第二節。

〔註 6〕在系統論義的內在理路上，受陳一峯《陽明「良知學」之探究》（東海哲學研究所碩士論文，1985 年）啓發良多。而筆者擇取語錄書信文獻的疏解用義，除了立其義理綱維之餘，亦舉具體指點實例釋義，以見當時師友道德心靈的流漾，交光互映於希聖的終極體現上的詮義。

第二節　希聖的終極探索 〔註7〕

　　陽明早年爲學的歷程，是一段曲折的生命探索。他一方面順著執著又跳脫的狂放性格，表現多方面的趣味；一方面以其穎慧認爲讀書做聖賢，纔是天下第一等事（十一歲）。此時，對於聖賢心存最高的崇敬，但如何爲聖賢之學，尚無實感。因此，表現在行爲上，或者嚮往經略四方的英雄豪傑途徑（十五歲），又想超塵出世的學養生之道（十七歲）。直至謁見婁一齋言宋儒格物之學，謂聖人必可學而至，始慕聖學，自覺願循聖賢成德之學，眞實的安頓自家生命。既已志立生命方向，廣泛的興趣，已逐漸折光凝聚到終身企慕聖賢這一焦點上。聖人必可學而至，果眞是邪？非邪？必待生命親驗體證得之，因此陽明以眞誠的實踐和懇切的反省工夫，展開探索聖學的歷程。

　　二十一歲時，讀到朱子語「眾物必有表裏精麤，一草一木皆涵至理」，誤解朱子本義而去格竹子，以致病倒，「自委聖賢有分」，恐怕不是人人做得，「乃隨世就辭章之學」，隨才情揮灑，與人詩文唱和，興致亦佳。但久之，則覺察到生命無法安溺於此的實感，不斷上湧而至。二十七歲時，「自念辭章藝能不足以通至道，求師友于天下，又不數喻，心持惶惑」，遂毅然放棄詩文才華的美名。即在此際，讀晦翁上宋光宗疏有曰：「居敬持志爲讀書之本，循序致精爲讀書之法。」，後悔以前探討雖博，而未嘗循序以致精，故無所得；於是，痛改前非，循序漸思入精，「然物理吾心，終若判而爲二也」，這一沈重的受挫打擊，「益委聖賢有分」。慕聖之志恒在，並盡力的循序格物，卻無由得之，恐怕聖人之資，有其天分，強求徒傷身心，「偶聞道士談養生，遂有遺世入山之意」。

　　三十一歲，築室陽明洞中，行導引術，久之遂先知，眾驚異得道，日久他察覺「此簸弄精神，非道也」，這不過是「神技」的賣弄，而非安身立命的至道，習得又奈何呢？當他靜久思離世遠去時，因念及祖母與父親不忍捨離的眞實感受，恍悟「此念生於孩提，此念可去，是斷滅種性矣」，當下直取秉彝之性肯認之，由此漸悟仙釋之非，這也就是陽明之所以爲儒者的原因。

　　因此，湛甘泉述其「五溺」云：

　　　　初溺於任俠之習，再溺於騎射之習，三溺於辭章之習，四溺於神仙
　　　　之習，五溺於佛氏之習，正德丙寅（西元 1506 年，時年三十五），

〔註7〕　本節參考《全書》卷三十二，〈年譜〉而成，著重在陽明希聖的探索歷程。

始歸正於聖賢之學。(《全書》卷三十七,〈陽明先生墓誌銘〉)
從這一段敘述,「五溺」亦表示陽明具有多方面探索嘗試的興趣,而眾多的趣味中,衷心嚮往的,乃是希聖的終極體現。他確實明白聖學大中至正的道理,才是他終極的歸宿,但是,由學聖而來的困惑,何時豁然有得呢?

三十五歲那年,陽明抗疏救直,反遭廷杖,然後被貶謫到蛇虺魍魎,蠱毒瘴癘的龍場驛,時年三十七。以往所持的經世濟民的理想,京師倡明聖學的抱負,一切得失榮辱,外在名利權位等依傍,面對此一險惡的現實,包括生死之念,都在這裏接受最真實的考驗。試問:聖人如何超脫這險逆,又如何使自己在困境中成為生命中的主宰呢?陽明就在徹底焚盡一切現實的依待沾滯中,豁然開悟,「始知聖人之道,吾性自足,向之求理於事物者誤也。」

陽明這一段實踐聖學的歷程,為希聖的理論與實踐,得到真實的印證,所謂「聖人先得吾心之所同然耳」(《孟子》〈告子篇上〉)此非思辨概念的摹構,而是驗之身心,存在的體察而得之。

因為這一段親歷實感的徹悟,於是扭轉早期循朱子格物之教,〔註8〕而為「致知以格物」的實踐進路,先確定道德實踐的本源,工夫始有著落處,因此黃宗羲總括成學前曲折複雜的經歷言:

先生之學,始泛濫於詞章。繼而徧讀考亭之書,循序格物,顧物理吾心,終判為二,無所得入。於是出入於佛老者久之。及至居夷處困,動心忍性,因念聖人處此,更有何道?忽悟格物致知之旨。聖人之道,吾性自足,不假外求。其學凡三變而始得其門。(《明儒學案》卷十,陽明傳語)

由「始歸正於聖賢之學」(湛甘泉語)到「始得其門」的意義,乃是確定「聖人之道」的本質意義,作為日後成德之教的矩範。「其教三變」,〔註9〕亦是環繞「吾性自足,不假外求」的中心主旨而發,因為「聖人無所不知,只是知個天理。無所不能,只是能箇天理。聖人本體明白,故事事知個天理所在,便去盡個天理。不是本體明後,卻於天下事物,都便知得,便做得來也。天下事物,如名物、度數、草木、鳥獸之類,不勝其煩。聖人須是本體明了,亦何緣能盡知得?」(《傳習錄》下:二二七)由此確立踐德的本質工夫,也就是如何使「吾性自足」的本然良知,充擴而為德性的主宰,以實現人之所

〔註8〕 朱子格物之教,頗為複雜,請參見第三章註4、註5及註11的討論。
〔註9〕 「其教三變」,請參見第三章第二節。

以為人的莊嚴使命，這也就是陽明實踐聖學的全幅精蘊所在。陽明本身平盜寇、擒宸濠，征思田的事功亦不小，而實踐的根源力量，正如門人鄒守益言：

> 本體呈露，宣之為文章，措之為政事，犯顏攻諫為氣節，誅亂討賊
> 為勳烈，是四者皆一之流行也。（《全書》舊序，〈陽明先生文錄序〉）

因此，我們說陽明的學問乃是生命實踐的學問，抽離了具體的實踐工夫，所謂「聖人之道，吾性自足，不假外求」，仍只是一預設而已。換言之，在道德實踐的本源上，陽明良知學的詮釋起點，首先凸顯了本體（心體、良知本體或知行本體）生生不息的創造意義。因此，在學術的建構與詮釋上，說良知是呈現而非一般靜態設準，〔註 10〕然後體用一源，動靜一如或動態發展在實踐歷程上，才是真實具體普遍的存在。

〔註10〕 參見曾師昭旭〈中國哲學中之語言問題〉（中華民國哲學會，哲學年刊，第三期，第一屆世界中國哲學會論文集，1985 年 6 月台北出版）。

第二章 體用一源的本體義

第一節 前 言

　　道德實踐之所以可能、道德行為之所以有恒常價值的超越根據，在宋明儒以「體」表示。體者，即根本義、普遍義、全體義，是現象界一切存有，一切活動的最高依據。但根本全體原不可說而只可契悟，故契悟的進路不同，表詮方式就有差異。〔註1〕陽明常以隨機指點方式，說明「體」義，有譬喻象徵，有遮撥逼顯，有正面立言、有通統為一之綜說，有動態發展之權說言歷程的契悟體義。〔註2〕要言之，在明「體用一源」的實踐精神，所謂「全體是用，全用是體」。陽明不是依賴理智構畫或外在經驗的推理，建立形上本體的意義；而是通過個人內在心性的醒覺與行為的躬行實踐，真正體證到終極的形上境界。也就是說，離開了工夫的體，此體為死體，不足以稱「體」，此為陽明所反對的「懸空想箇本體，一切事為，俱不著實，不過養成一箇虛寂。」（《傳習錄》下：三一五）；同時，若非稱體起用的工夫，此用亦是盲用，不足以言「用」。

　　當我們明白體涵用、用涵體，體用一源的關係後，便知道本體工夫分章述義，只是方便說而已。本章先以分解立義，言陽明良知學上諸體義之特質，第四章則著重在具體實踐立義上，所呈現的動態辯證發展關係，以明存在歷程的體用義。

〔註1〕見曾師昭旭《王船山哲學》（台北：遠景，1983年初版），頁325。
〔註2〕詳見本章第三節及第四章第二節。

以下就陽明龍場之悟「聖人之道，吾性自足」，及其言心體、良知本體與知行本體等形上諸體義，探究其立言的旨歸。因此，除了述其名相之表義外，並重內容之實義。

第二節　聖人之道，吾性自足 〔註3〕

「聖人之道，吾性自足，向之求理於事物者誤也。」（《全書》卷三十二，〈年譜〉：三十七歲）乃是陽明龍場之悟的親證語。聖學目的在成就自由圓滿的德性人格，「求理於事物」，即向外求道德之理，此路數何以陽明悟其為非，待下節詳述之。

「聖人之道，吾性自足」，此一希聖的源頭，自孔子言「仁」，孟子言「性善」，更道「人皆可以為堯舜」（《孟子》〈告子下〉），源遠流長。陽明以「良知」總括「吾性自足」的本體與工夫具涵的深義，由實存的體證，凸顯此一內在超越的德性本源，具有下列特性。陽明說：

(1) 人孰無根？良知即是天植靈根，自生生不息。（《傳習錄》下：二四四）

(2) 良知在人，隨你如何，不能泯滅。雖盜賊亦自知不當為盜，喚他做賊，他還忸怩。（《傳習錄》下：二〇七）

(3) 爾那一點良知，是爾自家底準則。爾意念著處，他是便知是，非便知非，更瞞他一些不得。爾只不要欺他，實實落落依著他做去，善便存，惡便去。（《傳習錄》下：二〇六）

(4) 若時時刻刻就自心上集義，即良知之體，洞然明白，自然是是非非，纖毫莫遁。（《傳習錄》中，〈答聶文蔚二〉：一八七）

(1) 則言「人孰無根？」的反問語，表明人人皆有良知，不因賢愚有別，此為良知的「普遍性」。(2) 則言「良知在人，隨你如何，不能泯滅」，表示凡人「必」有此良知之根，此為良知的「必然性」。同時，它又是「天」植靈根，也就是人獨得天地之鍾秀，而異於禽獸幾希之「本質性」，連盜賊都「自知不當為盜賊」，此義正說明良知是人所以為善，所以能為善，所以當為善的根據。換言之，良知的「超越性」，乃是天所賦予的道德本源。它自能生生不息的發

〔註3〕　本節「聖人之道，吾性自足」，非以三十七歲龍場之悟，述其歷史發生意義，而是就陽明「良知學」完整體系，所包涵的義理綱維，究其深義。

用，不必向外學得，而是天生即有，不學而知，不學而能的充擴，此為良知的「先天性」。如（3）則所言，人只要順良知內在的準則，知是知非而行，善存惡去，人亦可由此逆反而自證。（4）則所言「良知之體，洞然明白，自然是是非非，纖毫莫遁」，此為良知之「明覺性」。

以上言良知具有「普遍性」、「必然性」、「本質性」、「超越性」、「先天性」、「明覺性」的特性，〔註4〕由此六義，方能充分彰顯「聖人之道，吾性自足」的底蘊。換言之，此一本體的充擴盡致的「實現」，即為聖人的境界。

而在現實的生活，人憑持感性、私欲、習染之蔽，生而本有的良知，其發用若無自覺的本質工夫，在實踐的歷程，顯發其主宰義，則良知之發用恐怕是與物無涉的夜氣偶現，或明或滅。陽明龍場之悟，首在端正工夫的本源，爾後實踐，乃有用力處，才不是盲目的探索，泛泛無所歸。而人德性實踐的內在的超越本體，亦在不斷的實踐歷程中著實挺立，親證其體，然後確知良知不是虛擬的設準，而是真實妙用的生生不息。

第三節　本體義蘊：心體、良知本體及知行本體

在上一節表述陽明龍場之悟「聖人之道，吾性自足」在良知學上的意義，已經引導出良知學形上體性的一些基本義涵。這一節將深入探討形上本體在德性實踐活動上，它的具體內涵有那些特質。

陽明並沒有專門立說，獨立抽象的構畫何謂本體屬性，而是隨著成德之教的講習，隨機指點，因病立方，有通統為一的綜說，或條理分解立說，甚而遮撥的闢論，使陽明在義理闡發上，顯得靈活圓轉；語言的表詮尤其活潑自如，不可拘泥死限，然實義也終不可掩。這也可以說是以安身立命為首出的中國哲學的一項特性，因為真實的本體契悟，端賴個人主體生命之實踐躬行，而逐層昇進開展，當中自有無限的旖旎風光現前。陽明三十七歲龍場悟後，在思想進展，亦呈顯此一特色，他從不同的角度言體義，繼承前人言本體的精義，同時揀擇歧出的流弊；又以自家之睿識與親證，進一步的顯發本體之廣大與精微，故黃宗羲在〈姚江學案〉序言：

> 有明學術，白沙開其端，至姚江而始大明，蓋從前習熟先儒之成說，

〔註4〕此析義，乃借用岑溢成〈道德之兩層經常義〉的「本質的經常義」說明之。此文收入曾師昭旭《道德與道德實踐》（台北：漢光，1983年2版），頁277。

未嘗反身理會，推見至隱，所謂「此亦一述朱，彼亦一述朱」耳。
自姚江指點出「良知人人現在，一反觀而自得」，便人人有個作聖之
路，故無姚江，則古來之學脈絕矣。(《明儒學案》卷十)

黃宗羲之所以特別表彰陽明姚江學派，固然來自心學之師承，此亦是驗
之身心，深造自得而興此讚言。

就人的行為活動而言，由認知理性而有知識活動，由德性主宰的實踐理性而
有道德活動，這二者行為活動，同時都具涵在個人實存的生命理性中，〔註5〕當
其發用進行，人秉持主客對立的「認知心」，去當握實然層面的形構之理、已然的
制度規範；但，在認知的活動中，人亦有審度「應當不應當」的價值自覺。儘管
落在存在的個人行為或社會實存現象，並非如理合道的表現；但欲求身心安頓、
自作主宰，仍是人真真實實的本心本願。而這欲求唯有靠人反躬自省，當體自覺，
才能實現。孔子由此言「仁」，所謂「我欲仁，斯仁至矣。」(《論語》〈述而篇〉)，
孟子由四端之心善而言性善，所謂「心之官則思，思則得之，不思則不得也。此
天之所與我者。」(《孟子》〈告子篇〉)，皆在點明人人自有尊貴的「德性心」為
其生命主宰。

但在現實生活裏，人往往是智及而無法仁守，雖有「應當」的價值自覺
浮現，卻有知行分二的困惑，換言之，本當自主的「德性心」，何以會淪落而
自曠其位呢？

或云：人心與物交感之際，為客氣私欲所牽引，失其清明的主宰而放失
良心，若能於交感之際，明其應事接物的道理，為吾人實踐之憑據，豈不是
「物各付物」，得其心體之正呢？那麼，人是否要預先窮其應事接物的道理
呢？又將如何作窮理工夫呢？而窮此道德之理是否人人可能呢？又進一步追
問，道德之理的正確無誤，如何保證其必然性呢？

這一連串的發問，歸結到一個問題關鍵，就是道德實踐是否可能？換言
之，人自覺的作道德實踐，在理論上，首先要能明白是非善惡的規矩所在，
此為判斷之「知」(此「知」是源於認知而來，或另有本源呢？)，而所以能
湧現實踐價值自覺的動源，乃是「行」之力(此「行」之源，是自力乎？或

〔註5〕 落在完整的生命全幅的實踐活動中，知識與德性的關係，相當複雜，雖然各
有不同的體用，但二者落在實踐歷程中的發用，合則雙美，離則兩傷的原則
上，言其在生命理性(包涵認知理性與道理性)中，得其和諧統一。本節
側重在德性領域言本體之證成，有關知識與德性關係的討論，詳見第四章第
三節。

他力乎？），須合此「知」與「行」而後能成就道德行為。否則，人如何能踐其「應當」，而致心安理得？

　　陽明良知學即環繞此踐德的核心問題而發，以下就陽明與弟子對答語錄，往來書信，探討陽明如何解決此根本之問題。他說：

（1）心者身之主也。而心之虛靈明覺，即所謂本然之良知也。（《傳習錄》中，〈答顧東橋書〉：一三七）

（2）心不是一塊血肉，凡知覺處便是心（《傳習錄》下：三二二）。

（3）心一也。未雜於人謂之道心，雜以人偽謂之人心。人心之得其正者即道心，道心之失其正者即人心。初非有二心也。（《傳習錄》上：十）

（4）心即理也。此心無私欲之蔽，即是天理。不須外面添一分。以此純乎天理之心，發之事父便是孝，發之事君便是忠，發之交友治民便是信與仁。只在此心去人欲存天理上用功便是。（《傳習錄》上：三）

　　人的形體之所以能主動為善去惡，成就德性的價值，主要的發動，是由虛靈明覺的本心去作主宰，所以（1）則明確的點出「心者身之主也」，由（2）則明白心不是生理意義的血肉心，這知覺義的心，並非純然感官之覺，最重要的是人能自知自覺是非善惡的「本然良知」，它能明覺分辨何謂道心，何謂人心，但仍是原來知覺的心，並非二心，如（3）則所說「人心之得其正者即道心，道心之失其正者即人心，初非有二心也。」。顯然陽明的理路中，「心」不是經驗現象的實然心氣，而是無私欲之蔽的超越本心，是得其正的道心，它能明覺的呈現道德理則，作為人道德實踐的憑據，只要如（4）則所說的「此心無私欲之蔽，即是天理，不須外面添一分。」，它自能具體表現孝、忠、信、仁等德性，這也就是陽明龍場之悟所道「向之求理於事物者誤也」（《全書》卷三十二，〈年譜〉：三十七歲），陽明原先循朱子格物之教，歧出無得，反而悟後所得的結論與象山「心即理」的義旨相同。陽明肯定道德理則的根源，自具吾人之心體，更進一步的闡述孟子「仁義內在」的義理。換句話說，人無私欲之蔽的本然良知，具有道德自律的特質，能自行發揮「立法、行政與司法的功能。」（The legislative, the executive, and judicial function of autonomy）。〔註6〕因此，懇切作

_____

〔註 6〕見歐陽教《德育原理》（台北：文景，1986 年修訂版），頁 187。

工夫以去私欲之蔽，復心體本然之良知，在良知學上就顯得格外重要了。

所謂的天理，並不是靜態的道德理則，立定一成不變的規範格式，以供人遵守的定律。陽明言「心即理」，或言「良知之天理」，他所說的「理」，是根源於天性的稟賦，是寂感真幾的生生之理。是無形體方所，而屬周流屢遷的「易」之理；同時是「不易的常道」，本具知善知惡、爲善去惡的知能。因爲此理是源之於天，故言「天理」；是由心之明覺而呈顯此天理，所以是「心即道，道即天，知心則知道知天。」（《傳習錄》上：六六），心雖是存在個人主觀的真實躍動，卻不是偶然的他起促成，而是由「天命之謂性」（《中庸》首章）的客觀存有，於事幾感應上，自主的顯發「天理」之密藏，因此而言「心外無理」「理不外吾心」。換言之，道德本源，不假外求，陽明據理力辯云：

> 心之體，性也。性即理也。故有孝親之心，即有孝之理。無孝親之心，即無孝之理矣。……理豈外於吾心邪？（《傳習錄》中，〈答顧東橋書〉：一三三）

陽明言心體、良知本體所具現的天理，乃是確定道德實踐的頭腦所在，若進一步言良知發用到事事物物上，如何成全「良知之天理」以成就及物潤物之德業，則需要有各種知識條件輔助，就此義而言，則心外亦有種種獨立成系統的知識之理，於此本節則暫時略而不論。

爲什麼陽明反對分心與理爲二，極力闢駁其非呢？

道德之所以爲道德，本源於良知心體的價值自覺而主動實踐，而有所謂的德行之善。因爲此心有本有源，才能謂之良心，顯其明覺的「良知之天理」，才足以稱爲道德活動。人也因此從主動自由的實踐中，由心體不斷的創發，實現價值意義，體會「萬物皆備於我，反身而誠，樂莫大焉」（《孟子》〈盡心上〉）；從人我合一，物我一體的悅樂中，方知曉陽明何以謂「樂是心之本體」（《傳習錄》中，〈答陸原靜書二〉：一六六）的道理。也就是說，若沒有良知的真實躍動，不來自個人價值醒覺的實踐，而只是被動的遵守外在條文規定，如法律層次的約定之理，是不足以稱爲道德活動的。陽明所以嚴守心理是一的原因，是因他深知道德之理，一旦偏離以主動自由爲本質的心體之創造，就可能會只在形迹上模仿，與扮戲子孝親無異，「往往悅慕其所爲，要來外面做得好看，卻與心全不相干」（《傳習錄》下：三二一）就有義襲於外的病痛存在，導致「外假仁義之名，而內以行其自私自利之實。詭辭以阿俗，矯行

以干譽。掩人之善，而襲以為己長。訐人之私，而竊以為己直。忿以相勝，而猶謂之徇義。險以相傾，而猶謂之疾惡。妒賢忌能，而猶自以為公是非。恣情縱欲，而猶自以為同好惡。相陵相賊，自其一家骨肉之親，已不能無爾我勝負之意，彼此藩籬之形，而況於天下之大，民物之眾，又何能一體而視之？」（《傳習錄》中，〈答聶文蔚一〉：一八○）

蓋失其本體的自私用智，貌合神離的鄉愿作為，靈根已自朽腐潛隱，何足以謂德？陽明良知學，誠偽之關，由此而分。誠然後能體良心創造之悅樂；不誠則徒為襲義之德賊。

若再深入細究，那麼，所謂以主動自由為本質的心體之創造，它真切的意義又是什麼？陽明說

（A）中只有天理，只是易。隨時變易，如何執得？須是因時制宜。難預定一箇規矩在。如後世儒者要將道理一一說得無蹡漏，立定箇格式。此正是執一。（《傳習錄》上：五二）

（B）良知是天理之昭明靈覺處，故良知即是天理。（《傳習錄》中，〈答歐陽崇一〉：一六九）

（C）蓋良知只是一箇天理自然明覺發見處，只是一箇真誠惻怛，便是他本體。故致此良知之真誠惻怛以事親便是孝。致此良知之真誠惻怛以從兄便是弟。致此良知之真誠惻怛以事君便是忠。只是一箇良知，一箇真誠惻怛。（《傳習錄》中，〈答聶文蔚二〉：一八九）

（D）良知只是一箇，隨他發見流行處，當下具足，更無去來，不須假借。然其發見流行處，卻自有輕重厚薄，毫髮不容增減者，所謂天然自有之中也。雖則輕重厚薄，毫髮不容增減，而原又只是一箇。雖則只是一箇，而其間輕重厚薄，又毫髮不容增減。若得可增減，若須假借，即已非其真誠惻怛之本體矣。（同 C 則）

尅就心體的創造而言，它當然不是指上帝無中生有的生命創造，而是道德意義的創造，價值的實現。在論述心即理時，已經正面直接點明本心具有「立法、行政、司法的功能」，今再就負面分「心與理為二」的影響，對顯出前四則的實義。

　　前面已述及分心理爲二，最嚴重的缺失是本體汨沒於私欲利害中，根源已壞的「襲義於外」。但另有一種情況，是人已自覺的欲從自然生命的渾沌中，朝向成德之路上努力，卻尚未能直下肯認良知本體之發用省察，即足以自我挺立；而分心與理爲二，以爲若欲成德，必須作兩行工夫：一行認知的窮德性之理，一行加勉付諸實踐之力，須由知之理與行之力並進爲用，方能掌握德性本源的全體大用。〔註7〕

　　首先，單就道德行爲背後所據的本體而言，未先肯認心體的存在，將使人懷疑，認知的窮德性之理，所窮的理，雖是從個人的道德經驗，或前人典籍文物、典章制度所蘊蓄的道德經驗中，抽繹規約而來，本質上，亦未嘗無道德創造之義。但對正在發生，變化的現在而言，它畢竟是已成的、過去的知識之理，何足以範限正在進行的幾微奧密的當下呢？故（A）則陽明反對預先將道理一一說得無罅漏，蓋因時制宜，得其中道，乃是天理所在。由（B）、（C）則更具體的將天理之特質凸顯而出，在前已述「此心無私欲之蔽，即是天理」，換言之，天理不必向外去窮致，去認知應事接物的經權之道，而是人人本具的良知，它本身的眞誠惻怛的感通之性，即能因應不同時空，昭明的、靈覺的、自發的呈顯具體實踐之理，也就是如（D）則所說的，「隨他發見流行處，當下具足，更無去來，不須假借」，而依其輕重厚薄顯其事親之孝、從兄之弟、事君之忠，不容增減損益，而達到「天然自有之中」的客觀普遍性，是相應於實踐理性的內容眞理，而呈顯的「具體的普遍性」。〔註8〕

　　落實的說，在「法無定法」的變局中，如「舜之不告而娶，武之不葬而興師……」（顧東橋問語）的節目時變中，人憑恃什麼才能臨事無失呢？既無前例可循，人之所作所爲的根本自信，又從何而得呢？陽明說：

> 夫良知之於節目時變，猶規矩尺度之於方圓長短也。節目時變之不可預定，猶方圓長短之不可勝窮也。故規矩誠立，則不可欺以方圓。而天下之方圓不可勝用矣。尺度誠陳，則不可欺以長短。而天下之長短不可勝用矣。良知誠致，則不可欺以節目時變。而天下之節目時變不可勝應矣。毫釐千里之謬，不於吾心良知一念之微而察之，

〔註7〕 本章重在言陽明良知學的實體義，對於設問的義理系統，不直接說它爲朱學系統，是因爲不同的詮釋角度，所顯發的朱學只是部分意義，不足以涵蓋朱學系統，故不涉及朱王的複雜關係而設此問説明。

〔註8〕 見牟宗三《中國哲學十九講》（台北：學生，1983年初版），第二講〈兩種眞理以及普遍性之不同〉，頁33。

亦將何所用其學乎？（《傳習錄》中，〈答顧東橋書〉：一三九）
也就是說，在權衡取捨之際，遵路以行唯賴良知是規矩尺度的判斷準則，它
具有「具體創發性」與「泛應曲當性」，能彰著其是非善惡於感應事變上，發
心動念時，良知自能超越地先天地知而且決定何者為是，何者為非，何者為
善，何者為惡，而內在地自作斷制，自立準則。〔註9〕

　　換句話說，良知之天理並不是靜態的「在」，而是昭明靈覺的本身，即具
有一股知善知惡，為善去惡，不容自己的實踐力量湧現而出，隨其流行，自
力的，不容假借的知行一體的呈顯，良知本身真誠惻怛，是知之理，也同時
是行之力，故陽明除了以「心體」「良知本體」，點撥人人本有的無盡藏外，
也經常用「知行本體」形容道德實體，由知行本體而言知行合一的修養工夫。
〔註10〕因為「知行本體，即是良知良能。」（《傳習錄》中，〈答陸原靜書二〉：
一六五），若無私欲之蔽，人之踐德必然是「知行合一」。換句話說，分心理
為二，知行為二的兩行工夫，已經失其實踐本源，所窮的德性知識，終只是
知而不行的「聞見之知」，缺乏實踐動源。驗之本體而言，此一虛歉掌握不足，
將使修養工夫，顯得格外歧曲支離。

　　良知在孟子的學說中，最初只是說仁義善性那種不慮而知的性質，〔註11〕
陽明則由心之明覺恒照恒知之特質，將良知自覺的提到本體地位，拓深良知
本含之精蘊，在立說指引上，喻體性則謂「良知之體，皦如明鏡，略無纖翳。
妍媸之來，隨物見形，而明鏡曾無留染。」（《傳習錄》中，〈答陸原靜書二〉：
一六七），以鏡照之明覺言其「知是心之本體」（《傳習錄》：八）的特性。而
明覺即是道德內容的顯發，隨良知流行而生生不息，故道德理則是至實的呈
現，亦是至虛的不滯泥於一事一理，而能動而無動，靜而無靜的周流不息，
顯本體廓然大公，原無一物的虛靈特性，〔註12〕因此遮撥的言「心無體」，其

〔註9〕參見牟宗三《從陸象山到劉蕺山》（台北：學生，1984年），頁262～263。
〔註10〕就陽明悟後講學的發生次序而言，「知行本體」與「知行合一」是早期言實踐
　　　　體用的宗旨，根據錢德洪〈刻文錄敘說〉為教三變的看法，「居貴陽時，首與
　　　　學者為知行合一之說。自滁陽後多教學者靜坐，江右以來始單提致良知三字，
　　　　直指本體，令學者言下有悟，是教亦三變也。」（《全書》序說），本節重在闡
　　　　述道德本源的當體自性，所含的義蘊，故略省歷程的進展義。
〔註11〕見《孟子》〈盡心篇上〉：「孟子曰：人之所不學而能者，其良能也；所不慮而
　　　　知者，其良知也。孩提之童無不知愛其親者；及其長也，無不知敬其兄也。
　　　　親親，仁也，敬長，義也。無他，達之天下也。」
〔註12〕見《傳習錄》上：一一九則，陽明言「然不知心之本體原無一物，一向著意

體乃是「以天地萬物感應之是非為體」（《傳習錄》下：二七七），而既以感應天地萬物是非的本體，必然是超乎相對是非善惡相的道德創造的實體，故陽明必然要遮撥的顯發至實至虛的創造性，而謂「無善無惡是心之體」（〈四句教〉的首句）。換句話說，心體之發用而成就「自我立法、行政、司法」的自律功能，也就是至善的實體本身，由此而言「至善是心之本體」（《傳習錄》上：二）。

總之，陽明隨實踐活動展開，從不同角度契悟本體的義蘊，由稟賦處說性，由主宰知覺性言心，圓熟的發揮前人言心性之體義，更由真誠惻怛的良知本體，就是道德理則的發見處，具體顯豁的表詮知行本是一體而呈顯，若知行為二時，本體已被私欲所遮蔽了，但人若能自信本體原是生生不息發用，則復其本體亦不難，唯賴個人實踐工夫以證之，此為下一章工夫義的重點所在。

陽明這種形上本體的慧悟，所具有的圓融和諧活潑的多元洞視，正是中國形上學的特色所在，他不以嚴謹概念建構系統，而是在隨機點化的實踐歷程中，洋溢著形上的生趣。在其深層結構上就具有「顧及全面的多層遠近觀」，〔註 13〕與中國傳統繪畫一樣，並不是採取焦點透視，而是採取移動視點的多點透視，〔註 14〕隨機流動美學的趣味道理相同。因此，相應於道德實踐的形上實體，呈現在陽明的說統中，它的內涵既是簡易，同時也是精微。簡易來自吾性自足，不假外求，即能當下言工夫以復其本體；精微則來自實踐的掌握，非言語可道盡其中的發展深義，故秦家懿說：

> 若是「簡易」的意思，只是「易解」的話，陽明的思想即不簡易。
> 人可讀陽明留下的文字，而不了解其真義。他的哲學，可說是似淺
> 非淺，外表簡易，內裏深奧。〔註 15〕

也就是說，離開了道德實踐工夫，本體只是落在知解上的光影罷了，已非真真實實的本體了。

　　去好善惡惡，便又多了這分意思，便不是廓然大公。書所謂『無有作好作惡』，方是本體」。

〔註 13〕見傅偉勳《從西方哲學到禪佛教》（台北：東大，1986 年初版），頁 44。

〔註 14〕轉引林安梧《王船山人性史哲學之研究》（台北：東大，1987 年初版），頁 140。

〔註 15〕見秦家懿《王陽明》（台北：東大，1987 年初版），頁 200。

第三章　動靜一如的工夫義

第一節　前　言

　　人之道德實踐的根據，陽明承繼重德的學派，顯發良知學吾性自足的本體義蘊，肯認人可以由實然的渾沌的自然生活，步向應然的價值的道德生活，以成己成物，彰顯人性的尊嚴。

　　因此，相應於本體而開展的成德歷程，也就是繩繩繼繼的實踐工夫所在。即工夫的內涵而言，也就是從道德實踐的整全內容看人生的全幅活動，可以是廣義的道德實踐活動。故不分動靜，有事無事之時，皆有工夫。一方面是逆覺的復其本體，親悟一體之仁的明德之性，自證良知本體的自由無限的創造悅樂；同時是良知不斷擴充發用，順貫到事事物物的及物潤物，參贊化育的圓成。換句話說，就豁醒道德主體言工夫，是證體的日新之盛德，就良知發用言工夫，是富有之大業的創造，合其二者，乃為工夫之實義。故陽明說：

　　　明德親民，總是一物，只是一個工夫。纔二之，明德便是空虛，親
　　　民便是襲取矣。〔註1〕

　　顯然的，本體義蘊不是用任何抽象概念來觸及的，而只能從實踐工夫中去體悟，在實踐中體證形上真理，即稱為「即用見體」。而工夫一到，本體即呈現，所以也可以就呈現處而說「即工夫即本體」，因此黃梨洲言「心無本體，工夫所至，即其本體。」（《明儒學案》原序），重在指點人從工夫實踐中去親

〔註1〕 語出陳榮捷《王陽明傳習錄詳註集評》，頁405，傳習錄拾遺：二七。取自佐
　　　　藤一齋《傳習錄欄外書》。

證眞理。陽明由此說明「體用一源」的關係，他說

> 心不可以動靜爲體用，動靜時也。即體而言用在體，即用而言體在
> 用，是謂體用一源。（《傳習錄》上：一〇八）

明德不離日用倫常，親民事爲的懇切實踐，由此逆覺體證形上本體之眞實；
同時，誠懇地秉此大中至正的仁心、良心、道德心，以成就眼前當下親民倫
用之實事。也只有眞使眼前當下的實事得到成全了，然後良知仁體之爲大中
至正才算是得到證實。因此就此實踐工夫當下圓頓的理境言，天理良心之呈
現，即諸事百物之成全，二者完全是一，如此而謂「體用一源」。〔註2〕才能
明白「明德親民，總是一物，只是一個工夫」的原因了。〔註3〕

那陽明如何指點人作工夫呢？

就實踐工夫的本質而言，良知醒覺處，便是工夫所在，既是順貫的通到
事事物物的達用，也是逆覺證悟本體的存在，故「動靜，時也」，不分有事無
事，總是動靜一如的實踐。而陽明工夫指點原則，在發生歷程上，教法三變，
是出於因病立方而來，及其思想之進展，此爲第二節的內容。而德性工夫的
規矩，首明善惡之別，以作存善去惡的工夫，此爲第三節的內容。最後一節
由陽明晚年施教，認爲《大學》格致誠正工夫爲實踐的全幅精蘊，尤其以「致
良知」總括其教法，此爲第四節的內容。

第二節　工夫指導的原則：談教法三變的意義

陽明來自實踐的契悟，由心體之創造言「心即理」，由良知本體之生生不
息言「致良知」的工夫，由「知行本體」之本然言「知行合一」的工夫，分
說爲三，實則是形上本體義蘊的不同面向之闡發。一般論王學要旨，總括爲
──「心即理」、「致良知」、「知行合一」三綱領。此種說法，可以黃宗羲在

〔註2〕 此段析義參考曾師昭旭〈儒家哲學的時代意義〉（鵝湖月刊，110期，1984年
　　　　8月）一文中的「三、體用本末融攝爲一的圓義」。

〔註3〕 明德親民的體用，落實到存在實踐的開展，則有致曲之歷程，而非眞貫的顯
　　　　其體用。就陽明〈大學問〉親民的闡義言「明明德者，立其天地萬物一體之
　　　　體也；親民者，達其天地萬物一體之用也。故明明德必在於親民，而親民乃
　　　　所以明其明德也。」（《全書》卷二十六），主要在彰顯「以天地萬物爲一體」
　　　　的精神境界，而明德親民之體用的發揮，乃是此精神境界的眞實化，由此而
　　　　言立體達用的同質關係。至於如何由存在的格局中體現，請參考註2之文的
　　　　論義。

〈姚江學案〉所云爲代表：

> 聖人之學，心學也。「心即理」也，故於致知格物之訓，不得不言，
> 「致吾心之天理於事事物物」。以知識爲知，則輕浮而不實，故必以
> 力行爲工夫。良知感應神速，無有等待。本心之明即知，不欺本心
> 之明即行，不得不言「知行合一」，此其立言之大旨。（《明儒學案》
> 卷十，〈姚江一〉）

黃氏已分別朱學說統下的《大學》，以即物窮理之「知」爲知識之知，〔註4〕
而陽明由心即理的義涵下，順著《大學》的格局，言知爲「本心之明」，二者
的知，雖同爲生命實踐之知，但由於說統不同，其「知」的來源，亦有所別，
這也是來自彼此關懷的重點有別，〔註5〕就德性工夫的入手處而言，就有什麼
是本質工夫的問題，亦即陽明常說的頭腦主意所在。但就道德實踐而言，這
只是始教，並不是全部工夫，人如何推擴良知之感應，不欺本心之明於日用
事爲，而爲具體眞實的呈現，不爲形軀氣稟所間隔，而能超越感性生命的險
阻，眞實地踐形成德，睟面盎背，完成道德實踐的終教工夫。因此達至始終

〔註4〕 此「知識之知」，與今日成系統的主客對立的知識之知有別。據林美惠《朱子
學禮研究》（高師國文研究所碩士論文，1986年）探討朱子成德之教言「其歷
程以禮之實踐爲進路，將人德性之建立演繹爲一種漫長之道德實踐歷程。換
言之，格物即爲明明德，而明明德須以格物法究極；亦即爲明明德而窮理，
非爲博學而窮理。」（頁179），因此，黃氏所謂的「知識之知」，當是明明德
義涵下的知識之知。

〔註5〕 據曾師昭旭〈朱子格物之再省察〉（鵝湖月刊，123期，1985年9月），將良
知觀念導入，予朱子學新的詮釋與重建，若然，朱子學便不是陽明所疑「縱
格得草木來，如何反來誠得自家意？」（《傳習錄》下：三一七）有分心與理
爲二的義外之嫌。文中敘述朱子的注意點，不同於陸王首先注意到的是良知
活動的內部，而朱子首先注意到的是良知活動的外部。因此而言「如果在朱
子格物工夫中，其良知的發用是自覺的，也就是說，是時時有一本質工夫以
肯定之的話。那麼，這良知的根本自覺宜稱爲格物工夫的始教，而要求到最
後物我豁然貫通的歷程則宜稱爲格物工夫的終教。」，換句話說，朱子學基本
缺漏，未在理論的說明上肯定良知大本，教言雖然意態懇切，學生但憑認知
心去懸空揣摸，必支離而無本，泛濫而無歸，難免走作，導致陽明錯用工夫，
直至龍場悟後而言「乃知天下之物，本無可格者，其格物之功，只在身心上
做。」（《傳習錄》下：三一八）。事實上，就朱子言格物的本懷，亦有輕重緩
急之別而言：「格物之論，伊川雖謂眼前無非是物，然其格之也，亦須有緩急
先後之序。豈遽以爲存心於一草一木一器用之間，而忽然懸悟也哉。且如今
爲此學者，不窮天理，明人倫，講聖言，道世故，乃兀然存心於一草一木一
器用之間，此是何學問？」（《朱子文集》卷三十九，〈答陳齊仲〉）轉引徐復
觀《中國思想史論集續編》（台北：時報，1985年初版二刷），頁588。

本末融攝爲一的圓義一直是儒者實踐中的重要課題。

據此而言，就個人成德的歷程中，就有初學工夫的對治省察與「默不假坐、心不待澄，不習不慮，出之自有天則」（《明儒學案》卷十，〈姚江學案〉陽明傳語）的良知流行之造境，但若無前者的修養工夫，後者之上達，亦將爲習心習氣所害，故陽明才說：

> 夫目可得見，耳可得聞，口可得言，心可得思者，皆下學也。目不可得見，耳不可得聞，口不可得言，心不可得思者，上達也。如木之栽培灌漑，是下學也。至於日夜之所息，條達暢茂，乃是上達。人安能預其力哉？故凡可用功，可告語者，皆下學。上達只在下學裏。凡聖人所說，雖極精微，俱是下學。學者只從下學裏用功，自然上達去。不必別尋箇上達的工夫。（《傳習錄》上：二四）

下學的工夫，也就是上達的工夫，人若不能實心磨鍊，就有僞工夫出現，他說：

> 吾輩今日用功，只是要爲善之心眞切。此心眞切，見善即遷，有過即改，方是眞切工夫。如此則人欲日消，天理日明。若只管求光景，說效驗，却是助長外馳病痛，不是工夫。（《傳習錄》上：九七）

眞切的工夫在爲善去惡，人欲盡，天理明。陽明指點學生作工夫的原則即在此，亦由此展開其因人施教，各成其材之無定法，與同歸於善之定法。〔註6〕而由定法貞定其無法法，遂可因人而施，因病立方，致曲達善，而有「酌其虛實溫涼陰陽內外，而時時加減之，要在去病，初無定說。若拘執一方，鮮不殺人矣。」（徐愛〈傳習錄序〉，《全書》舊序），故錢德洪〈刻文錄敘說〉云：

> 居貴陽時，首與學者爲知行合一之說。自滁陽後，多教學者靜坐。江右以來，始提致良知三字，直指本體，令學者言下有悟，是教亦三變也。（《全書》序說）

根據錢德洪說陽明教法三變，首論知行合一，繼而教靜坐，直到提「致良知」，直指本體，令學者直下承當，立根本自信，似乎知行合一，並非是最好的教法，才有此轉變。事實上，是源之人病而來，錢德洪說：

〔註6〕見《全書》卷七，〈別王純甫序〉，此文內容甚佳，堪稱爲德性教育之原理，陽明於文中區分定法與無定法。因人而施教，各成其材，質異致曲，故施教無定法；進而謂因人而施，同歸於善，教以復性，是爲定法。

先生嘗曰：「吾始居龍場，鄉民言語不通，所可與言者，乃中土亡命
之流耳。與之言知行之說，莫不忻忻有入。久之，并夷人亦翕然相
向。及出，與士大夫言，則紛紛同異，反多扞格不入。何也？意見
先入也。(〈刻文錄敘說〉)

「意見先入」，正是來自王學由心即理義涵下言知行合一，不是朱學說統下的
格物致知窮理義，陽明暢言「知行合一」，徒然引起無謂的紛爭。口耳同異聞
見之辯，學者反而忽略了心地作聖功的修養。「某今說個知行合一，正是對病
的藥。又不是某鑿空杜撰。知行本體，原是如此。今若知得宗旨時，即說兩
箇亦不妨，亦只是一箇。若不會宗旨，便說一箇，亦濟得甚事？只是閒說話。」
(《傳習錄》上：五)，所謂的宗旨，也就是在身心上作工夫，而非在知解上
論辯。

因此，爲了避免「人病」糾擾，而教靜坐，「靜坐事非欲坐禪入定，蓋因
吾輩平日爲事物紛拏，未知爲己，欲以此補小學收放心一段工夫耳。」(《全
書》卷四，〈與辰中諸生〉)，乃是一種暫時隔離之法，以期藉此刊落外在聲華，
有助於在切己處著實用力，以自悟性體。此一段工夫之必要，陽明曾舉一例
說明：

今人於喫飯時，雖無一事在前，其心常役役不寧。只緣此心忙慣了，
所以收攝不住。(《傳習錄》下：三〇一)

人心忙慣，失去主宰能力，故隨氣奔放，僅憑夜氣之生息，無自覺工夫收攝
放失之心，亦將是「一傅眾咻」(《孟子》〈滕文公下〉)的徒勞無獲，故陽明
以靜坐方式，借住靜境，使濁水初澄，「就思慮萌動處省察克治。則天理精明
後，有個物又付物的意思，自然精專無紛雜之念。《大學》所謂知止而後有定
也。」(《全書》卷三十二，年譜：四十二歲)，因此，陽明靜坐的教法，特別
重視掃除廓清好名好色好貨的病根，而說「這是我醫人的方子。眞是去得人
病根，更有大本事人？」(《傳習錄》下：二七九)

但靜坐教法，亦有流弊產生，陽明說：

吾昔居滁時，見諸生多務知解口耳異同，無益於得。姑教之靜坐。
一時窺見光景，頗收近效。久之，漸有喜靜厭動，流入枯槁之病。
或務爲玄解妙覺，動人聽聞。故邇來只說致良知。良知明白。隨你
去靜處體悟也好，隨你去事上磨鍊也好，良知本體，原是無動無靜
的，此便是學問頭腦。我這箇話頭，自滁州到今，亦較過幾番。只

是致良知三字無病。醫經折肱,方能察人病理。(《傳習錄》下:二
六二)

靜坐之方的流弊,亦是來自人為之病,並非教法的問題,「汝若以厭外物之
心去求之靜,是反養成一箇驕惰之氣了。汝若不厭外物,復於靜處涵養,却
好。」(《傳習錄》下:二五六),其利弊就看修養者的自持工夫,因為「若只
好靜,遇事便亂,終無長進。那靜時功夫,亦差似收斂,而實放溺也。」(《傳
習錄》下:二〇四),終將導致喜靜厭動,枯槁之病,或求效驗逐光景之病產生。

根據陽明〈年譜〉四十三歲在滁云:

吾年來,欲懲末俗之卑污,引接學者,多就高明一路,以救時弊。
今見學者漸有流入空虛,為脫落新奇之論,吾已悔之矣。故南畿論
學,只教學者存天理、去人欲,為省察克治實功。(《全書》卷三十
二)

陽明直接就德性工夫原就是存善去惡的本質施教,故教以「存天理,去人欲」
無時可間的省察克治工夫,若近一步發問「天理為何?」,陽明由「心之本體
即是天理。體認天理,只要自心地無私意」(《傳習錄》上:九六)的心即理
的大本根源處,在教法上是「有問所謂,則自求之,未嘗指天理為何如也?」
(《全書》卷三十三,〈年譜〉:五十歲),直到經宸濠、忠泰之變,益信良知
真足以忘患難、出生死,而正式言致良知之教(〈年譜〉:五十歲),「致良知」
在指點上,比「存天理、去人欲」更為直捷顯豁,因為良知原無間動靜,直
下承當,是靜處體悟,或事上磨鍊,不論有事無事,皆是格致實功。所以他
說:

吾良知二字,自龍場已後,便已不出此意,只是點此二字不出,於
學者言,費卻多少辭說,今幸見出此意,一語之下,洞見全體,直
是痛快,不覺手舞足蹈。學者聞之,亦省卻多少尋討功夫,學問頭
腦至此已是說得十分下落,但恐學者不肯直下承當耳。(《全書》序
說,〈刻文錄敘說〉)

又說:

某於良知之說,從百死千難中得來,非是容易見得到此,此本是學
者究竟話頭,可惜此體淪埋已久,學者苦於聞見障蔽,無入頭處,
不得已與人一口說盡,但恐學者得之容易,只把作一種光景玩弄,
孤負此知耳。(同前)

換句話說，百死千難中揭致的究竟話頭——「致良知」，使「純天理、去人欲」的對治工夫，找到照臨善惡眞亡之幾的明覺發見處，謂之良知本體。「致良知」就成爲陽明學問晚年發展的主要工夫脈絡，由《大學》的格局言工夫次第，完整的呈現工夫論的全幅義蘊（有關主要工夫脈絡，第四節再論之）。前賢所論的集義養氣，致中和，愼獨，甚至仙家說虛，佛家說無……等工夫，陽明以其實體自得而謂：

> 聖賢論學，多是隨時就事，雖言若人殊，而要其工夫頭腦若合符節。
> 緣天地之間，原只有此性，只有此理，只有此良知，只有此一件事耳。（《傳習錄》中，〈答聶文蔚二〉：一八八）。

因此，前賢言工夫之從入處，經過陽明以良知教的開展與綜融新詮，更清楚的朗現什麼是實踐工夫的本質義了。

第三節　德性工夫的規矩：循理便是善，動氣便是惡

上一節的重點，是在討論陽明施教工夫的指導原則，看他如何導人契悟成德的關鍵，使人人本具的良知本體，充分發揮生生不息的主導力量，在自然生命的流轉運行中，自覺的挺立人格主體，變化氣質，使全幅生命爲德性所潤澤，亦可以說，這是做人的莊嚴所在。

但是，回到實存具體的生活，首先，感受到的是人往往面臨到知與行的巨大鴻溝，智及而無法仁守，生而有之的本體，潛隱不彰。再者，由於人在現實行爲常是不由自主的，受制於物欲的，更使人不禁懷疑而有「本體必然能發用呢？」、「不善緣何而來」、「人終能克治人生負面的病痛，以達到自由自主的道德生活嗎？」……等問題產生。

的確，由正面的稱體起用看實踐工夫，是必然可行的本末相貫，正面言本體義蘊是重在立本，如《易經》〈繫辭上〉第一章所說：

> 乾以易知，坤以簡能。易則易知，簡則易從。易知則有親，易從則有功。有親則可久，有功則可大，可久則賢人之德，可大則賢人之業。易簡而天下之理得矣。天下之理得而成，位乎其中矣。

「易知」是來自是非判斷的根源，不假外求的自具自足，陽明認爲所謂師友問答，博學、審問、愼思、明辨、篤行之類，與卜筮的道理相同，「卜筮者，不過求決狐疑，神明吾心而已。」（《傳習錄》下：二四七），以求自信是是非

非。「易從」則來自本體自能誠其意，致其知的實踐，故能日起有功，可久可大的成其德業之創造，故能與天地同其德，與日月合其明，成聖功之極致。

但落在實踐歷程中，由負面遭遇的真切痛感，却給人知險知阻的深刻體認，陽明四十七歲的書信上說：

> 爾本心之明，皎如白日，無有有過而不自知者，但患不能改耳。一念改過，當時即得本心。人孰無過？改之爲貴。（中略）古之聖賢，時時自見己過而改之，是以能無過，非其心果與人異也。戒慎不睹，恐懼不聞者，時時自見己過。吾近來實見此學有用力處，但爲平日習染深痼，克治欠勇，故切切預爲弟輩言之，毋使亦如吾之習染既深，而後克治之難也。人方少時，精神意氣既足鼓舞，而身家之累尚未切心，故用力頗易。迨其漸長，世累日深，而精神意氣以減，然能汲汲奮志於學，則猶尚可有爲。至於四十五十，即如下山之日，漸以微減，不復可挽矣。故孔子云：「四十五十而無聞焉，斯亦不足畏已。」又曰：「及其老也，血氣既衰，戒之在得。」吾亦近來實見此病，故亦切切預爲弟輩言之，宜及時勉力，毋使過時而徒悔也。（《全書》卷四，〈寄諸弟〉）

陽明剴切勉諸弟及時勉力志學，告以用力處，乃在改過爲貴，因爲「一念改過，當時即得本心」。而所謂實踐工夫上的險阻，是來自人「習染深痼」，恍若一實體的凝結固存，若非汲汲奮志克治，人總是順著習染牽引的慣勢滑落，故欲逆覺本心本性以爲生命主人之時，就會顯出踐德的「艱苦」相來，所以學生才會提出「己私難克」（《傳習錄》上：一二二）的親歷感來。

而從「習染深痼」、「己私難克」的實感，也就凸顯出人在實踐歷程中，不善緣何而起的問題。善與惡究竟是以怎樣的關係存在？本心原是知行本體，也原是自悅理義的，何以人的良心會自曠其位呢？在這裏陽明亦有深刻的省思：

（1）至善者心之本體。本體上才過當些子，便是惡了。不是有一箇善，却又有一箇惡來相對也。故善惡只是一物。（《傳習錄》下：二二八）

（2）侃去花間草。因曰：「天地間何善難培，惡難去。」，先生曰：「未培未去耳。」少間曰：「此等看善惡，皆從軀殼起念，便會錯。」侃未達。曰：「天地生意，花草一般。何曾有善惡之

分？子欲觀花，則以花爲善，以草爲惡。如欲用草時，復以草
爲善矣。此等善惡，皆由汝心好惡所生，故知是錯。」（中略）
曰：「然則善惡全不在物。」，曰：「只在汝心。循理便是善，
動氣便是惡。」。（《傳習錄》上：一○一）

（3）喜怒哀樂，本體自是中和的。纔自家著些意思，便過不及，便
　　是私。（《傳習錄》上：五八）

（4）先生嘗語學者曰：「心體上著不得一念留滯，就如眼著不得些
　　子塵沙。些子能得幾多，滿眼便昏天黑地了。」，又曰：「這一
　　念不但是私念，便好的念頭亦著不得些子。如眼中放些金玉
　　屑，眼亦開不得了。」。（《傳習錄》下：三三五）

（5）問：「知譬日，欲譬雲。雲雖能蔽日，亦是天之一氣合有的。
　　欲亦莫非人心合有否？」先生曰：「喜怒哀樂懼愛惡欲，謂之
　　七情。七者俱是人心合有的。但要認得良知明白。比如日光，
　　亦不可指著方所，一隙通明，皆是日光所在。雖雲霧四塞，太
　　虛中色象可辨，亦是日光不滅處。不可以雲能蔽日，教天不要
　　生雲。七情順其自然之流行，皆是良知之用，不可分別善惡。
　　但不可有所著。七情有著，俱謂之欲，俱爲良知之蔽。然纔有
　　著時，良知亦自會覺。覺即蔽去，復其體矣。此處能勘得破，
　　方是簡易透徹功夫。」。（《傳習錄》下：二九○）

（6）問：「聲色貨利，恐良知亦不能無？」，先生曰：「固然。但初
　　學用功，却須掃除蕩滌，勿使留積。則適然來遇，始不爲累，
　　自然順而應之。良知只在聲色貨利上用功。能致得良知精精明
　　明，毫髮無蔽，則聲色貨利之交，無非天則流行矣。」。（《傳
　　習錄》下：三二六）

　　顯然的，由（1）和（2）則內容看，善惡眞妄的起源，並非是外起的境
遇所使然，故言「全不在物」「只在汝心」。在踐德歷程中，若人確實明白「善
惡全不在物，只在汝心」，體認人所有的行爲的善惡，一切由自我負責，不能
諉罪於外在環境之順逆、聲色貨利之誘惑，或氣質清濁之聰愚，由此挺立人
的道德主體性。若然，人對於道德意識中的「善」或「惡」，才能不推諉，不
塞責，不逃避的如實承擔，這是實踐工夫的第一步。因此，陽明在（2）則言

「七情順其自然之流行，皆是良知之用，不可分別善惡。」，在（6）則也說良知精明無蔽，「聲色貨利之交，無非天則流行」，換句話說，七情之發，聲色貨利到後來之所以成為對治廓清的入德處，是心之本體已受迷障，攀緣外境，交相牽引，導致重重的縛結而有所謂的（2）則的「何善難培，惡難去」的興嘆。

陽明直從本源截斷眾流的回答「未培未去」。心之本體本是至善的，自是中和的，人循理而行即為善，善並不是靠外塑刻意栽培而來的，所以是「未培」；當循理盡善時，惡則「無」，故說「未去」，就此義而言，惡是無根的偶然存在。惡只是（3）則「自家著些意思」、（5）則「七情有著」，（1）則「本體上才過當些子」，便有過與不及的「私欲間隔」，心體失去明覺主宰性，滑失了天理之昭明，在密密挪移的感物之際，善惡「從軀殼起念」，誤執無限自由的心體於有限的外物追求上，為「我」的存在，由心象引生心象的虛妄執著中，順著刺激反應的連結，使自由無限的本心，禁錮在已成的、舊有的格套中，循著慣性的力量，不斷的自求擴張，迫使人自陷其中，而形成所謂的習氣習染。此時，本體已留些子，連善念也將成為習慣的延續，心失去權衡裁義的主動性，使人執著區區小善，或循善跡之習，而忘了大善之踐履，故（4）則特別顯發此義「心體上著不得一念留滯……這一念不但是私念，便好的念頭亦著不得些子。如眼中放些金玉屑，眼亦開不得了。」。

心體原本是自由虛靈、無不具足的天理發見處，不必預知、前知，〔註7〕即能當下立法，曲盡其職。若本體留滯私念固害天傷理，善念亦害其覺照之明，遇臨事變之幾，因本體有所沾滯，將受制於舊有的經驗而閉塞在已成的事相理局中，此時人的行善，反而令人感到疲倦累乏，失去了踐道的豐盈之悅樂。換句話說，已落到「有善有惡者氣之動」的分別對治中，不再是「不動於氣，即無善而惡，是謂至善」的本然之中了。〔註8〕

〔註7〕見《傳習錄》中，〈答歐陽崇一〉：一七一則，陽明由明誠相生、良知常覺常照而言「至誠則無知而無不知，不必言可以前知矣。」。另一則亦申發此意言「聖人不貴前知，禍福之來，雖聖人有所不免。聖人只是知幾遇變而通耳。良知無前後，只知得見在的幾，便是一了百了。若有箇前知的心，就是私心。就有趨避利害的意。邵子必於前知。終是利害心未盡處。」（《傳習錄》下：二八一）

〔註8〕同「偃去花間草」的答問中言「無善無惡者理之靜，有善有惡者氣之動。不動於氣，即無善無惡，是謂至善。」，此則與天泉證道的前二句「無善無惡是心之體，有善有惡是意之動」（《傳習錄》下：三一五）意思相近。

　　或問：原本至善的心體，如何動氣著意而失其明覺呢？是習氣習染使心體著些子意而害其明覺呢？或是本心虛歉迷失而使習氣習染躐位而反賓爲主呢？此一問可以是無窮後退的追索，在宗教或哲學上亦因不同進路而各有不同的答案。事實上，兩者是同時發生的交互作用，本心一虛歉則有著，一有著則必虛歉。但人之可貴如（5）則所言，良知明白，纔有著時，良知便覺，才覺便化，因此由「知譬日，欲譬雲」，直就良知的發用不息說：「雖雲霧四塞，太虛中色象可辨，亦是日光不滅處。不可以雲能蔽日，教天不要生雲。」，所以當學生問：「良知原是中和的，如何却有過不及？」，陽明直就實踐用力處截斷出位之思回答「知得過不及處就是中和」（《傳習錄》下：三〇四）。當人自覺私欲之蔽，毅然就太虛明象處，著力精察，昔日由不知省察存養，攀緣名利權位、聲色貨利等外物而形成的「習染深痼」，必須如（6）則所道「初學用功，却須掃除蕩滌，勿使留積。則適然來遇，始不爲累，自然順而應之。」所謂「克己須要掃除廓清，一毫不存方是。有一毫在，則眾惡相引而來」（《傳習錄》上：六〇），故言「良知只在聲色貨利上用功」。而由克治之勇，病根已去，無復纖毫留滯，轉俗爲眞，此時，七情流行，聲色貨利，皆是形色尊貴所在。因此，「不可以雲能蔽日，教天不要生雲」，正是說明人的有限性的不可免，但人能去蔽復體，超越實然的感性私欲之障蔽，即有限而無限，此亦是來自心體本身的自我實現。而（2）則「循理便是善，動氣便是惡」，在這裏，也鄭重的表示「道二，仁與不仁而已矣。」（《孟子》〈離婁上〉）的莊嚴抉擇，「不爲聖賢，便爲禽獸」，此乃是人之所以爲人的大任，故希聖希賢亦是人無所遁逃的使命。

　　尅就道德行爲根源處言，善存則惡去，善失則惡起，而言「善惡只是一物」，因此，德性工夫的規矩，乃是良知本體的覺照，而映顯善惡、誠僞、天理人欲、道心人心的超越的區分，由此而言本質工夫，[註9]「循理便是善，動氣便是惡」，或「純天理、去人欲」的工夫，蓋其判斷的準據是內具自明的朗現，非義襲他學而來。故修養工夫，不必擇居而修，擇時而修，擇事而修，當下醒覺處，即爲工夫，在〈寄聞人邦英邦正〉的書信裏，陽明甚至勉人讀書舉業，實事磨鍊而言：

　　　　家貧親老，豈可不求祿仕，求祿仕而不工舉業，卻是不盡人事，而

―――――――――――――――――――――――――――――――――――
〔註9〕這裏的「本質工夫」是就端本澄源的獨知處言，「一是百是，一錯百錯，正是王霸義利誠僞善惡界頭。」（《傳習錄》上：一二〇）。

> 徒責天命無是理矣。但能立志堅定，隨事盡道，不以得失動念，則
> 雖勉習舉業，亦自無妨聖賢之學。若是原無求爲聖賢之志，雖不業
> 舉，日談道德，亦只成就得務外好高之病而已。此昔人所以有不患
> 妨功，惟患奪志之說也。(《全書》卷四)

「立志堅定，隨事盡道」，祿仕反而是天理之善；志不立，則日談道德，反而是人欲之惡生，天理人欲並不在表面事跡上分別何者爲善何者爲惡，而是隨時就事，精察此心萌發善惡之幾微處，切己用功，省察克治，則無時無刻皆是工夫。也就是說，成德之學長進與否，以立志爲先，人若有爲己之心，痛癢處方知曉，誠僞善惡交關，才能明覺不苟且，所以陽明嚴明眞僞之志，尤爲警切：

> 你眞有聖人之志，良知上更無不盡。良知上留得些子別念掛帶，便
> 非必爲聖人之志矣。(《傳習錄》下：二六○)

「良知上留得些子別念掛帶」，本體有著，已是動氣便是惡了，因爲此志已夾雜私欲，由眞轉僞，由純轉駁，已就不是爲己而學的「聖人之志」了。

第四節　簡易精一的特質：論《大學》格致誠正修的工夫

上一節由「道心惟微，人心惟危」，萌發善惡之幾的起心動念處，言「循理便是善，動氣便是惡」的工夫規矩，因此實踐工夫的本質，也就是從有善有惡的分別對治，到爲善去惡的天理流行。而這工夫的落實處爲何？

陽明以其良知學內容，注入《大學》的格局，舖陳一套綿密的工夫。龍場悟後，對朱子道德體驗不滿，四十七歲刻《古本大學》。五十六歲時，將征思田，因門人之請，授〈大學問〉，明年即去世，因此〈大學問〉算是晚年成熟之作。〈答聶文蔚二〉爲陽明五十七歲，十月之作，堪稱爲絕筆之書，內容固然順聶文蔚之問忘助而發，義理之實則是直就大學格致誠正分述條理，他說：

> 夫必有事焉，只是集義。集義只是致良知。說集義則一時未見頭腦。
> 說致良知即當下便有實地步可用功。故區區專說致良知。隨時就事
> 上致其良知，便是格物。著實去致良知，便是誠意。著實致其良知，
> 而無一毫意必固我，便是正心。著實致良知，則自無忘之病。無一

毫意必固我，則自無助之病。故說格致誠正，則不必更說簡忘助。孟子說忘助，亦就告子得病處立方。（中略）孟子集義養氣之說，固大有功於後學。然亦是因病立方，說得大段。不若《大學》格致誠正之功，尤極精一簡易為徹上徹下，萬世無弊者也（《傳習錄》中：一八七）。

孟子集義養氣之說是否「因病立方，說得大段」，值得保留。但陽明則確切肯認《大學》格致誠正的修身工夫，是精一簡易，徹上徹下，萬世無弊的教典。此則以「致良知」綜攝「格物」、「誠意」、「正心」，是五十歲後講學的重心所在，由致良知通貫格致誠正的工夫。落在道德實踐上而言，陽明說：

蓋身、心、意、知、物者，是其工夫所用之條理，雖亦各有其所，而其實只是一物。格、致、誠、正、修者，是其條理所用之工夫，雖亦皆有其名，而其實只是一事。（《全書》卷二十六，〈大學問〉）。

所謂的「只是一物」，「只是一事」，也就是在陽明的說統中，修身、正心、誠意、致知、格物，若言其一為工夫，實則即通貫全部工夫，那何以要層層言其條理呢？他說：

若語其要，則修身二字亦足矣。何必又言正心？正心二字亦足矣。何必又言誠意？誠意二字亦足矣？何必又言致知，又言格物？惟其工夫之詳密，而要之只是一事。此所以為精一之學，此正不可不思者也。（《傳習錄》中，〈答羅整菴少宰書〉：一七四）

「工夫詳密」的目的，也無非是「為善去惡」這一事的用功精一所在。陽明於是將實踐活動分疏如下：

（1）先儒解格物為格天下之物。天下之物，如何格得？且謂「一草一木亦皆有理」，今如何去格？縱格得草木來，如何反來誠得自家意？我解格作「正」字義，物作「事」字義。（《傳習錄》下：三一七）

（2）《大學》之所謂身，即耳目口鼻四肢是也。欲修身，便是要目非禮勿視，耳非禮勿聽，口非禮勿言，四肢非禮勿動。要修這箇身，身上如何用得功夫？心者身之主宰。目雖視，而所以視者心也。耳雖聽，而所以聽者心也。口與四肢雖言動，而所以言動者心也。故欲修身，在於體當自家心體，常令廓然大公，無有些子不正處。主宰一正，則發竅於目，自無非禮之視。發

竅於耳，自無非禮之聽。發竅於口與四肢，自無非禮之言動。
此便是修身在正其心。（同（1）則）

(3) 然至善者心之本體也。心之本體那有不善？如今要正心，本體
上何處用得工？必就心之發動處纔可著力也。心之發動不能無
善。故須就此處著力，便是在誠意。如一念發在好善上，便實
實落落去好善。一念在惡惡上，便實實落落去惡惡。意之所發
既無不誠，則其本體如何有不正的？故欲正其心在誠意，工夫
到誠意始有著落處。（同（1）則）

(4) 然誠意之本又在於致知也。所謂「人雖不知而己所獨知」者，
此正是吾心良知處。然知得善，卻不依這個良知便做去；知得
不善，卻不依這個良知便不去做，則這個良知便遮蔽了，是不
能致知也。吾心良知既不能擴充到底，則善雖知好，不能著實
好了；惡雖知惡，不能著實惡了。如何得意誠？故致知者意誠
之本也。（同（1）則）

(5) 然亦不是懸空的致知，致知在實事上格。如意在于爲善，便就
這件事上去爲。意在于去惡，便就這件事上去不爲。去惡固是
「格不正以歸於正」，爲善則不善正了，亦是格不正以歸於正
也。如此則吾心良知無私欲蔽了，得以致其極。而意之所發，
好善去惡，無有不誠矣。誠意工夫實下手處在格物也。若如此
格物，人人便做得。「人皆可以爲堯舜」，正在此也（同（1）則）。

由（1）則內容，陽明解格作「正」，與朱子解格作「至」的字義不同，
不是單純的訓詁之別，而是彼此導入個人的道德經驗，依附在《大學》工夫
次第，各依其著重點不同，〔註10〕而重新詮釋《大學》。換句話說，大學的原
義已不可確知，它基本上只是承載義理的架子，朱王各填進自己的契悟，作
爲其實質的內容，才有古本新本《大學》之爭議，而所謂的孰是孰非，各還
其說統之理路，也自有其特色。〔註11〕

〔註10〕參考註4與註5的說解。
〔註11〕朱子和陽明在章句的詮釋上看，兩人最大的分歧在對「在止於至善」、「致知」、
「格物」的解釋有所不同。若就道德心的自主自律的證體而言，朱子學的格
物窮理，如讀書，遵守規範，對過去經驗的分析反省，外知事理，內磨氣稟……
皆只是助緣的工夫，非陽明良知學當下逆覺肯認道德本源的本質工夫，於此

（1）則，陽明扣緊修德的本質義，闢駁外求事理的格物，已失大本，而質疑三點：

首先，「天下之物，如何格得？」存在人周遭的「物」，繁多複雜，窮理的對象之「物」，既可以是客觀的物理知識，或是探求典籍文物眞象的考據之理，也可以是落在應事接物的道德之理，若言「格天下之物」，那麼馬上對顯「生有涯而知也無涯」，人的有限性，如何格得呢？修德又如何人人可行呢？

其次，「一草一木亦皆有理」，今如何去格？以今日科學知識看，格草木之理，是科學領域中的方法問題，是實然的觀察活動，而非應然的德性活動，因此，陽明在重德氣氛的籠罩下，已見出「如何去格」的方法，顯然已不是德性的工夫了。

最後，此問「縱格得草木來，如何反來誠得自家意？」，直逼踐德的核心問題，若就陽明此例而言，草木之理是自然科學知識，是價值中立的理則，與爲善去惡的誠意工夫，兩不相涉，如此，德性之善如何可能呢？換句話說，以認知窮理的知識態度，欲窮應然的，價值的德性之理，將會碰到下列的困難，是非善惡的判斷，根據什麼而建立？行善去惡的動源由何處來？又根據什麼理由，我爲什麼要行善？也就是說，以道德爲知識，是無法碰觸到道德的本質。〔註12〕

尅就道德活動的可能與完成，身軀形體乃是道德實踐的憑藉，是落實到人間以貞定萬事萬物的資具，有此「身」才能散發生命的熱力，參與人間的

而言朱子學不足。若就良知發用的兼善天下的歷程，朱子學的格物窮理，以求物我貫通的精神，未嘗不是博厚的文化理想之極致。故正文中的「自有其特色」，是就後者而言，不是泯滅學術的是非。

〔註12〕這句話是就西方文化的特性而言，「獨顯知識理性，道德理性未有充分的開發。一直到了康德才扭轉了西方以道德爲知識的傳統，而強調道德理性的獨立與莊嚴。肯定了人的自由意志，由自我立法説自律，才眞正碰觸到道德的本質。」見王邦雄〈中西文化的傳統性格及其會通之道〉（鵝湖月刊，152 期，1988 年 2 月）。事實上，尅就朱子格物義涵而言，具有多重意義存在，陽明舉此例，固是與成德不相干的歧出支離；但在成德之教中的格物活動，已非純然的認知活動，而是有良知爲導引的「格物」。雖然知識義的指導多些，但揣摩分寸的大本，仍在個人的親證上。秦家懿也提出類似的看法説：「程頤、朱熹既多引經據典，述古人之言，他們又似是要求嚴謹的教育制度。事實則不如此簡單。因爲程朱的解經法，不來自官方，而有自程朱本人。在他們的學說未受政權陰護與批准之前，他們依賴的權威，也比政權更高，甚至於比經書本身高。因爲他們實際上也以自己的心得爲權威與憑據，自稱承述的，是早已中斷的『絕學』。這樣說，他們也是傳心學。」（《王陽明》，頁 192）。

種種建設，以成就日新富厚的內容，由此說「德潤身」。當我們如此說身軀形體時，它已經不是純然一套生理結構的運作，（若僅就這生理結構，生存欲求言「身」，其與一般動物無異，同樣是在某一時空的有限存在，循一定的機制運轉。），而所以有生命的熱力，是源於靈明的主宰，使視聽言動如理合道，因此而言（2）則「心者身之主宰」、「修身在正其心」，由第二章本體義蘊的探討，我們知道心體虛靈明覺處，即是天理發見處，它具有不斷創發彰顯價值的主宰能力，與物交感之際，昭明良知天理的同時，也是顯發具體特殊的因應之道，所以（3）則言「至善者心之本體」。而這交感之際，心之發動而有善惡意念的發生，人若能順其明覺主宰而誠其意，使良知天理貫徹到事事物物，此時也就是「循理便是善」；然若隨軀殼起念、私欲間隔時，心頓失主宰能力，起意不誠，已然「動氣便是惡」了。在這裏，陽明對於心與意微有分別，心重在其先天的至善存在，是價值的根源，意義的主宰，超越個別的，眾多的善惡相而顯其創發性的能力，故云：「無善無惡是心之體」。而心體如何證得「廓然大公，無有些子不正」的至善存在呢？工夫就落在與物交感的起意動念上，此時，顯然是先天至善的本體與人之感性、氣質的交互作用，眾多紛紜的主意中，便有循理動氣的善惡之別，因此，謂之「有善有惡是意之動」。人若能誠其心體之發的善意，踐其「應當」的價值行為，落實的去好善惡惡，由「誠意」工夫逆反證成心體的至善。因此（3）則言「欲正其心在誠意，工夫到誠意始有著落處。」〔註13〕

當人要從現實的感性作意中，由流轉之念中，剝落複雜的表象，直識本體之發的真意，必然要有一臨照明覺的判斷能力，以洞察善惡真偽之幾，以作誠意的工夫。而這裏也就凸顯（4）則所說「人雖不知而己所獨知」的吾心良知處的覺照之明，陽明謂為「萌時這一知處便是你的命根」（《傳習錄》下：三三三），由此知處擴充到底，也就是良知不但是知善知惡，好善惡惡，更是透澈到為善去惡的行成，始能謂之「致知」，致知成為是誠意工夫的動源，雖同是「為善去惡」這一事的知行合一，但本體所受的知意，提上一層，而為

〔註13〕此意，陽明亦隨學生落在《中庸》說統問：「戒慎恐懼是致和，還是致中？」，陽明答「和上用功」的理由相同，「中和一也。內無所偏倚，少間發出，便自無乖戾。本體上如何用功？必就他發處，纏著得力。致和便是致中。萬物育，便是天地位。」（見陳榮捷《王陽明傳習錄詳註集評》，頁403，傳習錄拾遺：二四。取自佐藤一齊《傳習錄欄外書》）。

誠意張本，故（4）則云「致知者意誠之本」〔註14〕

　　因此，實踐工夫必從良知發竅的事幾上，行為善去惡的實事實理，陽明謂之「格物」。根據〈大學問〉解釋：

> 物者，事也。凡意之所發，必有其事。意之所在之事謂之物。格者，
> 正也；正其不正以歸於正之謂也。正其不正者，去惡之謂也；歸於
> 正者，為善之謂也。夫是之謂格。（《全書》卷二十六）

陽明與朱子《大學章句》訓物同為事，但意義不同，〔註15〕陽明由「心即理」確認道德實踐之理不是認識的對象，而是心無私欲之蔽的自明自覺，因此而言「乃知天下之物，本無可格者。其格物之功，只在身心上做。」（《傳習錄》下：三一八），而「只在身心上做」是什麼意思呢？

　　原來，「物」訓為事，事之存在，已是人心與外物交接感通之際，存在一意義的脈絡中，〔註16〕良知之明覺朗照，即予以應當不應當的價值存在，故

〔註14〕 若就此則黃以方所錄的以大學格局言工夫次第的內容看，與《全書》卷七〈大學古本序〉的義旨相同，此序繫年雖是戊寅年（陽明四十七歲），事實上，陽明五十三歲寫給黃勉之，云「短序亦嘗三易稿，石刻，其最後者，今各往一本，亦是以知初年之見，未可據以為定也。」（《全書》卷五），新序是五十歲後揭致良知以後的思想。舊序以誠意為主，並沒有提到致知（舊序見羅整菴《困知記》三續二十章），工夫只以格物、誠意為主，致知則無處安插。新序則提出致知為誠意之本，誠意的工夫雖是後天對治，然其對治的根據卻必須是先天的良知，故誠意必須以致良知為根本。但並非如此即不需要誠意的工夫，而是說工夫之本在致知，下手處在誠意。陽明從誠意解釋大學為主，轉變到以致知為主，也可以說以致知為主在理論上更為圓融，同時，早期言誠意之教，偏向於即用以明體的收斂保聚，而致知作為實踐的動力，更具立體達用、本末相貫的擴充精神。有關古本新舊兩序的轉變探討，可以參考林日盛〈從大學看陽明心學的發展〉（鵝湖月刊，84期，1982年6月），及鍾彩鈞《王陽明思想之進展》（台北：文史哲，1983年初版）頁68～98。

〔註15〕 參考註4與註5論說。若要細究其意義不同，則當由朱子「不離不雜」的理氣觀，心理為二的哲學思想談起，與陽明心即理、心理為一的說統不同。故對「所謂致知在格物者，言欲致吾之知，在即物而窮其理也。」（《大學》〈格物補傳〉）的「物」，顯然就不同了。朱子所謂的「物」，包括了宇宙界、人文界、心理界的一切存在，而自然現象的規律、人事演變的法則、形而上之理，以至應遵行的道德等都是理。理的範圍既大，性質又雜，於是論及心和理的關係之時，自然會以心為認識能力，理為認識對象了。既有能所之分，自然會以心理為二。（見鍾彩鈞《王陽明思想之進展》，頁35）

〔註16〕 劉述先認為陽明言物即事也，是一個全新的觀念。物一般當作對象（Object）解，但對象從非一孤離的對象，它必在一系絡（Context）之中，才能顯發其意義。陽明自道德體驗入手，也找到與現象學相似的「物必在一意向性

云「知善知惡是良知」，此一判斷的本身，即湧現實現的力量，以踐其應然之理，使「物」成為眞實的存在，使「物」在現實的安頓上，貞其理、安其分、適其位，物各付物，成其為善的價值，此之謂「為善去惡是格物」。

那格物的範圍為何呢？舉凡與良知之所涉的事皆為「物」，落實的說，每個當下的實事所在都是「物」。如「意在於事親，即事親便是一物。意在於事君，即事君便是一物。意在於仁民愛物，即仁民愛物便是一物。意在於視聽言動，即視聽言動便是一物。」（《傳習錄》上：六），也就是事親、事君、仁民愛物、視聽言動的行為，由心之主意而成其「物者，事也」；又一種是人處富貴貧賤、患難死生……等人情事變的態度、或喜怒哀樂的心境，皆是「物」，故就人生歷程而言，良知無時不在，則格物之功，亦無時可止，故學生問：「格物於動處用功否？」，陽明答：「格物無間動靜。靜亦物也。孟子謂『必有事焉』，是動靜皆有事。」（《傳習錄》上：八七），動靜皆有事，則是（5）則所說的「然亦不是懸空的致知。致知在實事上格。」，故云「隨時就事上致其良知，便是格物。」（《傳習錄》中，〈答聶文蔚二〉：一八七），所以格物，也就是一種事上磨鍊，由此興發指點學生的實例頗多，他說：

(5-1) 但知得輕傲處，便是良知。致此良知，除卻輕傲，便是格物。（《全書》卷五，〈寄薛尚謙〉）

(5-2) 九川臥病虔州。先生云：「病物亦難格，覺得如何？」，對曰：「功夫甚難。」，先生曰：「常快活，便是功夫。」（《傳習錄》下：二一五）

(5-3) 有一屬官，因久聽講先生之學，曰：「此學甚好。只是簿書訟獄繁難，不得為學。」，先生聞之，曰：「我何嘗教爾離了簿書訟獄，懸空去講學？爾既有官司之事，便從官司的事上為學，纔是眞格物。如問一詞訟，不可因其應對無狀，起個怒心。不可因他言語圓轉，生個喜心。不可惡其囑托，加意治之。不可因其請求，屈意從之。不可因自己事務煩冗，隨意苟且斷之。不可因旁之譖毀羅織，隨人意思處之。這許多

（Intentionality）的結構之內，主客乃是互相對待的觀念，無主也無所謂客」的意向性的架構，並要為意找一形上的根源，乃建立其唯心之學。見《朱子哲學思想的發展與完成》（台北：學生，1984 年 8 月增訂再版）第九章〈王學與朱學：陽明心學之再闡釋〉頁 494。

意思皆私。只爾自知。須精細省察克治。惟恐此心有一毫偏倚，枉人是非。這便是格物致知。簿書訟獄之間，無非實學。若離了事物爲學，却是著空。」（《傳習錄》下：二一八）

（5-4）先生曰：「舜不遇瞽瞍，則處瞽之物無由格。不遇象，則處象之物無由格。周公不遇流言憂懼，則流言憂懼之物無由格。故凡動心忍性，增益其所不能者，正吾聖門致知格物之學。正不宜輕易放過，失此好光陰也。知此則夷狄患難，將無入不自得矣。」〔註17〕

　　當人的良知省察到「輕傲」之物爲非時，便致此良知之行力，「格不正以歸於正」，即是（5-1）則所說的「除却輕傲，便是格物。」。（5-2）則陽明言「病物難格」，這裏的格物工夫，並非是醫生診治以療此病物，而是有限的形軀物，本來就有生老病死的自然現象發生，而生病時，常因靈明自主的心，誤執形軀之病的有限爲「我」，使心封限在病物中，誇張了病痛的嚴重性，故容易鬱悶消沈，因此，陽明隨機指點格物工夫，就是「常快活」，使心之主宰，明覺的返其自由的主位，如實的療病，以待康復。（5-3）則陽明將「簿書訟獄之間，無非實學。若離了事物爲學，却是著空。」的精彩譬喻，將良知學的「生活即學問」的義涵，發揮得淋漓盡致。體若不虛設，則必由用中顯明，而格物致知就是在生活歷程中，省察克治種種的「不可」之私，去僞立誠，如此而說「事上爲學，纔是眞格物」。但人在格物致知的修德過程中，陽明說：「居常無所見，惟當利害、經變故、遭屈辱，平時憤怒者，到此能不憤怒；憂惶失措者，到此能不憂惶失措，始是能有得力處，亦便是用力處。天下事雖萬變，吾所以應之不出乎喜怒哀樂四者，此爲學之要，而爲政亦在其中矣。」（《全書》卷四，〈與王純甫〉）凡事之艱辛難處，如（5-4）則舜處瞽之物，處象之物；周公遇流言憂懼之物，臨事之際，由良知惻然躍動的安與不安中，反顯出實踐中的險阻與創造的可能，原是一體存在。尤其在動心忍性的惡境，良知天理反能由步步危疑中，警策提撕的鍛鍊歷程中，隨事而格，應幾而格，而愈顯精神，由此印證心體的創造性，良知天理的遍在精當，而「增益其所不能」，故錢德洪說：

　　師門致知格物之旨，開示來學。學者躬修默悟，不敢以知解承，而

─────────────

〔註17〕語出陳榮捷《王陽明傳習錄詳註集評》，頁393，傳習錄拾遺：六，取自佐藤一齋《傳習錄欄外書》。

惟以實體得。故吾師終日言是，而不憚其煩。學者終日聽是，而不
厭其數。蓋指示專一，則體悟日精。幾迎於言前，神發於言外，感
遇之誠也。(《傳習錄》下，〈錢德洪跋〉)

換句話說，陽明言致知格物，不在知解的授受，而是主要在喚醒每一個人，
就其本心的躍動，由此建立道德的主體性，於日用事爲間，實地用功。遇一
事，格一物的實踐中，深造自得，這也就是他回答顧東橋所說的：

區區格致誠正之說，是就學者本心日用事爲間，體究踐履，實地用
功。是多少次第？多少積累在？正與空虛頓悟之說相反。(《傳習錄》
中：一三一)

當人要從本心與私欲的混雜，時而清明，時而駁雜，交互叠起的現象中，
自證自由無限心體的發用，是必須經過一番辛苦的釐清歷程，才能證悟光明
純粹的道德心發用無窮。而這歷程就有「多少次第」「多少積累在」。同時，
成長的不同時期，或不同的個人身上，良知在現實的發用，隨人自覺工夫的
掌握而有明暗潛隱的程度之別，但良知本體恒久具在，隨事而自顯其安與不
安的躍動，人由此審識這躍動的本身，如果是來自欲突破慣性之勢的良知呼
喚，當下掌握眞音，直下承當，便是工夫所在。因此，有人說「童子不能格
物，只教以灑掃應對」，陽明反駁說：

灑掃應對，就是一件物。童子良知只到此，便教去灑掃應對，就是
致他這一點良知了。又如童子知畏先生長者，此亦是他良知處，故
雖嬉戲中見了先生長者，便去作揖恭敬。是他能格物以致敬師長之
良知了。童子自有童子的格物致知。(略)我這裏言格物，自童子以
至聖人皆是此等工夫。但聖人格物，便更熟得些子，不消費力。如
此格物，雖賣柴人亦是做得。雖公卿大夫，以至天子，皆是如此做。
(《傳習錄》下：三一九)

「童子自有童子的格物致知」，那童子與聖人的格物致知有何分別呢？尅就良
知發見處，以致此良知於事事物物上的「爲善去惡」的本質而言，並無分別。
若言分別處，乃是落實到現實機緣所格的「物」，因人而殊的不同，以及工夫
的純熟罷了。故云：「我這裏言格物，自童子以至聖人皆是此等工夫。但聖人
格物，便更熟得些子，不消費力。」，而一般人氣習纏蔽，知善知惡的良知，
常被間隔而有昏明不一的實況，因此就有學利困勉的工夫之異。所以陽明譬
喻：

> 聖人之知，如青天之日。賢人如浮雲天日。愚人如陰霾天日。雖有
> 昏明不同，其能辨黑白則一。雖昏黑夜裏，亦影影見得黑白，就是
> 日之餘光未盡處。困學功夫，亦只從這點明處精察去耳。（《傳習錄》
> 下：二八九）

就良知本體在現實上明覺發用的程度不同，陽明區分為聖人、賢人、愚人（非指才智之愚，而是障蔽深厚的人）三個層級——陽明有時候分「生知安行，學知利行，困知勉行」，〔註18〕良知本體如天日之明照，能辨別是非黑白的能力，即使是困知勉行之人，良知亦能穿透層層的障蔽，盜賊亦自知不當為盜賊的明白是非，從天人之際的矛盾掙扎，隱微中自顯其應當之方向，而實踐的工夫就是由「這點明處精察去」，「明處」即是本體的發見處，工夫的用力處，他說：

> 所云困勉之功，亦只是提醒工夫未能純熟，須加人一己百之力，然
> 後能無間斷，非是提醒之外，別有一段困勉之事也。（《全書》卷六，
> 〈與王公弼二〉）

而所謂的「提醒」，亦是就良知的自提自醒，師友規切問學，亦只是提供助緣罷了。就這一義而言，陽明謂「乃若致知則存乎心悟，致知焉盡矣。」（《全書》卷七，〈大學古本序〉），那麼，修養工夫既是由這發見處的良知為起點，聖人與常人除了工夫純熟的差異外，其「知」的內涵是否有整全與部分的殊別呢？以下這一則有精彩的譬喻。

> 黃以方問：「先生格致之說，隨時格物以致其知，則知是一節之知，
> 非全體之知也。何以到得『溥博如天，淵泉如淵』地位呢？」，先生
> 曰：「人心是天淵。心之本體，無所不該，原是一個天。只為私欲障
> 礙，則天之本體失了。心之理無窮盡，原是一個淵。只為私欲窒塞，
> 則淵之本體失了。如今念念致良知，將此障礙窒塞，一齊去盡，則
> 本體已復，便是天淵了。」，乃指天以示之曰：「比如面前見天，是
> 昭昭之天。四外見天，也只是昭昭之天。只為許多房子牆壁遮蔽，
> 便不見天之全體。若撤去房子牆壁，總是一箇天矣。不可道眼前是
> 昭昭之天，外面又不是昭昭之天也。於此便見一節之知，即全體之
> 知。全體之知，即一節之知。總是一個本體。（《傳習錄》下：二二

二）

「隨時格物以致其知」，雖說實踐工夫自發見處的良知爲起點，不禁令人懷疑這見在良知僅僅是一節之知，它與全體之知的發用相同否？的確，就生命境界的證悟，常隨主體工夫如螺旋之層層開展延伸，以至所謂的「溥博如天，淵泉如淵」的聖境，故就生命實踐的歷程而言，川流敦化可喻部分全體的量之大小，權說「一節之知，非全體之知」未嘗不可。但還諸無方所無形體，如天淵無所不該的心之本體而言，工夫所至，障礙窒塞去盡，當下呈顯的知之明覺，即是全體大用的朗照，它即是知善知惡與爲善去惡的一體呈顯，其爲天理昭明的本質，是圓頓的朗現，與歷程中的量無關。就其呈顯的質之精粹而爲道德實踐的判斷準則而言，並無所謂的「一節之知」或「全體之知」，因此，陽明舉同是「昭昭之天」而言「於此便見一節之知，即全體之知。全體之知，即一節之知。總是一個本體。」。

既然良知之發見處，聖凡無異，而德性工夫的入手處，乃就各人良知之眞誠惻怛的昭顯應當之方向行去，不必希高慕大，但須各隨分限以成，陽明說：

> 凡謀其力之所不及，而強其知之所不能者，皆不得爲致良知。（《傳習錄》中，〈答歐陽崇一〉：一七○）

又云：

> 我輩致知，只是各隨分限所及。今日良知見在如此，只隨今日所知，擴充到底。明日良知又有開悟，便從明日所知，擴充到底。如此方是精一功夫。與人論學，亦須隨人分限所及。如樹有這些萌芽，只把這些水去灌溉。萌芽再長，便又加水。自拱把以至合抱，灌溉之功，皆是隨其分限所及。若些小萌芽，有一桶水在，盡在傾上，便浸壞他了。（《傳習錄》下：二二五）

此義甚佳，陽明良知學簡易直捷的實踐工夫，亦由此透出。單就每一當前良知躍動，直下肯認，擴充到底的「致知」工夫，並不需要假手知識式的窮理，在工夫上更顯得警策集中。〔註 19〕但人在踐道的歷程中，稍不留意，常不知不覺中走離了清明的良知，或是來自求好心切的逾矩貪求，夾雜了其他功利計較，不時良知昏昧導致動氣之惡生，就有「謀力之不及」，「強知之不能」的艱難感，原是「今日良知見在如此，只隨今日所知，擴充到底。」的樂易

〔註 19〕見秦家懿《王陽明》，頁 202。

平常，就變得滯重難行。原是人人可作，「千里之行，始於足下」的懇切工夫，也變得高不可及的迷眩了。陽明在〈答劉內重〉書，引程子言盛發此義，他說：

> 程子云：「所見所期不可不遠且大，然而爲之亦須量力有漸，志大心
> 勞力小任重，恐終敗事。」夫學者既立有必爲聖人之志，只消就自
> 己良知明覺處朴實頭致了去，自然循循，日有所至，原無許多門面
> 摺數也。外面是非毀譽亦好，資之以爲警切砥礪之地，卻不得以此
> 稍動其心，便將流於心勞日拙而不自知矣。（《全書》卷五）

陽明良知學義涵下的成德之教，由人人可行的當下醒覺言工夫，建立根本自信，「只消就良知明覺處朴實頭致了去，自然循循，日有所至，原無許多門面摺數也。」故言「聖人可學而至」、「人皆可以爲堯舜」、「雖賣柴人亦是做得。雖公卿大夫以至天子，皆是如此做。」

顯然，致良知在成德之教中，陽明特別彰顯「自信良知」，作爲格物的準則和方向，自道：「吾教人致良知在格物上用功，卻是有根本的學問。日長進一日，愈久愈覺精明。世儒教人事事物物上去尋討，卻是無根本的學問。方其壯時，雖暫能外面修飾，不見有過。老則精神衰邁，終須放倒。譬如無根之樹，移栽水邊。雖暫時鮮好，終久要憔悴。」（《傳習錄》下：二三九）陽明認爲這根本的學問，自能日進精明、貞定彌堅的效應。而在滔滔大化不息中，良知學所謂「信」的內蘊，究竟爲何？爲什麼陽明一再強調「自信良知」呢？〔註20〕

〔註20〕 在《傳習錄》中，〈答歐陽崇一〉：一七一則，問「人情機詐百出，御之以不疑，往往爲所欺，覺則自入於逆億。……」，陽明回答直透良知之勝義，暢言「不自欺良知」、「恒自信良知」、「恒自覺良知」的道理爲何，他說：「君子學以爲己，未嘗虞人之欺己也，恒不自欺其良知而已。未嘗虞人之不信己也，恒自信其良知而已。未嘗求先覺人之詐與不信也，恒務自覺其良知而已。是故不欺，則良知無所僞而誠，『誠則明』矣。自信，則良知無所惑而明，『明則誠』矣。明誠相生，是故良知常覺常照。常覺常照，則如明鏡之懸，而物之來者自不能遁其妍媸矣。何者？不欺而誠，則無所容其欺。苟有欺焉，而覺矣。自信而明，則無所容其不信。苟不信焉，而覺矣。是謂『易以知險，簡以知阻』」。又在〈答陸原靜書二〉後，錢德洪跋文言師曰：「若信得良知，只在良知上用功，雖千經萬典，無不脗合。異端曲學，一勘盡破矣。」另有一則陽明自道：「我在南都已前，尚有些子鄉愿的意思在。我今信得這良知眞是眞非，信手行去，更不著些覆藏。我今纔做得個狂者的胸次，使天下之人都說我行不揜言也罷。」，弟子尚謙遂嘆「信得此過，方是聖人的眞血脈。」

　　先生曰：「無知無不知，本體原是如此。譬如日未嘗有心照物，而自
　　無物不照。無照無不照，原是日的本體。良知本無知，今却要有知。
　　本無不知，今却疑有不知。只是信不及耳。」（《傳習錄》下：二八
　　二）

　　這一則的「無知」是遮撥作意，而顯本然具有，非外塑塡入的「知」相，本體乃是無心之知的呈顯其虛靈自性，故云「無知」；而「無不知」是就良知天理明覺是非善惡的能力，以成實事實理的覺照之知而言，這「無知無不知」的至虛至實，原就是本體的義蘊，人是要從反躬自修的實踐工夫深造自得的。所謂「良知只是個是非之心。是非只是個好惡。只好惡，就盡了是非。只是非，就盡了萬事萬變。」（《傳習錄》下：二八八），若人推開具體生命的實感，直就知解忖度的態度探索，陽明斥爲「良知本無知，今却要有知。本無不知，今却疑有不知。」，信不及的同時，將懷疑「只是非，就盡了萬事萬變」如何可能呢？

　　在每一個眞實情境的感通時，也就是心體的道德創造之朗照與朗潤；每一當下的行爲，皆由良知明覺的圓應中昭明天理，而自爲立法者，能循理爲善，以達中道之圓融和諧，此之謂「致良知」，若以陽明語謂之「致吾心良知之天理於事事物物，則事事物物皆得其理矣。」（《傳習錄》中，〈答顧東橋書〉：一三五）。換句話說，在踐德歷程中，良知所以能盡萬事萬變，就是心體的創作作用充分的彰顯，使萬事萬物皆在吾心的朗照與朗潤中，皆得其理。秦家懿說：

　　　　「致良知」所指，也不是以常有的，不變的是非準則，用在人生的
　　　　萬變上，而是通過每事每變，逐漸立心立誠，以完成自己的人格，
　　　　這是處世應物的至深一層面，可以使人進入體認「萬物在我心」的
　　　　超然境界。所謂「致中和，天地位焉，萬物育焉。」〔註21〕

也就是自信良知的知是知非的「是非之心」，乃是好是惡非的「好惡」之行，知就是行，行就是知，覺察之知與實踐之行在致良知中是一體而顯，貫徹到爲善去惡的完成。如此言自信良知，工夫乃有著落處，而「信」方爲「實」也。「只是非，就盡了萬事萬變」才是眞實的呈現，而這番生命造境，却是「通過每事每變，逐漸立心立誠」的歷程完成。因爲人的習心習氣也有很大的力量，因此「致良知」三字之教兼有兩層意思，一是先要自信良知在，可作爲一切的準繩，一方面要自

（《傳習錄》下：三一二），這三則同是強調自信良知的重要。
〔註21〕見秦家懿《王陽明》頁 190～191。

己不管用什麼方法，都要實心磨鍊；有良知之自信，工夫便有方向；陽明終究能「時時知是知非，時時無是無非」（黃宗羲〈姚江學案〉陽明傳語），是實地磨鍊過來的人；故所謂良知具足並非可廢修養工夫；更可說對良知倚重的程度應視修養工夫的高下而定，故其四句教「無善無惡是心之體，有善有惡是意之動，知善知惡是良知，爲善去惡是格物」（《傳習錄》下：三一五）以爲是徹上徹下工夫，可說是陽明從工夫一步一步上達本體層層都說到了。〔註22〕

　　綜上所論，《大學》格致誠正修的工夫，乃是陽明成熟的教典，首先表述以《大學》層遞條理，言其詳密精一的理由，分疏其勝義所在。但展開德性實踐時，但舉其一爲工夫，便已通貫到其他工夫，都只是「爲善去惡」這一事，因此，又顯出陽明指點工夫上的圓轉靈活，有以誠意賅其他，〔註23〕有以致知攝其他，〔註24〕有以格物含其他，〔註25〕顯示格致誠正修的實踐工夫，乃是互相滲透的綜攝關係。同時，將「四句教」逐句放在《大學》脈絡中見其精闢義涵，以見陽明從《大學》脈絡中抽繹爲簡明的「四句教」，作爲徹上徹下的指點原則的深義。其次則強調「隨時就事上致其良知」的實踐進路，不可廢，舉語錄書信的實例，疏解其義，以見良知學在工夫指點的精蘊爲何。末了，以「自信良知」和「致良知」的體用關係，統會良知學的義蘊，以見「致良知」何以爲其工夫的結穴。

〔註22〕　見古清美《黃梨洲之生平及其學術思想》（台北：台大文史叢刊之四十九，1978年初版）第二章第二節〈陽明學的重心——致良知——〉頁29。

〔註23〕　以誠意賅其他，如「大學工夫即是明明德，明明德只是個誠意。誠意的工夫只是格物致知。若以誠意爲主，去用格物致知的工夫，即工夫始有下落。即爲善去惡，無非是誠意的事。」（《傳習錄》上：一二九），若就陽明思想進展的歷程而言，誠意之教，大致是尚未以「致良知」爲主的早期教法。

〔註24〕　以致知攝其他，如「區區專說致良知，隨時就事上致良知，便是格物。著實去致良知，便是誠意。著實致其良知，而無一毫意必固我，便是正心。」（《傳習錄》中，〈答轟文蔚二〉：一八七）。

〔註25〕　以格物含其餘，如「格物者，大學之實下手處。徹頭徹尾，自始學至聖人，只此工夫而已。非但入門之際有此一段也。夫正心、誠意、致知、格物，皆所以修身而格物者。其所用力，實可見之地。故格物者，格其心之物也，格其意之物也，格其知之物也。正心者，正其物之心也。誠意者，誠其物之意也。致知者，致其物之知也。」（《傳習錄》中，〈答羅整菴少宰書〉：一七四）。

第四章　動態發展的歷程義

第一節　前　言

　　就人自然生命的歷程而言，個體存在原如自然界的一般動物一樣誕生老去，無所逃於自然的律則。出生入死的這一段「有」，恐怕只有人會去思考其意義為何？活著的價值為何？我與週遭不同的個體生命同異為何？與往古來今曾經活躍在歷史舞台上的人們，存在何種關係？若人僅僅是求溫飽的自然生存，以求個體之安的活下去，何以人時常湧現「應當不應當」、「安與不安」的價值判斷？而這一理想性的應然與現實性的實然，無限的蘄嚮與有限的縛結，也只有人深刻感知到其中的疑惑與矛盾。但也因為這天人之際的兩重超越區分，啓發了人自求安頓、自作主宰的永恒實踐歷程。因此，在自然謀生層次的必須之外，人尚有屬於自由尊嚴的價值層次，遂有了即有限而無限的「道德生命」之開展。道，路也；德，得也。中國傳統的成德之教，就是在自然生命之上，賦予價值意義，而創造出「道德生命」的眞實存在。

　　所以道德生命的意義，就不僅僅是個體自然生命如拋物線的起落歷程，而是有本有源的成長與發展歷程，（循自然生命律則軌道而行，無所謂自覺的成長與發展可言），因此而言道德生命具有所謂的動態辯證的發展性。「動態」是就每一當下的生活，去感應掌握生命活潑的生幾，即工夫即本體，親驗生命成長的喜悅，而非靜態平舖的知解掌握，如第三章第四節引秦家懿語，言陽明致良知，乃是「通過每事每變，逐漸立心立誠，以完成自己的人格。」，這就是「動態」的意義。而所謂「辯證」，是就道德生命之所以為「活」，乃

是具體特殊的存在歷程，與外界交感之際，是無法以歸納或演繹去規約或範限其存在，就人當下一時的過錯而言，直是陽明所謂的「動氣爲惡」的道德之失，然而落在存在歷程中，改過自新，也就是「循理爲善」的躍進，道德生命的發展，並非是直線前進，毋寧說是辯證的發展，〔註1〕在發展的歷程中，使天人之憾由實踐達到合一的體現，使限制原則成爲表現憑藉以立人極。

在上一章論工夫義以《大學》格致誠正修爲主要工夫脈絡，側重在彰顯陽明成德之教的精一簡易規模，在〈大學問〉的結語言「此格致誠正之說，所以闡堯舜之正傳，而爲孔氏之心印也。」（《全書》卷二十六），這是就內聖立本而言，道德生命首要在自我肯定，以建立根本自信的人格主體。而格致誠正修的修身之義，「身」乃處家國天下內外之交的憑藉，良知發用也必要求「致吾心良知之天理於事事，物物，則事事物物皆得其理矣。」（〈答顧東橋書〉：一三五），以達到人我相通、及物潤物的推擴。終極以至陽明在〈大學問〉所說的精神：

> 大人者，以天地萬物爲一體者也。其視天下爲一家，中國猶一人。
> 若夫間形骸而分爾我者，小人矣。大人之能以天地萬物爲一體也，
> 非意之也，其心之仁本若是，其與天地萬物而爲一也。

換句話說，道德生命的立足與推擴，必透澈到與天地萬物爲一體，成己成物的普遍實現，就此終極而言「人者，天地萬物之心也」（《全書》卷六，〈答季明德〉），「良知是造化的精靈」（《傳習錄》下：二六一），參贊天地宇宙，創造歷史文化，此方是道德生命的流衍與圓成。

〔註1〕 見唐君毅〈辯證法之類型〉（鵝湖月刊，104 期，1984 年 2 月），依唐氏思想方式有三種，形式邏輯、歸納邏輯及辯證法，各有其適用範圍，彼此並不互相矛盾。所謂辯證法的思維，至少必須以「視如一具體的對象者之具有多方面而容我們對之作或同或異，或正或反之多方面的思維言說者，呈於當前」爲其進行之憑藉。而道德生命的發展，亦具有此特質，故吾人名爲「辯證的發展」。又成中英在〈邁向和諧化辯證觀的建立〉一文中，曾提到：「儒、道哲學家都是在『和諧化辯證觀』及其對偶性的概念範型下，來看歷史與社會的問題。這種辯證觀，如本文所論，乃是中國思想家由宇宙、歷史、社會、生命現象種種角度下對『根本實在』問題進行思索、體驗後得來的。」見《知識與價值——和諧、真理與正義的探索》（台北：聯經，1986 年初版）頁 39。顯然的，這裏所謂「辯證的發展」，不是衝突的辯證發展，而是朝向天人合一的和諧化發展，消融存在歷程中的矛盾掙扎，以成就所謂的「道德生命」（就廣義而言：道，路也；德，得也，可以安心立命，提昇自然生命的層境都可以包含在道德意義之內）。

　　因此，本章首先點明陽明道德生命的發展，乃在承繼孔子仁教重德立本的傳統，講良知，傳慧命，並由此具顯動態的辯證發展的意義。蓋前兩章側重在分解立義上分別明本體義蘊及工夫特質，對於良知學義涵下的心事（物）、體用、知行三組詞語的主要內涵，尚未充分展開，今則提出「兩端而一致」的具體實踐立義方式，予以表詮，以彰顯其中的精蘊並明其分際所在，此為第二節的內容。而陽明良知學在學問的性格上，就良知醒覺發用時，雖言其為「當下的圓頓」，所謂「一節之知即全體之知，全體之知即一節之知，總是一個本體」（《傳習錄》下：二二二），當體自性是直下通極於天心之亮明；但就成德之教的存在歷程，就師生相處的隨幾指點，就陽明個人道德生命的開展而言，卻飽含開放性與發展性、虛廓性與充實性的豐富意義，今日儒家求返本開新，最當在此處省思，此為第三節的內容。

第二節　良知學「兩端而一致」的實踐詮釋

　　第二章和第三章言本體和工夫論時，是以疏解衍義的方式，闡明陽明言本體和工夫的精蘊，順著前文分解立義時，我們多少已發現到在陽明良知學說統中，時常出現融通二事為一事，涵攝諸事為一事的思想特質。有一些是循著前賢之慧解而闡釋經義，有一些則順著自家契悟而新詮經典義理，綜合觀之，這種對偶性的合一現象相當多，〔註2〕如「體用一源」、〔註3〕「心事合一」、〔註4〕「動靜合一」，〔註5〕反對心理、知行分為二，而言「心理是一」、

〔註2〕　這種對偶性的合一現象，究其極，亦非陽明獨顯此特色，而是天人合一的終
　　　　極實現，所呈顯的思想範型，見註1成中英的說明。
〔註3〕　見《傳習錄》上：四五則言「蓋體用一源，有是體，即有是用。有未發之中，
　　　　即有發而皆中節之和。今人未能有發而皆中節之和，須知是他未發之中，亦
　　　　未能全得。」；又一○八則言「即體而言用在體，即用而言體在用，是謂體用
　　　　一源。」；又一一二則言「體用一源，體未立，用安從生？」；又〈答陸原靜
　　　　書二〉：一五六則言「所謂動亦定，靜亦定，體用一原者也。」；所謂「體用
　　　　一源，顯微無間」，本為伊川易傳序之語，陽明講習常引述喻之。
〔註4〕　《傳習錄》下：二三二則，陽明言矜持太過、或太直率者，即是「分心與事
　　　　為二矣」；又二六三則言事上周旋，知覺忘斷的原因是「此只認良知未真，尚
　　　　有內外之間。我這裏功夫不由人急心。認得良知頭腦是當，去樸實用功，自
　　　　會透徹。到此便是內外兩忘，又何心事不合一？」，也可以從陽明言「物，事
　　　　也」的角度，知「身心意知物是一件」（陽明多處提到，如〈大學問〉；《傳習
　　　　錄》下：二○一等）去了解「心事合一」之旨意。
〔註5〕　動靜合一，是就「動靜者，所遇之時。心之本體，固無分於動靜也。」（〈答陸

「知行合一」；〔註6〕又因爲內外本末，皆可以良知之學貫之，故言「理無內外」、「性無內外」、「心無內外」，意即本體既無內外之分，則工夫也無內外之別，故是「學無內外」。〔註7〕因此常言「只有此一件事」，〔註8〕「會得時，橫說豎說，工夫總是一般」。〔註9〕

由於陽明在思想上具有以上這些特色，因此筆者嘗試用「兩端而一致」的詮釋方式，〔註10〕以見陽明良知學說統下的合一，其實義爲何。

原靜書〉：一五七）而言「動靜只是一個。那三更時分空空靜靜的，只是存天理，即是如今應事接物的心。如今應事接物的心，亦是循此天理，便是那三更時分空空靜靜的心。故動靜只是一個，分別不得。」（《傳習錄》下：二三一），由此亦可以解釋陽明放棄靜坐之方，乃是易導致分動靜爲二，無法相貫的流弊，直到言致良知工夫，打破動靜之別，而謂「良知明白。隨你去靜處體悟也好，隨你去事上磨鍊也好，良知本體，原是無動無靜的，此便是學問頭腦。」（《傳習錄》下：二六二），故第三章工夫義才言其爲「動靜一如」的特質。

〔註6〕 心理是一，即是「心即理」的意思，此爲陽明義理的骨幹，因爲心理爲二之弊，故有「外心以求理，此知行之所以爲二也。求理於吾心，此聖門知行合一之教。」（〈答顧東橋書〉：一三三）；另外，《傳習錄》下：三二一則除了盛發知行合一，及心理是一個的立言宗旨時，門人又問：「聖賢言語許多，如何卻要打做一個？」，陽明曰：「我不是要打做一個。如曰：『夫道一而已矣』，又曰：『其爲物不二，則其生物不測』。天地聖人皆是一個，如何二得？」。換言之，心理是一，知行合一，並非特意「打做一個」，而是實事實理的存在。有關心即理及知行合一的語錄書信相當多，除了〈答顧東橋書〉外，《傳習錄》上卷徐愛錄，皆有精闢的闡述，不再列舉其他出處。

〔註7〕 此合內外之義，見《傳習錄》中，〈答羅整菴少宰書〉：一七四則言「夫理無內外，性無內外，故學無內外。講習討論，未嘗非內也。反觀內省，未嘗遺外也。夫謂學必資於外求，是以己性爲有外也，是義外也，用智者也。謂反觀內省爲求之於內，是以己性爲有內也，是有我也，自私者也，是皆不知性之無內外也。故曰：『精義入神，以致用也。利用安身，以崇德也。』、『性之德也，合內外之道也。』。及《傳習錄》下：二○四則「心何嘗有內外？」「功夫不離本體，本體原無內外。只爲後來做功夫的分了內外，失其本體了。如今正要講明功夫不要有內外，乃是本體功夫」。

〔註8〕 見《傳習錄》中，〈答聶文蔚二〉：一八八則言「聖賢論學，多是隨時就事。雖言若人殊，而要其工夫頭腦若合符節。緣天地之間，原只有此性，只有此理，只有此良知，只有此一件事耳。」

〔註9〕 《傳習錄》上：一一七則，陽明以其說統融會程朱居敬窮理兩事爲一事言「就窮理專一處說，便謂之居敬；就居敬精密處說，便謂之窮理。卻不是居敬了，別有箇心窮理；窮理時，別有個心居敬。名雖不同，功夫只是一事。就如易言『敬以直內，義以方外』，敬即是無事時義，義即是有事時敬，兩句合說一件。如孔子言『修己以敬』，即不須言義。孟子言集義，即不須言敬。會得時，橫說豎說，工夫總是一般。」

〔註10〕「兩端而一致」乃是船山用語，轉引林安梧《王船山人性史哲學之研究》頁

顯然的必須先說明這裏所謂的「兩端而一致」，是將它視爲一種詮釋的理論工具運用，試著以「兩端而一致」的實踐詮釋進路，爲陽明良知學建立一個理解的範型。

本來就良知學「無聲無臭獨知時，此是乾坤萬有基。」（《全書》卷二十，〈詠良知四首示諸生〉之四），良知（或心體）是直下通極於天的圓頓之境，本不可睹聞以見，因此，所謂的「兩端」只是就意義的傳達上，將圓頓之境權分爲兩造，而此兩造在存在歷程上，具有互涵的動力，互相涵攝，而呈顯一對比的張力，透過主體的實踐參與，而達到「一致」的辯證綜合。通過這一種「兩端而一致」的對比辯證思維模式，〔註 11〕吾人或較易掌握陽明良知學所謂簡易精微的動態發展歷程。

首先，尅就剝落事相的複雜面而凸顯心體（或言良知本體、知行本體）的虛靈明覺、感通朗潤的形上體性而言，我們可以列此爲兩端中的其中一造，名之爲「心之端」。由於心體的眞誠惻怛，生生之理的發用，必落實於存在歷程中的事爲上達其用，因此心之端即辯證的包含於事之用。當我們說「心之端」這一造時，顯然的是以心體爲主，涵攝事用，故就這一造的詮釋端點而言，可以逕稱爲「心涵事」、或「體涵用」。

而相對的另一個詮釋的端點，是就人生歷程複雜萬殊的每一當下的處境實事之存在，不分動靜之時，是陽明所謂的「物，事也」，而言這一造爲「事之端」（或「物之端」亦可），而事之存在意義，恒爲吾人心體的創造所覺照與朗潤，而得其爲善之價值，此爲陽明說的「心外無物」。因此事之端則辯證的包含於心體的創造，當我們說「事之端」這一造時，顯然的是以事用爲主，涵攝心體的創造，故就這一造的詮釋端點而言，可以逕稱爲「事涵心」、或「用涵體」。

就學術的建構而言，分立兩端，建立「心之端」與「事之端」，或「體之端」與「用之端」的詮釋端點，是靜態的平列呈顯。但還諸實然具體的存在歷程，其所以產生動態辯證的發展過程，必須以自覺的實踐進路去豁醒這兩端眞實感通的存在。透過心體的創造發用，而呈顯了「心涵事」與「事涵心」

88。本文借用爲一種詮釋方式的範型，無涉船山義理。就此義而言「兩端而一致」，即是古語「執兩用中」之意；或張載「兩不立，則一不可見；一不可見，則兩之用息。兩體者，虛實也，動靜也，聚散也，清濁也，其究一而已。」（《宋元學案》卷十七，〈正蒙〉〈太和篇第一〉）。

〔註11〕見林安梧前揭書，頁 94。

的兩造，或言「體涵用」與「用涵體」的兩造，始有互涵互攝的辯證發展關係。換句話說，即本體之知具有「知涵行」的動源，在歷程中縮合二端而有所謂的「一致」的融貫或「合一」的圓成表現，因此而言「體用一源」、「心事合一」、「知行合一」。

如果以認識知解的進路去詮釋這兩端，或是心體泯失了創造性（蔽於私欲），那麼「心之端」與「事之端」或「體之端」與「用之端」的兩造，無所交感，即無所謂「互涵互攝」的發展關係。換句話說，此知無行之力縮合二端，則此知乃是「聞見之知」而非「德性之知」、「本體之知」，故導致體用未能一源，心事爲二、知行爲二的弊病。

以上所述，乃是筆者根據前二章分解立義言本體及工夫論的旨意，經由「兩端而一致」的具體實踐進路，爲詮釋陽明良知學所勾勒出來的一個理解範型。以下依此範型，進一步的分述有關心事（物）、體用、知行三組詞語在陽明文獻中所彰顯的意義。

一、心涵事，事涵心

我們先擇取心事（物）這二造作爲詮釋的端點，以展開陽明語錄書信中「兩端而一致」辯證發展的意義。

> 愛問：「先生以博文爲約禮功夫。深思之未能得略，請開示。」，先生曰：『禮』字即是『理』字。理之發見可見者謂之文，文之隱微不可見者謂之理，只是一物。約禮只是要此心純是一個天理。要此心純是天理，須就理之發見處用功。如發見於事親時，就在事親上學存此天理。發見於事君時，就在事君上學存此天理。發見於處富貴貧賤時，就在處富貴貧賤上學存此天理。發見於處患難夷狄時，就在處患難夷狄上學存此天理。至於作止語默，無處不然。隨他發見處，即就那上面學個存天理。這便是博學之於文，便是約禮的功夫。博文即是惟精，約禮即是惟一。」（《傳習錄》上：九）

若依上述範型去詮釋這一則的義涵，顯而易見的，「事之端」就是指臨事之時的事親、事君、處富貴貧賤、處患難夷狄、或作止語默的起心動念皆是，而「事之端」並非與心無涉的自存自現，而是隨時有心之覺潤，因此陽明以「理之發見可見者謂之文」，即前文所說的在工夫中呈顯「事涵心」的躍動，而工夫就在「事之端」理之發見處用功。而「心之端」也就是陽明所謂的「文之

隱微不可見者謂之理」，何以言之？依陽明言本體義蘊，謂心之虛靈明覺即是天理的發見處，故言心即理也。使「心之端」純乎天理，無私欲之蔽，也就是「約禮」的工夫。而無聲無息的「心之端」何處昭顯天理呢？就在「隨他發見處」的事上表現，即前文所說的「心涵事」的流衍。因此，就博文這一端而言，即是「事涵心」，是理之發見於事上的表現，爲實踐工夫所在，隨事精察踐履以達到無形氣之私的「惟精」之純。就約禮這一端而言，即是「心涵事」，是心體之覺潤於事用上的價值呈現，使本心之天理「惟一」而行。分解雖立兩端，而落在存在歷程言其工夫，乃是「兩端而一致」的同爲「學存天理」的工夫，所以陽明說「只是一物」、「這便是博學之於文，便是約禮的功夫」。

「博文」也就是《大學》格局的「格物」工夫，隨時就事上致其良知，即是「事涵心」的一端；而「約禮」也就是《大學》格局的「致知」工夫，復心體本然之良知，即是「心涵事」的一端。從「心之端」言「致知」，從「事之端」言「格物」，而心事本一，「兩端而一致」的實踐進路，清楚的表詮「格物即致知，致知即格物」的底蘊。

同時，透過心事兩端並立而工夫一致的實踐詮釋，我們可以對陽明思想上存在一些「矛盾」，作某種澄清。在第三章第四節已提到的一個問題：陽明既云格致誠正是積累工夫，〔註12〕又云致知存乎心悟，〔註13〕前者姑且簡稱爲「修」，後者簡稱爲「悟」，這積累的「修」與圓頓的「悟」是以何種關係存在陽明的思想中呢？

所謂的心悟，是就「心之端」而言，但悟的本身並非心孤峣峣的抽象凸顯，〔註14〕而是在「心涵事」的具體日用中顯其「悟」。因此，陽明指點致知各隨分限所及，隨開悟所知，擴充到底。〔註15〕換言之，「心之端」的「悟」即辯證的包含事修的積累工夫，因此心悟這一端即是「悟涵修」的呈顯。而「事之端」的積累工夫之所以可能證悟，乃是「事涵心」的昭顯天理發見處，

〔註12〕見《傳習錄》中，〈答顧東橋書〉：一三一則言「區區格致誠正之說，是就學者本心日用事爲間，體究踐履，實地用功。是多少次第？多少積累在？正與空虛頓悟之說相反。」

〔註13〕見《全書》卷七，〈大學古本序〉言「乃若致知則存乎心悟，致知焉盡矣」。

〔註14〕若心孤峣峣的抽象凸顯，而無法眞實流行於日用之間，則非陽明所謂的「心悟」。

〔註15〕見《傳習錄》下：二二五則。

故積累的事修中即辯證的包含「心悟」，因此事修這一端即是「修涵悟」的呈顯。如果心悟這一端，無能達其「事修」之用，則非本體之悟也；如果事修這一端，無能覺本體之悟，則此事修乃是盲用，非工夫也。

以上由心與事而說悟與修這兩端，亦只是分解的權說，因為由「心之端」的「悟」，或「事之端」的「修」以見真實的工夫，必定是「悟涵修」、「修涵悟」的一致呈顯，無高低上下軒輊。因此陽明說：

> 學者只從下學裏用功，自然上達去。不必別尋個上達的工夫。(《傳習錄》上：二四)

當學生分上一截、下一截（即下學上達之意）的工夫時，他嚴斥「但謂上一截，下一截，亦是人見偏了如此。若論聖人大中至正之道，徹上徹下，只是一貫。更有甚上一截，下一截？」(《傳習錄》上：四九)

總之，循著心事分立兩端而一致融貫在實踐進路的詮釋範型，亦可以說明「道問學，即所以尊德性也」(《傳習錄》下：三二四)，或「講習討論，未嘗非內也。反觀內省，未嘗遺外也」(《傳習錄》中，〈答羅整菴少宰書〉：一七四)。有關「心涵事」，「事涵心」析義已繁，茲不再贅述。

二、體涵用，用涵體

在一、心涵事，事涵心的說解中，談到悟與修的問題，事實上，從體用的角度去詮釋，也就是「體涵用，用涵體」的辯證關係。本來分列為心事、體用、知行三項的詮釋，亦只是方便說。依陽明良知學而言，心事、體用、知行皆可通統而為一，如本節一開始所勾勒的理解範型，也因此而言陽明思想具有圓融的特色。因此以下所探討的體用關係，是為了表詮陽明原典中體用的精義，其內在義理脈絡與心事、知行是相依並存，暫分為三，只是詮釋的著重點不同罷了。

陽明弟子錢德洪曾記一則言：

> 先生起行征思田，德洪與汝中追送嚴灘。汝中舉佛家實相幻相之說。先生曰：「有心俱是實，無心俱是幻。無心俱是實，有心俱是幻。」，汝中曰：「有心俱是實，無心俱是幻，是本體說功夫。無心俱是實，有心俱是幻，是功夫上說本體。」，先生然其言。洪於是時尚未了達，數年用功，始信本體功夫合一。但先生是時因問偶談。若吾儒指點人處，不必借此立言耳。(《傳習錄》下：三三七)

所謂的「體用」，乃是「體即良知之體，用即良知之用」（《傳習錄》中，〈答陸原靜書二〉：一五五），就良知本體而言，自能呈顯道德法則，善善惡惡的踐其應然，方是「寂然不動，感而遂通」的實體顯用，就此意義而謂「有心俱是實」。如果心只是懸絕萬緣、虛靈不滯的寂體，無法澈貫到日用事爲上以爲善去惡，此體乃是幻相之體，故說「無心俱是幻」。因此，就存在歷程的實踐工夫而言，「體之端」必得是「有心俱是實」的「體涵用」，即汝中（龍溪）所說的「本體上說功夫」。就良知發用（工夫）而言，何以謂「無心俱是實」呢？所謂的「無」乃是遮撥工夫作意滯累。即「無」掉執義強求的勝心浮氣，如效驗講求等著意，因爲「心之本體原無一物，一向著意去好善惡惡，便又多了這分意思，便不是廓然大公。《書》所謂『無有作好作惡』，方是本體。」（《傳習錄》上：一一九），此一著意動氣，本體即有所沾滯而蔽障，則非體用一源的工夫之用，故言「有心俱是幻」。因此，就「用之端」而言，必得是「無心俱是實」的「用涵體」，即汝中所說的「功夫上說本體」。

　　透過體用分立兩端而一致的實踐詮釋，不管是「本體上說功夫」，或是「功夫上說本體」，皆是體用一源的開展。因此錢德洪驗之於身心然後言「始信本體功夫合一」。

　　因爲是「即體而言用在體，即用而言體在用，是謂體用一源」（《傳習錄》上：一〇八），所以學生問：「『不睹不聞』是說本體，『戒愼恐懼』是說功夫否？」，陽明回答：

> 此處須信得本體原是不睹不聞的，亦原是戒愼恐懼的。戒愼恐懼，
> 不曾在不睹不聞上加得些子。見得眞時，便謂戒愼恐懼是本體，不
> 睹不聞是功夫。（《傳習錄》下：二六六）

若實踐工夫「見得眞時」，從「體之端」看，則是「體涵用」的呈顯，故「不睹不聞」是本體也是工夫；從「用之端」看，則是「用涵體」的呈顯，故「戒愼恐懼」是工夫也是本體，體用本是一源，何須二分各求呢？

　　另有一則書信，亦是陽明闡述體用一源的道理，寓義甚佳。弟子問「敬畏之增，不能不爲灑落之累？」他說：

> 夫君子之所謂敬畏者，非有所恐懼憂患之謂也，乃戒愼不睹，恐懼
> 不聞之謂耳。君子之所謂灑落者，非曠蕩放逸，縱情肆意之謂也。
> 乃其心體不累於欲，無入而不自得之謂耳。夫心之本體，即天理也，
> 天理之昭明靈覺，所謂良知也。君子之戒愼恐懼，惟恐其昭明靈覺

者，或有所昏昧放逸，流於非僻邪妄而失其本體之正耳。戒慎恐懼
之功，無時或間，則天理常存，而其昭明靈覺之本體，無所虧蔽，
無所牽擾，無所恐懼憂患，無所好樂忿懥，無所意必固我，無所歉
餒愧怍，和融瑩徹，充塞流行，動容周旋而中禮，從心所欲而不踰，
斯乃所謂真灑落矣。是灑落生於天理之常，存天理常存生於戒慎恐
懼之間。孰謂敬畏之增，乃反為灑落之累耶？惟夫不知灑落為吾心
之體，敬畏為灑落之功，岐為二物而分用其心，是以互相牴牾，動
多拂戾，而流於欲速助長。（《全書》卷五，〈答舒國用〉）

　　這一則內容，首先說明敬畏與灑落的真正意義；其次就「心即理」釋義
「真灑落」表現出來的人格氣象，乃是戒慎恐懼的敬畏工夫，持恒實踐的體
現；最後點明灑落和敬畏本是體用一源的關係，分用為二，將誤認為「敬畏
之增，反為灑落之累？」。顯然的，就「體之端」而言，若無灑落本源的發用
（即「體涵用」），以昭明靈覺天理所在，而僅是空泛的「敬畏」（無「體」，
何以言「用」），不足以表現「灑落」的風範；因此，就「用之端」而言，敬
畏為工夫，乃是本身即涵攝灑落的本源（即「用涵體」），體用一源，即工夫
即本體，「敬畏為灑落之功」。而一旦敬畏工夫間斷，本體蔽於私欲，則「用
涵體」和「體涵用」的兩端，不再是互涵互攝的關係，本體之灑落也就透不
到存在面，敬畏與灑落單從表象看，反而是扞格不入的兩件事了。

　　上一小節曾經就心事二端論悟與修的關係，這一小節試著立體用兩端探
討天泉問答，緒山（德洪）的「四有說」和龍溪（汝中）的「四無說」，二者
之間存在的修與悟的糾結關係，並進一步表述陽明何以裁仲以四句教（四有
說）為徹上徹下的工夫。以下根據《傳習錄》下：三一五則所記：〔註16〕

　　（1）丁亥年九月，先生起復征思田。將命行時，德洪與汝中論學。

〔註16〕 四句教的記載，見《傳習錄》下：三一五則；及《全書》卷三十四，〈年譜〉：
　　　　五十六歲；及《王龍溪語錄》（廣文版）卷一，〈天泉證道紀〉。《傳習錄》與
　　　　〈年譜〉所載的無大出入，大概俱為錢德洪所記。〈天泉證道紀〉是龍溪親述，
　　　　門下所錄的記載。雖然二者可能會有各人意見的攙雜，但陽明所立的四有說，
　　　　德洪所錄為傳述語氣，應當更接近當時情況，所記較近師門之教。龍溪四無
　　　　說，所記錄的語氣多發揮意思，又不提四有說為徹上徹下之教，因此，天泉
　　　　問答以《傳習錄》及〈年譜〉所載較近實情。有關四句教史實與文獻考據問
　　　　題，請參考錢穆《王守仁》（台北：商務，1985年臺四版）頁97～100；牟宗
　　　　三《王陽明致良知教》（台北：中央文物供應社，1980年再版）頁84；秦家
　　　　懿《王陽明》頁155～156。

　　汝中舉先生教言曰：「無善無惡是心之體，有善有惡是意之動，知善知惡是良知，爲善去惡是格物。」德洪曰：「此意如何？」汝中曰：「此恐未是究竟話頭。若說心體是無善無惡，意亦是無善無惡的意，知亦是無善無惡的知，物亦是無善無惡的物矣。若說意有善惡，畢竟心體還有善惡在。」德洪曰：「心體是天命之性，原是無善無惡的。但人有習心，意念上見有善惡在。格致誠正修，此正是復那性體功夫。若原無善惡，功夫亦不消說矣。」

（2）是夕侍坐天泉橋，各舉請正。先生曰：「我今將行，正要你們來講破此意。二君之見，正好相資爲用，不可各執一邊。我這裏接人，原有此二種。利根之人，一悟本體，即是功夫。人己內外，一齊俱透了。其次不免有習心在，本體受蔽，故且教在意念上實落爲善去惡。功夫熟後，渣滓去得盡時，本體亦明盡了。汝中之見，是我這裏接利根人的。德洪之見，是我這裏爲其次立法的。二君相取爲用，則中人上下，皆可引入於道。若各執一邊，眼前便有失人，便於道體各有未盡。」

（3）既而曰：「以後與朋友講學，切不可失了我的宗旨。無善無惡是心之體，有善有惡是意之動，知善知惡的是良知，爲善去惡是格物。只依我這話頭，隨人指點，自沒病痛，此原是徹上徹下功夫。利根之人，世亦難遇。本體功夫，一悟盡透，此顏子明道所不敢承當，豈可輕易望人？人有習心，不教他在良知上實用爲善去惡功夫，只去懸空想個本體。一切事爲，俱不著實，不過養成一個虛寂。此個病痛，不是小小，不可不早說破。」是日德洪汝中俱有省。

　　若從第三章第四節曾經提到學利困勉之人（中人上下根器不一）的差異，不在先天本體之別，只是工夫難易上的區別。因爲困學的工夫，仍是就各人份限所及，其能辨黑白的見在良知，這點明處精察去，〔註17〕因此，就緒山的「四有說」或龍溪的「四無說」，依見在良知而言，皆有「本體之悟」，也就有達其事爲之用，故二者皆同意心體的至善之創造性而謂「無善無惡是心

〔註17〕見《傳習錄》下：二二五及二八九則。

之體」。若言體用相同，何以陽明在（2）則仲裁「四有說」與「四無說」告喻二君之見，正好相資為用呢？

原來，緒山的「四有說」，首先凸顯的是對治工夫，乃是就本體覺照善惡以為善去惡的至實呈顯，因是對治後天意念處的習心所在，故必須由對治工夫以復其本體。他首先注意到「用之端」，其工夫之所以可能，乃是「用涵體」的昭顯良知天理所在，故能復心體之本然而謂「心體是天命之性，原是無善無惡的」，而忽略了依「體之端」而呈顯的「體涵用」的朗現，亦是明瑩無滯的太虛之化，在〈年譜〉天泉問答，有緒山請問，陽明回答：

> 有，只是你自有良知本體。原來無有本體，只是太虛。太虛之中，日月星辰、風雨露雷、陰霾曀氣、何物不有？而又何一物得為太虛之障？人心本體，亦復如是，太虛無形，一過而化，亦何費纖毫氣力。德洪功夫，須要如此，便是合得本體功夫。（《全書》卷三十四）

陽明適時點醒緒山在「四有說」的實事實理的工夫中，表明如前文已述的「為學工夫有淺深。初時若不著實用意去好善惡惡，如何能為善去惡？這著實用意，便是誠意。然不知心之本體原無一物，一向著意去好善惡惡，便又多了這分意思，便不是廓然大公。」（《傳習錄》上：一一九），提示本體如太虛之性，一過而化，何曾著些子毫掛帶？換句話說，本體固是至實的價值呈現，也同時是至虛的明瑩無滯。

而龍溪的「四無說」，以其穎悟點睛天理流行的圓頓化境而言「若說心體是無善無惡，意亦是無善無惡的意，知亦是無善無惡的知，物亦是無善無惡的物矣。」。蓋就「四無說」而言，其「體之端」，首先凸顯的是本體明瑩無滯的至虛之性，依「體涵用」的實踐道理，其至虛本身，亦涵攝覺照天理的至實表現。然其所以異於「四有說」，是龍溪的「四無說」，乃就與物交感，一體而化的天理流行之境，直透「體涵用」的圓頓境界如如朗現著眼，不顯「體涵用」的對治之用相。因此，所凸顯的當下圓頓之境，也就無善惡的對治相，故能充分彰顯本體原無一物的明瑩無滯，而心意知物一體而化，故遮撥的說四者亦當是無善無惡的存在。所以陽明既許之「利根之人，一悟本體，即是功夫。人己內外，一齊俱透了。」，又隨即告誡「利根之人，世亦難遇。本體功夫，一悟盡透。此顏子明道所不敢承當。豈可輕易望人？」

換言之，龍溪的「四無說」，純就「體涵用」的圓頓化境立言，這境界本

身雖是究竟的朗現，但無「致」的工夫可說，本身並不是「教法」，〔註18〕即悟本體的利根人，其隨時感物之際，也有可能習心沾滯而退墮，所以誠敬存之的本身也就是學。因此而說「聖人亦是生知。……這良知人人皆有。聖人只是保全無些障蔽。矗矗翼翼，自然不息，便也是學。」（《傳習錄》下：二二一），一旦忽略了「體涵用」的誠敬學存的工夫，或「用涵體」的省察克治工夫，就不免有虛玄而蕩、情識而肆的流弊產生。〔註19〕〈年譜〉記載，龍溪請問：「本體透後，於四句宗旨何如？」，陽明云：

> 此是徹上徹下語，自初學以至聖人，只此功夫。初學用此循循有入，雖至聖人窮究無盡，堯舜精一功夫，亦只如此。……二君以後再不可更此四句宗旨，此四句中人上下無不接著。我年來立教，亦更幾番，今始立此四句。人心自有知識以來，已爲習俗所染，今不教他在良知上實用爲善去惡功夫，只去懸空想個本體，一切事爲俱不著實，此病痛不是小小，不可不早說破。（《全書》卷三十四）

這也就是陽明以「無善無惡是心之體，有善有惡是意之動，知善知惡是良知，爲善去惡是格物。」爲立教的宗旨。有時以「致良知」三字總括其教，「致」的工夫就是「用涵體」的表現，「良知」就是「體涵用」的呈顯，體用一源。我們從陽明仲裁「四句教」的意義中，似乎也可以說緒山的「四有說」和龍溪的「四無說」，皆可涵括在陽明「四句教」的層境。〔註20〕也就是說「四有說」，當其工夫純熟時，必澈至「四無說」的圓頓化境；而「四無說」在實踐的歷程中，並非完全沒有「四有說」的對治工夫，而是在當下才覺，才覺便化的境界中，消融了「對治相」，朗現天理流行之境。因此我們說「四有說」與「四無說」二者亦是互涵互攝的關係，以黃宗羲敘述陽明晚期工夫純熟的造境說：

〔註18〕見牟宗三《從陸象山到劉蕺山》頁277言：「要說致知，只有一套，便是四有句」；又頁288言：「然自法而言，則只是四句教一教法，四無並不能獨自成一教法。」案：筆者文中述龍溪的「四無說」，僅就陽明義理去詮釋龍溪的悟境，有關其先天後天之學、有無頓漸之說，其疏濶蕩越或調適而上遂的爭議，見前揭書頁266～282。

〔註19〕劉蕺山言王學之弊云：「今天下爭言良知矣。及其弊也，猖狂者參之以情識，而一是皆良；超潔者，蕩之以玄虛，而夷良于賊。」（《劉子全書》卷六，〈證學雜解〉解二十五）轉引牟宗三前揭書頁451。

〔註20〕循字面意，陽明釐定的「四句教」，同緒山的「四有說」相同；但從義涵層境而說，當在緒山「四有說」之上，由其豁醒緒山本體如太虛一段可以見出。

居越以後，所操益熟，所得益化。時時知是知非，時時無是無非。
開口即得本心，更無假借湊泊，如赤日當空，而萬象畢照。（《明儒
學案》卷十，〈姚江學案〉陽明傳語）

若以「四有說」與「四無說」的義涵細究之，陽明「時時知是知非」，也
就是呈顯本體至實的覺照相，此刻乃是落在是非對治的「四有說」，但不礙其
涵攝「四無說」的終境；而工夫純熟時，覺化一體而顯，則是「時時無是無
非」，不落是非對治相，而呈顯本體至虛的明瑩，實乃涵攝「四有說」而爲「四
無說」的境界。因此「四句教」的意義，就不僅僅只是緒山的「四有說」，而
是徹上徹下，兼攝始終之說的「四句教」。

三、知涵行，行涵知

當我們要去探討陽明知行觀念時，面對知行不同說統間的差異，如知易
行難或知難行易，常因其背境不同，而顯出知行之間的複雜關係。〔註21〕本
文僅就陽明「知行合一」的義理分位而言「知涵行，行涵知」，不涉其他說統
的知行探討。

在陽明良知學的說統中，肯定人人皆有知是知非的道德本心（即龍場悟
道所說的「聖人之道，吾性自足」），此心所發即是道德法則，不必另外做認
知窮理的工夫，即是「心即理」也。循著心即理的義涵看陽明的知行觀念，
知行工夫，不可相離，故言「知行合一」。以下列舉數則陽明言知行道理的文
獻：

(1) 知之眞切篤實處，即是行；行之明覺精察處，即是知。知行工
　　夫，本不可離。只爲後世學者分作兩截用功，失却知行本體，
　　故有合一並進之說。眞知即所以爲行，不行不足謂之知。（〈答
　　顧東橋書〉：一三三）

(2) 愛曰：「如今人儘有知得父當孝，兄當弟者，卻不能孝，卻不

<hr />

〔註21〕一般言知行關係有三說：一是傳說對殷高宗說「非知之艱，行之維艱」，二是
　　王陽明的「知行合一」，三是孫中山先生主張的「知難行易」。就語言形式來
　　講是相互扦格的，事實上只要釐清三者之間所謂的知與行，根本是不同的概
　　念，指涉不同的對象，則三者皆是，並無矛盾相。有關知行義涵的深入探討，
　　請參見曾師昭旭〈論知識與德行的相契之道〉（國立中央大學人文學報，第五
　　期，民國 76 年 6 月）。

能弟，便是知與行分明是兩件。」，先生曰：「此已被私欲隔斷，不是知行的本體了。未有知而不行者。知而不行，只是未知。聖賢教人知行，正是要復那本體。（《傳習錄》上：五）

（3）「知行」二字，亦是就用功上說。若知行本體，即是良知良能。雖在困勉之人，亦皆可謂之生知安行矣。「知行」二字，更宜精察。（〈答陸原達二〉：一六五）

（4）問：「聖人生知安行，是自然的。如何有甚功夫？」先生曰：「知行二字，即是功夫，但有淺深難易之殊耳。良知原是精精明明的。如欲孝親，生知安行的，只是依此良知實落盡孝而已。學知利行者，只是時時省覺，務要依此良知盡孝而已。至於困知勉行者，蔽錮已深，雖要依此良知去孝，又為私欲所阻，是以不能。必須加人一己百，人十己千之功，方能依此良知，以盡其孝。聖人雖是生知安行，然其心不敢自是，肯做困知勉行的功夫。困知勉行的却要思量做生知安行的事。怎生成得？」（《傳習錄》下：二九一）

（5）問知行合一。先生曰：「此須識我立言宗旨。今人學問，只因知行分作兩件，故有一念發動，雖是不善，然未曾行，便不去禁止。我今說個知行合一，正要人曉得一念發動處，便即是行了。發動處有不善，就將這不善的念克倒了。須要徹根徹底，不使那一念不善潛伏在胸中，此是我立言宗旨。（《傳習錄》下：二二六）

（6）（上略）又問：「孔子言『知及之，仁不能守之』，知行卻是兩個了。」，先生曰：「說及之，已是行了。但不能常常行。已為私欲間斷，便是仁不能守。」（《傳習錄》下：三二一）

從以上六則我們清楚看到陽明的知行是站在道德實踐的面相言「知行合一」。（1）、（2）、（3）則陽明謂「知行本體」乃是他言「知行合一」的理據，既言本體，其內涵在實踐歷程中，當然即是「心涵事」，或「體涵用」的辯證關係。在知行這一小節裏，我們試圖去探討，陽明何以要在本體上凸顯「知行」作為詮解本體的義蘊呢？

首先，當我們言本體的「知」，為兩端中的「知之端」，其知非一般聞見

之知，而是良知之天理的德性之知。前者之知不必涵行，可以實然的攝受，為吾人所知覺；或經學習而獲得的系統知識，其行與不行，無損及「實然之知」的存在地位。而後者其所以言為良知，乃是「體涵用」的明覺是非善惡，並能使之為善去惡的主宰能力，充分表現出來，謂之「行」，故當我們言「知之端」時，必然是「知涵行」。若本體的「知」，失去了其「行」知是知非之理則時，就已非本體的「知」、或「德性之知」。因此陽明就賦予本體這一特質言其「知行本體」，故（1）則言「眞知即所以行，不行不足謂之知」。（3）則遂言「知行本體，即是良知良能」。

當我們言工夫的「行」，為兩端中的「行之端」，其行非一般踐履之意，而是時時有良知明覺為其行之主宰。如果「行」無良知之明，僅是遵守外在規範，或依一定的次序步驟演練的「行」，皆非陽明說統下的良知之「行」。因此，當我們說「行之端」時，已然是「行涵知」的呈顯。

而透過實踐工夫而有「兩端而一致」的辯證關係，也就是說「知之端」與「行之端」，在實踐歷程中，無私欲間隔，氣習之害，而能展開「知涵行」或「行涵知」的一致關係，使知行一體而顯，以成就有本有源的道德行為。因此（1）則陽明由「知之端」其眞切篤實即能湧現「行」的力量，說「知之眞切篤實處，即是行」；從「行之端」所以能明覺精察是「知」的表現，說「行之明覺精察處，即是知」，皆在點明「知涵行」、「行涵知」在道德實踐中是一體存在關係。依此義而言，所謂的「兩端」，或「合」義，亦只是虛說，「若會得時，只說一個知，已自有行在。只說一個行，已自有知在」（《傳習錄》上：五）

換句話說，當本體已受私欲隔斷，良知明覺昭顯天理的能力暫時隱蔽，即無法行為善去惡的實事實理，如（2）則所說的落在存在面則以為「知與行分明是兩件事」，實際上是生知安行，人人本有的良知本體，被私欲隔斷，而透顯不出力量以為善去惡使然。因為良知必然是「知涵行」的發用，故言「未有知而不行」；當「知而不行」，此知僅是空泛無本的一般認知而已，已非良知之知，故言「只是未知」。由此（6）則循著「知涵行」的義理，謂知及之，已是是行了。當仁不能守，知行為二時，已被私欲間斷了。

（3）、（4）則乃是就現實中良知發用，知行工夫淺深難易而說生知安行、學知利行、困知勉行的層級，但就本體「知之端」而言，三者皆有「知涵行」的本體呈顯，皆可謂「生知安行」的普遍具在；人若能由工夫的「行之端」，

去此私欲氣質之駁雜蔽錮，加人一己百、人十己千的克治之勇，依此良知而行，即是「行涵知」的循理爲善，所謂即工夫即本體，故（2）則言「聖賢教人知行，正是要復那本體」。

（5）則陽明表明知行合一的立言宗旨。「一念發動處，便即是行了」，也就是「有善有惡是意之動」的呈顯。就「知之端」而言，本體之知即「知涵行」的昭顯應當的天理之行，臨照於意念之上；而「發動處有不善，就將這不善的念克倒了」，即是工夫中的「行之端」，能不爲私欲所蔽，而自顯其「行涵知」的明覺精察，以爲善去惡。就此端正本源的工夫，乃是良知明覺的內部活動，尚未形諸存在面的具體迹成的「正念頭」，滓渣易覺易化，這也就是陽明認爲的「凡工夫只是要簡易眞切，愈眞切愈簡易，愈簡易愈眞切。」（《全書》卷六，〈寄安福諸同志〉）。

然而良知學的簡易眞切，並非一了百了的完成，如（4）則所說「聖人雖是生知安行，然其心不敢自是，肯做困知勉行的工夫」。換句話說，良知學若一定要說其工夫的「不易」處，由（6）則已隱隱透露這消息，即是在實踐歷程中，「但不能常常行」，工夫間斷，清明良知無法成其主人位時，便是「知及之，仁不能守之」的弊病產生了。因此，站在德性實踐上，陽明必要說「知行合一」而強調「須要徹根徹底，不使那一念不善潛伏在胸中，此是我立言宗旨。」

透過「兩端而一致」的範型，去詮釋陽明良知學的心事（物）、體用、知行的內涵，我們可以清楚的明白，陽明良知學在成德之教的規模下，重在建立道德的本源，以成就眞實的道德行爲。換句話說，由良知流行而說心事、體用、知徑互涵互攝的辯證關係。但並非存在面一具體的道德行爲，僅有此一涵攝關係。就「心之端」而言。固然是至實至虛的無限性之朗現，但尅就「事之端」而言，欲證成本心的覺潤，則必須落在有限的、實然的存在格局上，去圓成實事實理，此時道德良知的推擴，必須有相應的知識爲輔，才能證成「事之端」即有限而無限的道德行爲。因此，我們所說的互涵互攝關係，僅僅是就道德行爲的「主意頭腦」，言其爲本質條件，而非充要條件。也因此我們說良知學在存在歷程上，並非是封閉的主體主義，而是一開放未濟的說統，由存在進路挺立道德主體性，建立價值根源，彰顯人性的尊嚴。何嘗違逆知識聞見的利用厚生呢？下一節即就良知學在成德之教的存在歷程中，所具有的虛廓性與充實性、開放性與發展性討論之。

第三節　良知學存在歷程的實踐意義——虛廓性與充實性、開放性與發展性的特質

就良知學作爲學術對象而言，若無實踐的導入活潑眞實的良知自身，所謂的「良知」，也只是舖陳在學術系統中靜態的理論預設，無法見其在存在歷程中的動態辯證發展義，因而「良知之天理」、「心即理」、「致良知」、「知行合一」或本體義蘊，這些德性指點語言，亦可能被質疑爲一套信仰的啓示語言，在學術上，無法具有充分的認知意義。

因此，首先我們必須對這些德性語言有一基本的認識，在中國經典中的「天」、「道」、「心」、「良知」、「天理」、「仁」等德性語言的義涵，原是從先聖先賢的道德經驗中提煉而出的普遍意義，所以昭顯人性的永恒價值者，其內容精義，須要透過實踐的理解與創造才能掌握。然後這些實踐的理解，又豐富了語言的意義。換句話說，這些德性語言的義涵本身是虛廓性的指點，必須經由主體的實踐開展去充實飽滿言說的內容，而後語言才有了眞實的意義。因此，「虛廓性」是就德性語言的表徵意義而言，「充實性」是就主體參與的實踐意義而說，合其二者，良知學因此是開放未濟的說統，端賴每一個人導入眞誠的道德實踐，賦予價值的創造，豁醒其中的深刻義涵，以成就「體用一源」、「動靜一如」的道德創造。又因爲良知醒覺處，即是工夫所在。故其開放性在良知學上更表彰隨事成德、隨才成德的人格平等的尊嚴性。同時，在成德之教上，不僅是當下圓頓、精粹之質的體現外，當存在歷程中，其進德修業亦有量上積漸的久大光輝，由此而言「發展性」。換言之，就良知學是個未濟的說統而說「開放性」，就道德生命的進境而說「發展性」。

以上所說的「虛廓性」與「充實性」、「開放性」與「發展性」是爲了顯發良知學存在歷程的實踐意義，而說此特性，〔註22〕亦藉以作爲詮解陽明文獻的另一表義。

首先，我們藉用陽明師生相處的一段對話，由具體的實例中，見陽明良知之學在存在歷程中的教育意義，並由此探討良知學的虛廓性與充實性、開放性與發展性的實踐特質。

郡守南大吉以座主稱門生。然性豪曠，不拘小節。先生與論學有悟。乃

〔註22〕此「虛廓性」與「充實性」、「開放性」與「發展性」，乃是曾師昭旭在「義理學方法研究」的課堂上，表彰中國哲學語言特質而說此四義。本文借爲凸顯良知學存在歷程的實踐意義，而列此特質作爲表詮義理之用。

告先生曰：

> 「大吉臨政多過，先生何無一言？」，先生曰：「何過？」，大吉歷數
> 其事。先生曰：「吾言之矣。」，大吉曰：「何？」，曰：「吾不言，何
> 以知之？」，曰：「良知。」，先生曰：「良知非我常言而何？」，大吉
> 笑謝而去。居數日，復自數過加密。且曰：「與其過後悔改，曷若預
> 言不犯為佳也？」，先生曰：「人言不如自悔之眞。」，大吉笑謝而去。
> 居數日，復自數過益密。且曰：「身過可勉，心過奈何？」，先生曰：
> 「昔鏡未開，可得藏垢。今鏡明矣。一塵之落，自難住腳，此正入
> 聖之機也。勉之。」（《全書》卷三十四，〈年譜〉：五十三歲）

　　這一則生動的師生對答，實際上已彰顯了良知學在成德之教的存在歷程
上，所具顯的「虛廓性」與「充實性」，「開放性」與「發展性」。就陽明良知
學之所以為「教」的意義而言，其教乃以自家良知為師的「自我教育」，豁醒
生命中的芒昧，實地用功，省察克治為踐德的主要內容。而南大吉隨其良知
明覺開悟，一一自省其過的進境，正是吾人所謂的「發展性」。首先良知猛然
覺醒，省悟昔日臨政多過，此為第一階段的察識；而第二階段，「與其過後悔
改，曷若預言不犯為佳也？」，表示南大吉已朝向與其形諸事迹的過錯悔改，
不如良知時時明覺克萌於將發之際為切的努力階段；第三階段的進境是身過
已隨綿密工夫惕勉而少犯了，但覺察到心過仍接續不斷，故說「身過可勉，
心過奈何？」；以上南大吉從自省數過的加密益密，由身過到心過的明覺，正
是其良知的自覺自照，此為有本有源的眞實工夫，故陽明謂「人言不如自悔
為眞」。既然良知如鏡明，那一塵之落的心過，又何能住腳呢？因為當下才覺，
才覺便化，何患心過不斷呢？

　　從這實例中，我們同時了解到，陽明所能言的「良知之學」，亦僅能就良
知的一般特質講習指點之，前述所謂的良知即是天理，良知只是一個眞誠惻
怛，良知即易或天即良知、良知即天；〔註23〕或將良知天理，依其不同面相
表述精蘊而言性、心、意、知、物，皆所謂窮理以盡性也，〔註24〕這些語義

〔註23〕良知即是天理，見〈答歐陽崇一〉：一六九則。良知只是一個眞誠惻怛，見〈答
　　　聶文蔚二〉：一八九則。良知即是易，見《傳習錄》下：三四○則。天即良知，
　　　良知即天，見《傳習錄》下：二八七則。
〔註24〕見〈答羅整菴少宰書〉：一七四則言「理一而已。以其理之凝聚而言則謂之
　　　性。以其凝聚之主宰而言則謂之心。以其主宰之發動而言則謂之意。以其發
　　　動之明覺而言則謂之知。以其明覺之感應而言則謂之物。故就物而言謂之格。

本質上都是虛廓的表顯，其內容實義，是必須透過實踐者的精心果力去契悟體現，而為自家生命的真實之體，明體達用，悅現「充實性」的創造內涵，而這些虛廓性的語言，才真正活現出其具體的普遍義涵，為吾人所理解。

如果透過「兩端而一致」的心事範型，分解的說，這「虛廓性」乃是就「心之端」上達精微不可著於言說，無方所無形體，不少捉摸而述其內涵為「虛廓性」。而「充實性」乃是就「事之端」下學簡易，遇一物格一物（陽明義）的積漸事為中達其善，故名為「充實性」。在實踐的歷程中，產生了辯證的相涵關係，而謂心事是一。心的「虛廓性」，正需要個人道德創造的展開充實與完成，賦予心以內容義；而事的「充實性」，也正因為有了人心虛廓性的提掇，而不致封閉僵化在已成的實事實理中，賦予事以時宜義；因此從存在歷程上，陽明尤其強調自強不息繩繩繼繼的歷程義，他說：

（1）吾與諸公講致知格物，日日是此。講一二十年，俱是如此。諸君聽吾言實去用功。見吾講一番，自覺長進一番。否則只作一場話說。雖聽之亦何用？（《傳習錄》下：三二七）

（2）崇一曰：「先生致知之旨，發盡精蘊。看來這裏再去不得。」，先生曰：「何言之易也？再用功半年看如何，又用功一年看如何，功夫愈久，愈覺不同，此難口說。」（《傳習錄》下：二一○）

（3）問：「孔子所謂『遠慮』，周公『夜以繼日』，與將迎不同。何如？」，先生曰：「遠慮，不是茫茫蕩蕩去思慮。只是要存這天理。天理在人心，亘古亘今，無有終始。天理即是良知。千思萬慮，只是要致良知。良知愈思愈精明。若不精思，漫然隨事應去，良知便粗了。若只著在事上茫茫蕩蕩去思，教做遠慮，便不免有毀譽、得喪、人欲、擾入其中，就是將迎了。周公終夜以思，只是戒慎不睹、恐懼不聞的工夫。見得時，其氣象與將迎自別。」（《傳習錄》下：二八四）

（1）（2）則陽明諄諄剴切之誨，形諸顏色，警惕門生，若無實踐工夫去充實良知虛廓的義涵，則所謂致良知格物在本質上只是一般語言概念，日日

就知而言謂之致。就誠者，誠此也。致者，致此也。格者，格此也。皆所謂窮理以盡性也。」

年年講說，根本無自覺的進境可言。因此要實地用功，功夫愈久愈覺不同。
其不同乃在（3）則所說的「良知愈思愈精明」，其發用乃能明覺感通，以成
事之時宜的方向行去。若不精思，則良知不免牽於私、滯於外的染著了，因
此，漫然應事，良知便粗了。其「粗」意，乃是無法眞正覺察到「平日所謂
善者，未必是善。所謂未善者，却恐正是牽於毀譽得喪，自賦其良知者也。」
（《傳習錄》中，〈啓周道通書〉：一四七），陽明在揮斥此「粗」意，警發學
生之例，常見於書信中，感人至深。〔註25〕

　　換言之，「良知愈思愈精明」在歷程的實踐意義上，透過「兩端而一致」的辯證
展開，舉良知心體之端，實則包含事用之端。因此，我們可以將良知精明之思的義蘊，
解釋爲：事之端的充實性，賦予心以內容義；心之端的虛廓性，賦予事以時宜義。

　　顯然的，當我們作這樣解釋時，是已經站在更寬廣的視域中去詮釋陽明
良知學，〔註26〕而非僅僅站在心性主體的立本窮源上，肯定道德實踐主觀面
的自安自足；同時，是落在存在上的道德事業的客觀面上，說「心的內容義」
與「事的時宜義」。而是否陽明良知學說統，容許我們如此更進一步的推擴呢？
答案：是，可以的。何以見得？在〈大學問〉說：

> 明明德者，立其天地萬物一體之體也；親民者，達其天地萬物一體
> 之用也。故明明德必在於親民，而親民乃所以明其明德也。（《全書》
> 卷二十六）

又說：

> 夫聖人之心，以天地萬物爲一體。其視天下之人，無外內遠近。凡
> 有血氣，皆其昆弟赤子之親，莫不欲安全而教養之，以遂其萬物一
> 體之念。（《傳習錄》中，〈答顧東橋書〉：一四二）

〔註25〕 徐汝佩因南宮策問，陰詆夫子陽明之學，不對而出，浩然東歸。陽明以黯然不樂，
　　　　不言之教，終令汝佩悚然若省，粗心浮氣，一時俱喪。此例可以作爲「若不精思，
　　　　漫然隨事應去，良知便粗了」的註腳。事見《全書》卷二十四，〈書徐汝佩卷〉。
〔註26〕 筆者所謂「站在更寬廣的視域中去詮釋陽明良知學」，在詮釋的意義上，相當
　　　　於傅偉勳在「創造的解釋學」上所說的（四）「原作者本來應該說甚麼？」。
　　　　也就是立言的角度，是透過當代省思而呈顯的義涵，正如克羅齊（B. Croce）
　　　　說「所有的歷史都是當代史」轉引林安梧《現代儒學論衡》（台北：業強，1987
　　　　年初版）頁 74。又：傅偉勳認爲「創造的解釋學」共分五個辯證的步驟或程
　　　　序，（一）「原作者（或原思想家）實際上說了甚麼？」（二）「原作者眞正意
　　　　謂甚麼？」（三）「原作者可能說甚麼？」（四）「原作者本來應該說甚麼？」（五）
　　　　最高層次自問：「作爲創造的解釋家，我應該說甚麼？」見《從西方哲學到禪
　　　　佛教》（台北：東大，1986 年初版）頁 47～48。

陽明以一儒者萬物一體的胸懷，立體達用，本末是一，言「明明德必在於親民，而親民乃所以明其明德」。也就是說，良知天理的覺潤，所呈顯的「心之內容」，落實在及物潤物的安全教養等事爲上實踐。即在陽明良知學義涵裏，內聖外王，實爲一事的兩面。因此表意立言常是單提良知，闡發內聖的精義；實際上，他已肯定良知立本貫末的道德事業的外王推擴。

因此，在學問的立場上，陽明乃盛發希聖的終極關懷，以學者學聖人而立良知之本，首在建立事之時宜的主腦，以精神根源的層涵而說明德親民直貫同質的體用關係。對於如何充分證成，而達到事之時宜的道德行爲或道德事業，而要各種知識與條件的配合，以成就本心的內容充實義而言，良知學在德性實踐上是一個開放未濟的說統，需要適時相應的導入知識與各種有形無形的條件爲輔，才能成就一眞正的道德行爲，並在歷程中，會聚持恒以建構客觀的德業，落實內聖外王的人文化成的理想。因此，良知學就其爲開放未濟的說統，作爲今日返本開新的意義上，除了肯定內聖外王直貫的同質關係——立本窮源外，對於內聖外王異質關係的致曲落實，則需要知識進路的探索，經由存在結構的實然層面的認知和掌握，然後心之主宰方是眞正的明覺之體，才能成其感通潤物的效用。〔註27〕

或問：既云「心即理」時，陽明極力辯駁向外窮理之非，此際又云知識是證成道德行爲的輔助條件，其中的分際爲何呢？同時，道德行爲的表現，與文化教育有密切的關係，而所謂「良知自我立法」的自律行爲，難道不受族群文化影響嗎？這兩個問題即是問：道德實踐與知識學習到底存在何種關係呢？我們先引陽明文獻，對此問題所作的省思，及其自道立言的分際，再來探討上述問題。

（A）良知不由見聞而有，而見聞莫非良知之用。故良知不滯於見聞，而亦不離於見聞。（中略）大抵學問工夫，只要主意頭腦是當。若主意頭腦專以致良知爲事，則凡多聞多見，莫非致良知之功。蓋日月之間，見聞酬酢，雖千頭萬緒，莫非良知之發用流行。除却見聞酬酢，亦無良知可致矣，故只是一事。

（《傳習錄》中，〈答歐陽崇一〉：一六八）

（B）愛曰：「……如事父一事，其間溫清定省之類，有許多節目，

〔註27〕此義參考曾師昭旭〈儒家哲學的時代意義〉（鵝湖月刊，110 期，1984 年 8 月）一文的旨意而發。

不知亦須講求否？」，先生曰：「如何不講求。（中略）冬時自
然思量父母的寒，便自要求個溫的道理。夏時自然思量父母
的熱，便自要求個清的道理。這都是那誠孝的心發出來的條
作。……譬之樹木，這誠孝的心便是根，許多條件便是枝葉。
須先有根，然後有枝葉。不是先尋了枝葉，然後去種根。（《傳
習錄》上：三）

（C）問：「知識不長進如何？」，先生曰：「爲學須有本原，須從本
原上用力，漸漸盈科而進。仙家説嬰兒亦善。譬嬰兒在母腹
時，只是純氣。有何知識？出胎後，方始能啼。既而後能笑。
又既而後能認識其父母兄弟。又既而後能認識其父母兄弟。
又既而後能立，能行，能持，能負。辛乃天下之事，無不可
能。皆是精氣日足，則筋力日強，聰明日開。不是出胎日便
講求推尋得來。故須有個本原。」（《傳習錄》上：三十）

（D）問：「聖人應變不窮，莫亦是預先講求否？」，先生曰：「如何
講求得許多？聖人之心如明鏡，只是一個明，則隨感而應，
無物不照。未有已形之形尚在，未照之形先具。……周公制
禮作樂，以文天下。皆聖人所能爲，堯舜何不盡爲之，而待
於周公？孔子刪述六經，以詔萬世，亦聖人所能爲，周公何
不先爲之，而有待於孔子？是知聖人遇此時，方有此事。只
怕鏡不明，不怕物來不能照。講求事變，亦是照時事。然學
者却須先有個明的工夫。學者惟患此心之未能明，不患事變
之不能盡。」（《傳習錄》上：二十一）

（E）聖人之學所以至易至簡，易知易從，學易能而才易成者，正以
大端惟在復心體之同然，而知識技能，非所與論也。（〈答顧東
橋書〉：一四二）

　　在一具體存在的道德行爲中，我們可以分解爲兩部分，一者是屬於無形
的「根源主意」，一者是有形可見落實到「身爲於具體事上表現」，前者即是
「心之端」（「知之端」或「體之端」），後者即是「事之端」（「行之端」或「用
之端」），在第二節論述時我們已肯定眞實的道德行爲，必是互涵互攝的辯證
關係，心之行必透到事爲之行來，方是眞知，因爲「知而不行，非眞知」。陽

明言「知行合一」，亦曾就事爲的實踐工夫分解說「知是行的主意，行是知的工夫；知是行之始，行是知之成。」（《傳習錄》上：五），闡述心之「根源主意」透徹到「身爲於具體事上表現」，而爲一完整的道德實踐工夫。

當我們將「事之端」解釋爲「身爲於具體事上表現」時，是爲了凸顯「事之端」，除了「事涵心」的應然價值之呈顯外，尚還有具體事象本身的複雜相存在，若要踐其應然之理則，以實現「事涵心」的義理時，必須透過對實然層面的認知和掌握，才能證成所謂的「德性之知」。依此義而說德性實踐工夫，就必須導入相應的知識或條件配合，方能證成「知行合一」。

通過道德行爲可以分立「心之端」的「根源主意」和「事之端」的「身爲於具體事上表現」時，我們立即可以了解道德行爲的根源主意──心之明覺的本然良知，非由聞見外鑠而來，因此（A）則言「良知不由見聞而有」，即是肯定良知昭顯天理方向，爲義之所在的判斷根源，乃是自知自覺、內具自明的朗現，故言「心即理」。其「理」既是統體之理的存有，又是隨他發現流行而爲孝、忠、悌等殊別之理。換言之，若無私欲間隔，經權之道的分寸大本，乃在吾人清明心中，不假外求，反求諸己，當下即安。在這裏，人恒有根本的自信與自由的悅樂感。純然與知識學習無關，與聰明智愚無關，也就是說在道德行爲的根源主意上，誠與不誠而已。誠則明，明則誠，與知識聞見多寡無關。也因此才能說「良知不滯於見聞」。

而所謂「見聞莫非良知之用」，乃是見聞酬酢即是「事之端」的流行，「若主意頭腦專以致良知爲事」，則映顯「事涵心」的躍動，心之明覺賦予見聞酬酢以存在的意義，即用見體而說「見聞莫非良知之用」、「良知不離於見聞」、「多聞多見，莫非致良知之功」、「除却見聞酬酢，亦無良知可致矣」，這是就實踐工夫的涵攝關係言心事、體用，「故只是一事」。

當我們在實然的存在格局中，欲將「事涵心」（或「心涵事」）的涵攝關係，落實到「身爲於具體事上表現」，以圓成良知天理的「根源主意」時，亦不免有（B）則徐愛之惑，需不需要行爲儀節的學習呢？或（C）則隱戀透露「知識不長進如何成學」之疑，或（D）則疑惑「應變是否預先講求？」這裏已經涉及到知識行爲的學習問題，顯然的不是「根源主意」不假外求的自安自足，陽明也並未否認講求的必要，因此（B）則說「如何不講求？只是有個頭腦。」、「誠孝的心便是根，許多條件便是枝葉。須先有根，然後有枝葉。」，（C）則更明確的表示「爲學須從本原上用力，漸漸盈科而進」，而知識講求

如嬰兒成長一樣，是循序漸進，聰明日開而學，即令（D）則亦言聖人應變無窮，首在心明，遇此時方有此事。其講求事變，亦是照時事，並非單靠預先講求的知識工夫，反而是「只怕鏡不明，不怕物來不能照」。因此，在（E）則他明確的點明立言分際乃在事之時宜的「頭腦」「本原」說：「大端惟在復心體之同然，而知識技能，非所與論也。」

　　的確，陽明知道要落實義理於具體行為時，需要通過行為儀節的知識講求、或技能事變豫備等條件去完成德行之善。而這一層工夫，顯然就不是「致良知」的清明主宰直接所涵，而是得之學習而來的知識工夫。換言之，知識在「根源主義」上無關，但落實到「身為於具體事上表現」，以圓成良知天理的「根源主意」時，需要導入知識工夫。

　　從以上五則內容看來，陽明清楚的分別良知與見聞之知的關係，釐清致良知為德性實踐的本質工夫，本立然後助成條件的知識工夫，自然衍生去求。顯然的，陽明對於知識導入在德性實踐上的正用，未積極措意。因此講學凸顯了心體的創造性，確定節目時變的「根源主意」，無形中忽略了知識條件的輔助，是證成心體之善的必要條件。還諸陽明當時本末倒置的學風，其一顯一遮的用意，乃是力矯時代學風之弊而來。他說：

　　　　後世不知作聖之本是純乎天理，却專去知識才能上求聖人。以為聖
　　　　人無所不知，無所不能。我須是將聖人許多知識才能，逐一理會始
　　　　得。故不務去天理上著工夫。徒弊精竭力，從冊子上鑽研，名物上
　　　　考索，形迹上比擬。知識愈廣而人欲愈滋，才力愈多而天理愈蔽。(《傳
　　　　習錄》上：九九)

又云：

　　　　後儒不明聖學，不知就自己心地良知良能上體認擴充。却去求知其
　　　　所不知，求能其所不能，一味只是希高慕大。不知自己是桀紂心地，
　　　　動輒要做堯舜事業，如何做得？終年碌碌，至於老死，竟不知成就
　　　　了個甚麼，可哀也已。(《傳習錄》上：一○七)

因為重在端正本原上言聖學工夫，故力斥歧出流弊，遂使知識才能在踐德上失去了應有的分位。〔註28〕

　　換句話說，「事之端的充實性，賦予心以內容義」，即是心即理的「根源

〔註28〕這分位不是說希聖工夫在知識才能上求，而是證成道德行為的相應知識上說
　　　　其應有的分位。

主意」，已落實到「身爲於具體事上表現」的圓成，知識條件已充實在其中。而「心之端的虛廓性，賦予事以時宜義」，是心的覺照之明，同時衍生擇取相應的知識條件，而表現事之時宜的具體行爲，二者皆涵知識之助成。

　　順著前言，對於「良知自我立法的自律行爲，難道不受族群文化的影響嗎？」的問題，我們也可以分成兩層次解義，就「心之端」的根源主意言其本質意義，良知自我立法的權衡大本在內，非由外鑠而來，是「吾性自足，不假外求」。而就「事之端」的「身爲於具體事上表現」時，良知天理欲通外界的義之路時，其應處的行爲模式，則須參照或配合周遭環境的條件，是「見聞莫非良知之用」的即有限而無限。因此，在發生意義上說，其行爲模式或多或少受到族群文化的影響，但因分寸大本在內，若外界禮法已僵化，則良知立法（即「心即理」），亦能明覺的創制應處之道，故說「良知不滯於見聞」。

　　綜上所述，良知學的義理綱領，所謂的「心即理」、「致良知」、「知行合一」的義涵，在實存歷程中，因爲是虛廓性的表顯，所以是開放未濟的說統。其開放性的意義，可以就導入知識進路，以求時中的因革損益而言；同時是「聖人可學而至」（《傳習錄》上：九九）的德性平等的自主義上，隨業隨才成就的廣涵性而說「四民異業而同道」（《全書》卷二十五，〈節菴方公墓表〉），因此，由存在歷程中，隨「良知愈思愈精明」的實踐工夫，而展開動態辯證發展性。因爲「學者無超入聖人之理，一起一伏，一進一退，自是功夫節次。」（《傳習錄》下：二四三），然有本有源，即工夫即本體，「這致良知的主宰不息，久久自然有得力處。」（同上則），遂有道德生命的進境發展，呈顯亹亹翼翼盛德大業的充實飽滿意義，故說此虛廓性與充實性，開放性與發展性四義，乃是陽明良知學在存在歷程所彰顯的實踐意義。〔註29〕

〔註29〕陽明良知學在成德之教上，所呈顯的實踐四義──虛廓性與充實性、開放性與發展性。筆者認爲未嘗不可以作爲今日教育學「德育原理」的意義補充，在實然層次的行爲發展歷程中，豁醒自覺的發展意義。

第五章 結 論

　　尅就詮釋的意義而言，本論文旨在闡明陽明良知學在歷史傳統中的普遍意義，由陽明一生環繞「希聖的終極探索」的實踐典範，表述良知學在道德實踐上的意義和啓發。

　　因此，第二章首先就道德實踐的根源，述其本體義蘊。由「聖人之道，吾性自足」的義涵，具顯「普遍性」、「必然性」、「本質性」、「超越性」、「先天性」、「明覺性」的特質。此一本體充擴盡致的實現，即爲聖人的境界。繼之詳論陽明從不同角度契悟本體義蘊，由稟賦處說性，由主宰知覺處言心，圓熟的發揮前人言心性之體義；同時揀擇分心與理爲二的歧出流弊；更進一步的以自家睿識與親證，由真誠惻怛的良知本體，就是道德理則的發見處，具體顯豁的表詮知行本是一體而顯的精義，以示本體的致廣大與盡精微。故言相應於道德實踐的形上實體，呈現在陽明良知學的說統中，它的內涵既是簡易，也是精微。簡易來自吾性自足，不假外求，即能當下言工夫以復其本體；精微則來自實踐的掌握，非言語可道盡其中的發展深義。

　　第三章論工夫義，先闡明工夫的始終層境，一方面是逆覺的復其本體，親悟一體之仁的明德之性，自證良知本體的創造悅樂；同時是良知不斷充擴發用，順貫到事事物物的及物潤物，參贊化育的圓成。次論陽明工夫指點的原則，談教法三變的意義。繼論陽明對善惡的根源看法，尅就道德行爲根源處言，善存則惡去，善失則惡起，故謂「善惡只是一物」。因此，德性工夫的規矩，乃是良知本體的覺照而映顯善惡、誠僞、天理人欲、道心人心等超越的區分，由此遂言「循理便是善，動氣便是惡」，乃是道德實踐的本質工夫，蓋其判斷的準據是內具自明的朗現，非義襲而來。故修養工夫，不必擇居、

擇時、擇事而修，當下醒覺處，即爲工夫。最後陽明認爲就《大學》格局以言工夫次第，是精一簡易、徹上徹下的教典，述其主要工夫論的全幅精蘊。並舉陽明興發指點學生的實例，暢論致知格物深造自得的實踐要義。同時，就格致誠正修的實踐工夫乃是互相綜攝的關係，說明舉其一爲工夫，實則通貫其他工夫，故有以誠意賅其他，有以致知攝其他，有以格物含其他，其實皆在「爲善去惡」這一事上言工夫。

　　第二章和第三章著重在分解的表詮上立說，分別明本體義蘊及工夫特質，第四章則以「兩端而一致」的具體實踐立義方式，掌握陽明良知學在歷程義上，所具顯的動態辯證發展性。本來就良知「無聲無臭獨知時，此是乾坤萬有基」而言，良知乃是直下通極於天的圓頓之境，本不可睹聞以見。因此，所謂的「兩端」只是就意義的傳達上，將圓頓之境權分爲兩端，建立「心之端」與「事之端」，或「體之端」與「用之端」，或「知之端」與「行之端」爲詮釋的兩端點，但從學術的建構上而言，分立兩端的詮釋端點，是靜態的平列呈顯，若還諸實然具體的存在歷程，以產生動態發展之過程，則必須以自覺的實踐進路去豁醒這兩端眞實感通的存在。透過心體的創造發用，始有互涵互攝的辯證發展關係，在歷程中才有所謂「一致」的融貫，或「合一」的圓成表現，因此而言「體用一源」、「心事合一」、「知行合一」的關係。透過「兩端而一致」的實踐詮釋範型，可以對陽明思想存在的一些「矛盾」現象，如「致知存乎心悟」與「多少積累在」天泉問答「四有說」與「四無說」的裁義，作某種意義的澄清。進而闡明陽明立言分際，重在建立道德本源，以成就眞實的道德行爲，由良知流行而說心事、體用、知行互涵互攝的辯證關係，但並非存在面具體的道德行爲，僅有此一涵攝關係。就「心之端」而言，固然是至實至虛的無限性之朗現；但尠就「事之端」而言，欲證成本心的覺潤，則必須落在有限的、實然的存在格局上，去圓成實事實理，此時道德良知的推擴，必須有相應的知識和客觀的條件爲資輔，才能證成「事之端」即有限而無限的道德行爲。因此最後一節，言良知學在德性實踐上，並非是封閉的主體主義，而是一開放未濟的說統，飽含開放性與發展性、虛廓性與充實性的實踐四義。並就「良知愈思愈精明」，落實到具體存在歷程，乃是「事之端」的充實性，賦予心以內容義；「心之端」的虛廓性，賦予事以時宜義。換句話說，由更寬廣的視野去詮釋陽明良知學的內涵，就不僅只是主觀面的自安自足，而是落在客觀面的道德事業說「心的內容義」和「事的時宜義」。

因此，在今日吾人作返本開新的省思時，除了當肯定內聖外王直貫的同質關係——立本窮源外，對於內聖外王的異質關係亦當探究，於此即需導入知識進路的探索，經由存在結構的實然層面的認知和掌握，然後心之主宰方是真正的明覺之體，才能成其感通潤物的效用。顯然的，陽明對於知識條件在德性實踐上的正用，未積極措意。因此講學凸顯了心體的創造性，確定節目時變的根源主意，無形中脫略了知識條件的輔助，也是證成心體之善的必要條件之一義。其一顯一遮的用意，乃是力矯當時本末倒置的學風之弊而來。由此進而釐清道德良知與知識學習（或文化教育）在實踐意義上的分際。

　　以上是本文的主要內容。

　　因為本文一開始擬定中心義旨，即以陽明良知學在今日道德實踐上的意義和啟發為關懷的重點，除了循陽明文獻作疏解外，並就其精蘊引申而論之，以為詮釋的重點。因此自覺的放棄很多論點，對於直透道德本源而蘊涵的「道德形上學」的精義，因個人體悟有限，故存而不論。同時在第四章第二節結語前，曾就一具體的道德行為並非只此涵攝關係，解釋時只就「事之端」的實然複雜性，略述一二，實未盡發其義；對於「心之端」相應於此複雜的實然結構，如何透過認知規約的系統性去妥予掌握，即牽涉到德性主體（良知、德性心）如何坎陷為知性主體的曲折轉接，顯然不是目前個人學力所能處理的問題，〔註1〕故暫略不論，留待日後進一步的研究。

　　陽明學於今日的儒學研究領域中，算是顯學，歷來研究的成果亦相當豐碩，筆者得之前輩學者的啟發頗多。作此論文，僅就自己研讀心得，〔註2〕擇取關懷的重點，作系統性的論義。筆者深信「有德者必有言，有言者不必有德。」（《論語》〈憲問〉），個人由於實踐工夫不足，體驗自難深刻，因此在意義的詮釋上，或亦未能充分契悟陽明之高明心靈，而不免有「簸弄光影」之嫌；其次，因時間迫促，參閱資料有限；〔註3〕而個人之說理能力，學術訓練復有不足處，故行文亦不免有語意雜沓疊出的現象。有關以上缺失之檢討，除了自勉更精進為學，亦敬待方家學者之教正。

〔註1〕這問題的本身，實際上也就是中西文化如何會通的問題。

〔註2〕在研讀的過程中，特別要感謝曾師昭旭的循循善誘，不厭其煩的解答，同一問題三番二次的質疑；並實際示範「兩端而一致」的詮釋方式，為我解惑。故為文之際，就應用了這一幫助說理的詮釋工具，特此申明。

〔註3〕對於西文、日文有關陽明學資料，因時間及個人語文能力之限，無法參考，是為遺憾。

參考書目

本書目僅錄及與本文直接有關的各項典籍與論文，其他不備列

1. 《陽明全書》，明王守仁，台灣中華，1979 年 7 月台三版。
2. 《王陽明傳習錄詳註集評》，陳榮捷，台灣學生，1983 年 12 月初版。
3. 《王守仁》，錢穆，台灣商務，1984 年 4 月台四版。
4. 《王陽明致良知教》，牟宗三，台北中央文物，1980 年 4 月再版。
5. 《王陽明哲學》，蔡仁厚，台北三民，1979 年 2 月再版。
6. 《王陽明思想之進展》，鍾彩鈞，台北文史哲，1983 年 10 月初版。
7. 《王陽明》，秦家懿，台北東大，1987 年 7 月初版。
8. 《從大學看陽明心學的發展》，林日盛，鵝湖月刊 84 期，1982 年 6 月。
9. 《王陽明「大學問」思想析論》，蔡仁厚，鵝湖月刊 137 期，1986 年 11 月。
10. 《陽明「良知學」之探究》，陳一峯，東海哲學研究所碩士論文，1985 年 5 月。
11. 《四書集註》，宋朱熹，台北學海，1982 年 3 月五版。
12. 《象山全集》，宋陸象山，台灣中華，1979 年 7 月台三版。
13. 《王龍溪語錄》，明王龍溪，台北廣文，1984 年 1 月再初。
14. 《增補宋元學案》，清黃宗羲・全祖望，台灣中華，1984 年 10 月台三版。
15. 《明儒學案》，清黃宗羲，台灣中華，1984 年 8 月台四版。
16. 《從陸象山到劉蕺山》，牟宗三，台灣學生，1984 年 11 月再版。
17. 《朱子哲學思想的發展與完成》，劉述先，台灣學生，1984 年 8 月增訂再版。
18. 《黃梨洲之生平及其學術思想》，古清美，台大文史叢刊，1978 年 2 月初

版。

19. 《王船山哲學》，曾昭旭，台北遠景，1983 年 2 月初版。

20. 《王船山人性史哲學之研究》，林安梧，台北東大，1987 年 9 月初版。

21. 《中國哲學原論（原教篇)》，唐君毅，台灣學生，1984 年 2 月校訂版。

22. 《中國思想史論集續編》，徐復觀，台北時報，1985 年 11 月初版二刷。

23. 《中國哲學十九講》，牟宗三，台灣學生，1983 年 10 月初版。

24. 《中國哲學史（三上)》，勞思光，台北三民，1981 年 2 月初版。

25. 《道德與道德實踐》，曾昭旭，台北漢光，1983 年 10 月二版。

26. 《從西方哲學到禪佛教》，傅偉勳，台北東大，1986 年 6 月初版。

27. 《知識與價值──和諧、真理與正義的探索》，成中英，台北聯經，1986
年 10 月初版。

28. 《現代哲學論衡》，沈清松，台北黎明，1985 年 8 月初版。

29. 《現代儒學論衡》，林安梧，台北業強，1987 年 5 月初版。

30. 《德育原理》，歐陽教，台北文景，1986 年 2 月修訂版。

31. 〈辯證法之類型〉，唐君毅，《鵝湖月刊》104 期，1984 年 2 月。

32. 〈中國哲學中之語言問題〉，曾昭旭，《哲學年刊》第 3 期（第一屆世界中
國哲學論文集），1985 年 6 月。

33. 〈儒家哲學的時代意義〉，曾昭旭，《鵝湖月刊》110 期，1984 年 8 月。

34. 〈朱子格物之再省思〉，曾昭旭，《鵝湖月刊》123 期，1985 年 9 月。

35. 《朱子學禮研究》，林美惠，高師國文研究所碩士論文，1986 年 5 月。

36. 〈論知識與德行的相契之道〉，曾昭旭，《中央大學人文學報》第 5 期，1987
年 6 月。

37. 〈中西文化的傳統性格及其會通之道〉，王邦雄，《鵝湖月刊》153 期，1988
年 2 月。

王陽明詩與其思想

廖鳳琳　著

作者簡介

廖鳳琳，1976 年自文化大學中文研究所碩士班畢業，即投身教育崗位。先後服務於私立婦嬰護專與國立高雄應用科技大學，擔任國文課程與班級導師，並有八年圖書館與文書組長行政經驗。

2001 年，前往美國賓州州立大學進修一年，修習有關視覺藝術方面課程。這一年同時有幸得遇高德大法，從此邁入一條「返本歸真」的修煉道路，成為個人生命一個重要轉捩點。

2006 年從教職退休，轉任大紀元時報記者兼自由撰稿工作，關注面向更為寬廣。半生歲月，不論身處何地，所為何事，始終秉持誠信初衷，處世待人。如今更以真善忍精神，自我要求，期許自己兌現濟世助人的莊嚴使命，不枉來此人世一遭。

提　　要

明朝大儒王陽明一生功業，事具國史；其學術成就，亦早有公論。其平生雖志在聖賢，視詩文為閒情餘事，然其至今傳世之詩作，依明謝廷傑彙本《四部叢刊‧王文成公全書》所載〈詩錄〉，凡二卷，續編補遺三十四，總約六百首，始於其三十一歲之年，終於其五十七歲病逝，前後二十餘年。由居越而山東、而京師……，至其後遷謫貴州、征戰江西、兩廣，隨其遭遇，逐年而分，一一檢索，可見其一生行旅與思想蛻變之跡。

其論學示教者，固為「言志」之一端；其感遇抒懷之作，一吟一詠間，直向至性中來，最能見其情懷之真。若純以詩求之，未嘗不可得風雅之遺響；若視為至性之教，反身默會，則陽明所以為言之意，亦有所託矣。

故本論文以陽明詩為線索，探其學說思想本旨，分六章加以析論。第一章略述其生平傳略及其「以達意明志」為要之詩學觀；第二章以詩文對照，表現陽明對個人遭遇與時政觀感，其意欲探尋思想出路，已見端倪；第三章闡述陽明居危處困之際，如何淬勵奮發，體現其忠貞自持之精神人格。第四章由陽明詩歌衍述其剝落萬慮、思想境界臻於成熟之內涵。第五章針對後人評述，以陽明詩與其實際為行，印證其為「學有宗統」之醇儒，殆無疑議。第六章闡述個人究心所得，對陽明學說之意義與價值，稍布管見耳。

陽明學說與其道德風範，數百年來，垂教世人，影響所及，遠達四海。日本名將東鄉平八郎奉若神明，有「一生低首拜陽明」之說，實非偶然也。

目

次

序　言

　　太史公謂：文王拘而演周易；仲尼厄而作春秋；屈原放逐，乃賦離騷；
孫子臏腳，兵法脩列，皆其人意有鬱結，不得以通其道，乃垂文以舒憤思。
陽明先生謫荒而悟道，其亦有鬱結乎？其亦出於憂患乎？

　　先生處明之中葉，當此之時，程朱之學大行，士子或墨述其義，不知反
身體悟；或假名自高，以爲邀功取名之階，先生嘆士風之衰降，鄙俗儒之淺
陋，殫思力踐，竭精瘁志，思復先王之聖道，張天下之正學，遂倡良知之
說，補偏救弊，契聖歸宗，未有如先生之深切著明者。

　　然世之學者，不明先生之操心慮患，不究其百死千難之悟道歷程，特以
其說與朱子不無牴牾，遂疑其或出於禪，而群言交詆，殊失先生立教本旨
矣。夫欲明某一學說，必先得其精神旨趣，不可支解文字，斷章取義，先生
之學，非專以言立說耳，貴以身踐履，著於事功，故研先生之學者，斷不可
忽略其一生力行實踐，奮鬥成學之精神。

　　先生之詩，於此頗有闡發，今所見詩錄，始其三十一歲之年，是年，先
生初嚐仕途崎嶇之苦；先生之學，亦由溺辭章、逃佛老而漸悟趨正，先生由
此步入實際而成熟之人生階段，於詩中皆有迹可尋也。詩特能反映先生於堅
苦卓絕環境下之胸懷，由此而明其成學入聖之道，探其立教言說之本意，雖
未能盡括其全部學說思想，然精神旨趣，庶可得之。

　　故本文首章述先生之生平傳略及有關先生賦詩之態度與各家說法，其意
在明理學詩之特色，知先生作文，惟務道其心中之實，以達意爲主，故其詩
於先生生平思想，不乏印證之價值。次章以詩爲線索，以見先生對時政觀感
及個人遭遇，種種苦悶情緒之抒發，此皆先生磨礪心志，醞釀思想成熟之冶

爐。三章，闡揚先生居危處困之際，其反映於詩中之精神人格，明其淬勵奮發之志意，知先生修德而悟道之經過，先生之學，得之非易也。四章始言先生剝落萬慮，呈顯其學，由先生自述詩，加以衍述，究其精義，明其綱要，雖不足盡窺其堂奧，然先生之學，累千百言，不出此致良知三字。五章特就後人之所評述，以明先生之學與釋道二氏之關係，以先生作品，滋後人之疑謗也，故還就其作品之精神特質以申辯之，並證之以其實際作為，先生為學有宗統之醇儒，而善於妙用二家之學，其包容淑世之精神，尤足令人稱道。末章，則略述個人究心所得，於先生詩之意義與價值，稍佈管見耳。

　　本論文撰寫期間，承蒙吾師林先生耀曾之悉心指導，幾度審視章節，逐字斧正，終能克期完成，啟迪之恩，永銘心扉，謹此深致謝忱。

廖鳳琳　謹誌于華岡

中華民國 67 年 6 月

第一章 緒 論

第一節 陽明傳略

一、家 世

　　陽明諱守仁，字伯安。其先本山東琅琊人，爲晉光祿大夫王覽之裔。覽之曾孫羲之，幼隨其父渡江，家建康，因好山水，而徙居會稽，其後復遷之華塘、石堰、達溪，至二十三世，有名壽者，徙餘姚，自是遂爲餘姚人。陽明六世祖諱綱，字性常，有文武長才，博學善識鑑，明初爲廣東參議，死苗難，子彥達綴羊革裹屍歸，廟祀增城（陽明於嘉靖七年平廣西思田之亂，嘗謁祠奉祀，有〈書泉翁壁〉一詩爲識，其曰：我祖死國事，肇禋在增城。所指始是）。高祖諱與準，號遯石翁，精究禮易，著易微數千言；曾祖諱傑，號槐里子，以明經貢爲太學生，贈禮部右侍郎。祖諱天敘，號竹軒，封翰林院編修，喜觀書，雅善鼓琴，人言其胸次灑落，方之陶靖節，林和靖無不及〔註1〕。父諱華，字德輝，別號實庵，晚稱海日翁，又稱龍山公，登成化十七年進士第一，累官至學士少詹事，爲人有器度，在講幄最久，曾講大學衍義，深得孝宗禮眷。

　　陽明先世多以詩禮傳家，陽明自幼深受薰陶，湛甘泉稱其有所本矣，所謂「水土之積也厚，其生物必蕃，有以也夫。」〔註2〕蓋指其家學禮教之深也。

〔註1〕見《世德紀》卷一，全書（四），頁212。魏瀚撰〈竹軒先生傳〉。

〔註2〕見《世德紀》卷一，全書（四），頁224。湛撰〈陽明先生墓誌銘〉。

　　陽明一生事蹟極繁，其學問及事功，均有驚人之成就，可概括分為三時期敘述。

　　第一、研習時期：謫龍場以前。

　　第二、印證時期：謫居龍場。

　　第三、成熟時期：謫龍場以後。

　　其中以謫龍場三年，為其一生學術之轉捩點，此以前之研習期，亦可稱為陽明思想之苦悶期，其所表現之生活，為多方面之尋求與嘗試，充分顯露陽明狂放不羈之個性。龍場以後，陽明心有所定，如孔子「四十而不惑」，孟子「四十而不動心」，不僅使其思想更臻圓熟，且能於政治上，積極有所作為，建立掀天動地之偉業。今依序說明之。

　　陽明母娠十四月，於明憲宗成化八年（西元 1472 年）生，自幼即表現其超凡異稟，五歲解言，乃能誦其祖父所嘗讀之書，蓋平居時聞而默識矣。十一歲，賦金山詩，曰：「金山一點大如拳，打破維揚水底天，醉倚妙高臺上月，吹徹玉簫洞龍眠。」辭意豪邁，儼然大家之風，及入塾就學，復以天下第一等事為問，因不滿其師「讀書登第」之答，而正色改曰：「讀書學聖賢」，發露其一生成學致聖之意向。

　　然陽明幼年，尚不能落實用功，尋走聖賢之路，而熱於追求興趣所及之事。十五歲，出遊塞外，逐胡兒騎射，見塞上風雲、山川形勝，慨然有經略四方之志，而嚮慕豪俠英雄行徑。

　　十八歲自洪都娶夫人諸氏歸餘姚，途次廣信，從婁一齋〔註3〕問學，一齋與語宋儒格物之義，謂聖人必可學而至，陽明深契之，歸後，遍取諸經子史讀之，每至夜分。後於官署中，依朱子「即物窮理」之說，取竹實作格物工夫，歷七日，不得其理而勞思致疾，此陽明思想遭遇苦悶之始。於是別尋出路，涉辭章之學，又談養生，有遺世入山之念。是時邊報甚急，朝廷舉措莫定，陽明洞識武科之設，徒得搏擊騎射之士，甚難造就韜略統御之才，遂留心武事，凡兵家秘籍，無不搜羅精究，思有以效命之。弘治十二年，陽明二十八歲，登進士，即上陳邊務八事〔註4〕，首揭蓄材備急之要，言極剴切。隨

〔註3〕　婁諒，字克貞，別號一齋，上饒人，曾從吳與弼學，其學以收放心為宗。為陽明志於聖學之啓蒙師。

〔註4〕　所奏八事，一曰蓄材以備急，二曰舍短以用長，三曰簡師以省費，四曰屯田以足食，五曰行法以振威，六曰敷恩以激怒，七曰捐小以成大，八曰嚴守以乘弊。見陳言邊務疏。《奏疏》卷一，全書（三），頁1。

而奉命錄囚江北，事畢還京，睹京中舊遊仍以才名相尚，競馳於詩文，陽明嘆曰：「吾焉能以有限精神，為無用之虛文？」乃告病歸越，築室陽明洞中〔註5〕，並習道家導引之術，竟能預知來客。久之，復悟其簸弄精神，非道也；欲離世遠去，又不能舍念親之心，忽悟此念生於孩提，不可滅，若滅此念，即滅其種性矣。陽明於仙釋二家之學，亦漸覺其非。

歷十餘載，陽明於朱子格致之學，佛老神仙之學，乃至兵家韜略騎射，文人詩賦歌詞，一一窮究於心，皆有所得。然除兵學一事，足為日後效命疆場之用外，餘皆不能通至道，達於聖途，陽明內心之沉鬱不得抒發，求師友之心更切。三十四歲，陽明致力授徒講學，欲倡明身心之學於天下，而京中之士，皆以立異好名目之，惟遇當時翰林庶吉士湛若水，相契定交，共期聖學。然而未幾，復遭政治上之挫折，陽明遠颺異域，面臨身心重大之考驗。

陽明三十五歲，值武宗登基，閹宦劉瑾竊柄，日與其黨為鷹犬角觝之戲以娛帝，時有言官名戴銑者，上疏請斥權閹，以安社稷，為瑾矯旨逮繫下獄，陽明抗章以救，致觸閹宦之怒，廷杖四十，謫官龍場。

陽明自正德二年夏赴謫，至五年春召返，雖為期僅三年，卻為陽明一生重要之關鍵。異域窮荒無書，惟日繹舊聞，陽明屢思聖人處此，更有何道，端居澄默，終勘破生死之念。一日中夜，忽悟格物致知之旨，自夢寐中呼躍而起，始知聖人之道，當自求諸心，不當求諸事物，並默記五經之言，以自證其旨，無不吻合，喟然嘆曰：「道在是矣。」遂篤信不疑，著五經臆說。陽明徹悟「心即理」之說，其哲學根基，遂此大定，翌年，論「知行合一」說，務使學者自求本體，著實躬行。

處夷三載，陽明以其動心忍性之志，而悟格物致知之旨，知行合一之論，昔日所學，經龍場之磨鍊與印證，始由博雜而歸於統一，陽明一切學問事功，經此龍場驛之千錘百鍊，乃能切實而光大，此為陽明一生重要之階段。

陽明於正德五年春，調陞廬陵知縣，自此於政治上盡展其所長，在廬陵歷七閱月，為政不事威刑，惟以開導人心為本，使民知自愛，監犯日清，湛甘泉稱其「臥治六月，百務俱理」（〈陽明先生墓誌銘〉）。

是年，劉瑾伏誅，陽明入覲，陞南京刑部主事，此後數載，多於京師，

〔註5〕因自號陽明子，學者稱陽明先生。陽明洞，一曰在浙江四明山，或曰在會稽山。

與友論學，而著意於躬行實踐，其時，後軍都督府都事黃綰、吏部郎中方獻夫等，勢位皆居陽明之上，先後及門受業，學者聞風興起，相率從遊，絡繹不絕。

正德十一年，虔閩不靖，兵部尚書王瓊特舉陽明以左僉都御史巡撫南贛，當是時，南中盜賊蜂起，有謝志珊據橫水、桶岡、池仲容據浰頭，聚嘯稱王，與大庾嶺賊首陳曰能、福建大帽山賊首詹師富等，互通聲氣，禍連四省，陽明始入贛，即行「十家牌法」，以清賊耳目，復倡三廣夾攻之策，手編新軍，妥為備署，二月遂破漳寇，猶習戰術，立兵符，逐日操演，士氣愈盛。陽明於賊，一則以撫，一則以剿，至正德十三年，襲平大帽、浰頭餘賊，南贛自此無警矣。

陽明在贛，雖軍旅雲擾，而其講學不輟，與薛侃書，曾曰：「破山中賊易，破心中賊難，區區翦除鼠竊，何足為異？若諸賢掃蕩心腹之寇，以收廓清平定之功，此誠大丈夫不世之偉蹟。」（《書錄》卷一）及諸賊平定，陽明以其地俗多鄙野，至是為立社學、舉鄉約、教勤禮讓，作業出入皆有紀。陽明隨進右副都御史，世襲錦衣衛千戶。

正德十四年六月，陽明奉命勘福建叛軍進貴等，行至豐城，聞寧王宸濠反，遂趨吉安，起義兵討之。寧藩世蓄異志，至濠奸惡尤甚，結黨營私，以張聲勢，忠良無辜多遭其害，而前後附勢者，頗不乏人，如致仕侍郎李士實，舉人劉養正等，皆為心腹。陽明至吉安，即上疏告變，並與知府伍文定謀，傳檄四方，令起兵勤王。恐宸濠大軍，直搗北京，欲計延之，乃張疑兵於豐城，又故張接濟官軍之勢，又遺偽相李士實、劉養正反間書，宸濠果疑心按兵。及濠圍攻安慶，陽明乃破南昌，令濠返兵自救，遇之於樵舍，三戰俘濠。

然陽明雖平定宸濠之亂，卻見忌於群小，於群小之讒毀中，險遇不測（後文另詳），幸陽明經權並用，及太監張永之持正，東南大勢，苟得保全。陽明經此事變之後，內心堅忍之磨鍊，使其由昔日一切思想中匯歸，尋得其一生學問及修養之總綱領——致良知。陽明於五十歲，正式拈出，自謂深得其益，陽明豫悅之情，溢於言表，陽明詩有云：

　　四十餘年睡夢中，而今醒眼始朦朧，不知日已過停午，起向高樓撞曉鐘。起向高樓撞曉鐘，尚多昏睡正懵懵，縱令日暮醒猶得，不信人間耳盡聾。（〈睡起偶成〉）

陽明自此專提「致良知」三字以教人，此三字猶人生暮鼓晨鐘也，陽明欲「起向高樓撞曉鐘」，振聾發聵以啓天下人心。陽明個人修養境界，其有詩云：「四十九年非，童心獨猶在，世故漸改涉，遇坎稍無餒，每當快意事，退然思辱殆，傾否作聖功，物睹豈不快。」（〈歸懷〉）陽明自覺四十九年非，而今睡眼始開，愈能體會禍福相依之理。

朝廷論功行賞，封陽明為新建伯，進光祿大夫柱國，並給予誥券，子孫世世承襲。

嘉靖初年，世宗欲有召用，復遭宰輔之忌，百般阻撓，適龍山公病卒，陽明乃歸越居喪，至是六載未出，惟與門人論學，道益進。

至嘉靖六年，陽明五十六歲，兩廣雲貴苗民作亂，尤以思恩、田州土酋盧蘇、王受及斷藤峽、八寨之賊為傲悍，邊近郡邑，被其害達數十年之久，提督御史姚鏌往征，僅田州岑猛下，思恩久難克，朝臣交章論其失，特用張璁、桂萼之薦，起陽明督師勘亂，陽明以任不專，託病請辭，疏入不報。是年九月發越中，十一月抵梧州，上疏備言思田構亂之因，以兩廣府軍實責已怠，軍政日荒，遇警，必倚調土官狼兵若岑猛者，是以日增其桀驚，歲歲調發，奔走道途，事平，則歸功於上，而彼無所與，其倦且怨，乃日積月深，且流官之設，徒有虛名，征剿無休，腴民膏血，塗諸無用之地，民罹其禍久矣。陽明獲允便宜行事，翌年至南寧，乃下令盡撤調集防守之兵，數日內，散而歸者數萬，其道沮遠者，亦使分留南寧、賓州，解甲休息，待間而發。盧蘇、王受感陽明恩威，竟率眾自縛而歸。陽明此役未折一矢，未戮一卒，而全活數萬生靈。

八寨、斷藤峽諸蠻賊，為兩廣盜賊淵藪，自來征剿皆不能及，憲宗成化年間，曾遣韓雍統兵二十餘萬破斷藤峽巢穴，然稍息未久，輒復猖獗，動以千里，洶洶有不可終日之勢。陽明既平思田，蘇、受新附，乃因湖廣之回兵，導其順便之勢，出其不意，一月之內，大破其眾，盡平其穴。

史贊之曰：「王守仁以直節著，此任疆事，提弱卒，從諸書生，掃積年逋寇，平定孽藩，終明之世，文臣用兵制勝，未有如守仁者也。」（《明史》，卷一九五〈陽明本傳〉）

陽明昔在南贛，與死寇相角勝，為炎毒所中，染咳痢之疾，歲益滋盛，後雖退歸林野，稍就醫藥，疾終未止。既入廣，炎毒益甚，力疾從事，病亦日危，事甫平，即疏請告，欲為養病之舉，疏入未報，陽明乃於是年十一月

二十五日踰梅嶺，至南安登舟，門人周積請見，陽明起坐，咳喘不已，猶問其進學之效，自言病勢已亟，所存惟元氣耳，二十八日夜泊青龍舖，翌日，召積入，積問遺言，陽明微哂，曰：「此心光明，亦復何言。」頃之，瞑目而逝。時嘉靖七年十一月二十九日辰時。陽明年五十七。

第二節　陽明詩概述

　　陽明以理學名世，故一般論陽明者，多重其講學語錄或書信，述其詩者鮮矣。蓋理學家非專意於詩文，每作雖寫其感遇，然間有出其論學旨趣者，故評陽明詩，或稱或貶，其貶之者，要皆不出此範圍。明王世貞曰：

　　　　新建雄略蓋世，雋才逸群，四時詩如五花駿馬，嘶踏雄麗，頗多蹶步，暮年如武士削髮，縱談玄理，儃語錯出，君子譏之。（《明詩評》）

李舒章、陳臥子亦曰：

　　　　文成才情振拔，少年頗擅風雅，自講學後，多作學究語，乃不堪多錄。（《明詩選》）〔註6〕

所謂「縱談玄理，儃語錯出」、「學究語」等，皆就辭章家之「法眼」〔註7〕而觀，此固見理學詩之特殊風貌，亦可明陽明詩路之轉變也。〔註8〕

　　陽明早年曾泛涉辭章，刻意求工，嘗結詩社於餘姚龍泉山寺，終日與詩友往來唱和，時有致仕方伯魏瀚者，向以雄才自放，及與陽明登龍山、對奕聯詩，每有佳句，輒陽明先得之，乃自嘆弗如，謝曰：「老夫當退數舍。」（見〈年譜〉）

　　陽明為文賦詩，援筆立成，才思極敏，然初不知自斂，弘治六年（癸丑）春，會試下第，縉紳知者咸來慰諭，宰相李西涯戲曰：「汝今歲不第，來科必

〔註6〕《明詩選》，共十三卷，明·陳子龍（字臥子）、李雯（字舒章）、宋徵輿共撰，原名皇明詩選，錄明初至萬曆、天啓各家詩，各舉作者小撰，並加詩評。

〔註7〕明王世貞著《讀書後》一書，其書王文成集後一有曰：「王氏之為詩，少年時亦求所謂工者，而為才所使，不能深造造衷於法，晚節盡舉而歸之道，而尚為少年意所累，不能渾融而出於自然，其文則少不必道而往往有精思，晚不必法而勿勿無深味，其自負若兩得，而幾所謂兩墮者。以『世眼』觀之，公甫（陳獻章）固不如；以法眼觀之，伯安瞠乎後矣。」

〔註8〕陽明自五十歲揭「致良知」之教後，專提此以教人，故其「詠良知」、「示諸生」諸詩，俱以詩論學，「學究語」者，或指此而言。

為狀元，試作來科狀元賦。」陽明不疑，當即揮就，諸老驚曰天才，然竟以此遭忌者所抑，曰：「此子若取上第，目中無我輩矣。」弘治九年（丙辰）會試，果不第。

　　陽明初於京中，與當時詩文士子如喬宇、汪俊、李夢陽、何景明、徐禎卿、邊貢等酬酢應對，二十七歲，始念辭章藝能不足以通至道，漸有省悟。三十一歲，由江北返京，京中舊遊，仍以才名相邀，競學古詩文，陽明深嘆其事，遂告病歸越。是陽明所「志」者，非文章一藝可達也，陽明有詩云：

　　　　野夫非不愛吟詩，才欲吟詩即亂思；未會性情涵泳地，二南還合是淫辭。（〈次欒子仁韻〉）

二南者，詩經國風之召南、周南也，本為正始之道，王化之基（見〈詩大序〉），吟詩若不會於心，則二南亦解如淫辭。陽明與儲柴墟詩，所謂：「吟詠有情性，喪志非所宜。」又〈贈陳宗魯〉詩云：「望汝師聖賢，學文乃餘事。」是知陽明以詩文為枝節末事，不宜陷溺其中而喪「志」也。《詩經·大序》曰：「詩者，志之所之也，在心為志，發言為詩，情動於中而形於言。」是中心之「情」，固為發於言之動力，而詩之本旨，仍為在心之「志」。陽明志於聖學，孔子嘗曰：「弟子入則孝，出則弟，謹而信，汎愛眾，而親仁，行有餘力，則以學文。」（《論語·學而篇》）因事有先後本末之分，孔子明人以德為本，以餘力學文，陽明非襲孔子之意而發，乃其自身驗證體悟有感，故嘗有「詩戒」〔註9〕，屢思孔子之「無言」。陽明對於作詩之態度，遂格外謹嚴。

　　陽明嘗語學者曰：

　　　　作文字亦無妨工夫，如詩言志，只看爾意向如何，意得處，自不能不發之於言，但不必在詞語上馳騁，言不可以僞。（錢德洪〈刻文錄敘說〉）

有弟子作詩送人，陽明看其詩畢，曰：

　　　　凡作文字，要隨我分限所及，若說得太過了，亦非修辭立其誠矣。（《傳習錄》下）

與「楊仕鳴書」亦曰：

〔註9〕見陽明〈送德聲叔父歸姚並序〉（《詩錄》）。「守仁與德聲叔父共學家君龍山先生，叔父屢困場屋，一旦以親老辭棄歸養，交遊強之出，輒笑曰：『古人一日養，不以三公易，吾豈以一老母博一弊儒冠乎。』嗚呼，若叔父真知內外輕重之分矣。……某方有詩戒，叔父曰：『吾行，子可無言。』」

　　詩文之習，儒者雖不廢，孔子所謂「有德者必有言」，若著意安排組
　　織，未有不起於勝心者。(《書錄》卷二)

此皆陽明賦詩恪守之原則，不著意於安排組織，唯立「誠」達「意」是求，
是禮記所謂「志之所至，詩亦至焉」者也。然陽明詩非無可觀之處，論者或
曰：

　　守仁勳業氣節，卓然見諸施行，而爲文博大昌達，詩亦秀逸有致。

〔註10〕

明穆文熙曰：「王公功業學術振耀千古，固不必論其詩，而詩亦秀拔不可掩，
其殆兼舉哉！」又曰：「王詩如披雲對月，清輝自流。」〔註11〕

　　有清錢謙益亦謂：「先生在郎署，與李空同諸人遊，刻意爲詞章，居夷
以後，講道有得，遂不復措意工拙，然其俊爽之氣，往往湧出行墨之間。」
〔註12〕

　　陽明功業，事具國史，其學術之成就，亦早有公論，今讀陽明詩，其論
學示教者，固爲「言志」之一端，其感遇抒懷之作，一吟一詠間，直向自性
中來，最能見其情懷境界之眞，若純以詩求之，非不可得風雅之遺響，若視
爲至性之教，反身默會，則陽明所以爲言之意，亦有所託矣。

　　陽明詩現存之數，依四部叢刊明謝廷傑彙本王文成公全書，詩錄凡二卷
(載外集中)，續編補遺三十四，總約六百首，逐年而分，可見其平生行藏之
迹。

(一)歸越詩

　　弘治十四年，陽明以刑部主事奉命錄囚江北，事竣，遂遊九華〔註13〕，
宿無相、化城諸寺。翌年五月返京中復命，旋告病歸越，移疾錢塘西湖，并
楚遊而作。

(二)山東詩

　　弘治十七年秋，陽明應巡按山東御史陸偁之聘，起赴山東，主鄉試，有
登泰山諸詩。

〔註10〕見《四庫全書總目提要》卷三十三，別集類二十四。
〔註11〕參朱彝尊《明詩綜》卷二十七下所引。
〔註12〕清‧錢謙益著〈列朝詩集小傳〉。
〔註13〕九華，山名。在安徽省青陽縣西南，上有九峰，舊名九子山，唐李白以九峰
　　　　如蓮華削成，改曰九華山。陽明喜於此讀書登眺。見其詩可知。

（三）京師詩

弘治十八年，改除兵部主事，居京師而作。

（四）獄中詩

武宗正德元年，陽明以疏救言官戴銑，忤逆瑾，被執繫獄，於獄中感懷而作。

（五）赴謫詩

正德二年夏，陽明謫貴陽龍場驛丞，因避劉瑾之偵，附商舟以脫，竟飄流至閩界登岸。本思遠遁，恐禍及其親，乃冒萬死入炎荒，由錢塘尋富春江而下，道經江西、湖南，行吟途中。

（六）居夷詩

三年春抵龍場，至正德五年，往復三載。雖處蠻荒，堅貞不貳，猶以身作則，化導頑苗，久之，群心歸向，陽明德業亦進，人生境界更臻一乘，此一一反映於陽明居夷詩中。

（七）廬陵詩

正德五年，劉瑾以謀反伏誅，陽明奉赦召還，三月，遷廬陵知縣，乃盡展所長，教化風行。

（八）京師詩

正德六年，陽明入觀調北京吏部主事。七年，陞考功清吏司郎中，與黃綰、湛甘泉等居京師講聚年餘。

（九）歸越詩

正德七年十二月，陞南京太僕寺少卿，便道歸省，八年二月，與弟子徐愛等相偕遊四明、觀白水、登杖錫，有詩為誌。

（十）滁州詩

正德八年十月至滁州督馬政，滁州山水佳勝，陽明居半載，地僻官閑，日與門人遨遊瑯琊、瀼泉間，陽明隨處點化弟子，從遊日眾。

（十一）南都詩

九年四月，陽明陞南京鴻臚寺卿有作。

（十二）贛州詩

正德十一年，汀漳各郡有巨寇，尚書王瓊特舉陽明。九月，陞都察院左僉都御史，巡撫南贛、汀漳，前後二載，平之。詩多成於戎馬倥傯間。

（十三）江西詩

正德十四年，陽明居江西平宸濠之亂，尋陞副都御史巡按江西，處群小環攻之中，陽明雍容詩酒，以應時危，動心忍性，益增契悟，然吟詠間仍不免身世之感。

（十四）居越詩

正德十六年，陽明疏乞歸省祖塋，翌年（世宗嘉靖元年）二月，龍山公卒，陽明至是居越，凡六載未出。與學者門人講道，專提致良知三字，其學說已臻圓熟化境，故其應酬唱和之詩，亦多學理之闡發。

（十五）兩廣詩

嘉靖六年，復奉召起征廣西思田，九月，發越中、渡錢塘，過釣臺、西安、常山，經江西南昌，途中俱有詩，幾度重來之嘆也。次年七月，并八寨、斷藤峽而平之。陽明一生於光明俊偉中行，終勞而盡瘁於斯。

第二章　陽明思想蘊育之背景

第一節　時代環境

　　陽明先生才兼文武，學本誠明，然其一生，十九均處逆境中，士林之孤立，朝廷之排擠，使其經邦濟世之宏才與志略，時遭挫抑，寄意詩酒，感慨尤深。

一、士林方面

　　陽明嘗有詩曰：

> 舉世因酣睡，而誰偶獨醒，疾呼未能起，瞪目相怪驚，反謂醒者狂，群起環鬥爭。洙泗輟金鐸，濂洛傳微聲，誰鳴塗毒鼓，聞者皆昏冥。嗟爾欲奚爲，奔走皆營營，何當聞此鼓，開爾天聰明。（〈月夜詩〉二首之二）

反映陽明目睹當時學術界之心境。

　　明初科舉之風盛，學者多竊前人糟粕以爲博取功名之技，言理學者，多以朱子爲宗，朱子所定大學章句，以即物窮理爲格致功夫，得統治者之庇護與提攜，至明中葉，猶盛一時，然陽明嫌其分割增益，已失古人之真，而一般小人儒均挾性理大全一書作舉業之秘本，實不能得朱學真精神，黨同伐異，意氣相向，將聖賢事業視如兒戲，其敝至於委瑣鄙俗，言行相違，人心大壞。所謂「洙泗輟金鐸，濂洛傳微聲。」聖學漸晦漸泯，陽明內心慨然觸發革命之情，振臂疾呼，欲爲時代闢一新路，然舉世昏濁，皆目陽明立異好名，反群起圍攻，陽明有詩嘆曰：

淳氣日凋薄，鄒魯亡眞承，世儒唱臆說，愚瞽相因仍。晚途益淪
溺，手援吾不能。（〈登雲峰，二三子詠歌以從，欣然從謠〉二首其
一）

當時學風，陽明〈答顧東橋書〉言之甚詳：

三代之衰，王道熄而霸術倡，孔子既沒，聖學晦而邪說橫，教者不
復以此爲教，而學者不復以此爲學，世之儒者慨然悲傷，蒐獵先聖
王之典章法制，而掇拾修補於煨燼之餘，蓋其爲心，良亦欲以挽回
先王之道。聖學既遠，霸術之傳，積漬已深，雖在賢知，皆不免於
習染，其所以講明修飾，以求宣暢光復於世者，僅足以增霸者之藩
離，而聖學之門牆，遂不可復睹，於是乎有訓詁之學，而傳之以爲
名：有記誦之學，而言之以爲博：有詞章之學，而侈之以爲麗，若
是者紛紛籍籍，群起角立於天下，……世之學者，如入百戲之場，
謹讓跳踉，騁奇鬥巧，獻笑爭妍者，四面而競出，前瞻後盼，應接
不遑，而耳目眩瞀，精神恍惑，日夜邀遊，淹息其間，如病狂喪心
之人，莫自知其家業之所歸，時君世主，亦皆昏迷顚倒於其說，而
終身從事於無用之虛文，莫自知其所謂。聖人之學，日遠日晦，功
利之習，愈趨愈下，其間雖嘗瞀惑於佛老，而佛老之說，卒亦未能
有以勝其功利之心：雖又嘗折衷於群儒，而群儒之論，終亦未能有
以破其功利之見。蓋至於今，功利之毒，淪浹於人之心髓，而習以
成性，幾千年矣。相矜以知，相軋以勢，相爭以利，相高以技能，
相取以聲譽。……（《傳習錄》卷二）

聖人之道，既以蕪塞相仿相效，萬徑千蹊，遂亡所從，陽明因嘆曰：

聖路塞已久，千載無復尋，豈無群儒迹，蹊徑榛茆深。（〈鄭伯興謝
病還鹿門雪夜過別賦贈三首〉之一）

榛茆蔽路，積漸已深，陽明曰：

今夫天下之不治，由於世風之衰薄，由於學術之不明，由於無豪傑
之士爲之倡焉耳。（〈送別省吾林都憲〉）

今時友朋，所視以爲準的者，不過建功名炫耀一時，以駭愚夫俗子
之視聽。（〈寄張世文〉）

大抵忘己逐物，虛内事外，是近來學者時行症候。（〈寄楊樹德〉）

目睹俗儒之蔽於功利，惑於習見，陽明衷心激切，嘯然成詩，曰：

　　世人失其心，顧瞻多外慕，安宅舍弗居，狂馳驚奔騖。高言詆獨
　　善，文非遂巧智，瑣瑣功利儒，寧復知此意。(〈鄭伯興謝病還鹿
　　門，賦贈三首〉之三)

「高言詆獨善，文非遂巧智」其勢遂演爲「記誦之廣，適以長其傲；知識之
多，適以行其惡；聞見之博，適以肆其辯；辭章之富，適以飾其其僞。」(〈答
顧東橋書〉)至如講學之道，作聖之功，本心既失，何暇及之？陽明詩云：

　　世人趨逐但聲利，赴湯蹈火甘傾危。(〈江施二生與醫官陶埜冒雨登
　　山，人多笑之，戲作歌〉)

　　俯視氛寰成獨慨，卻憐人世尚多迷。(〈遊通天巖次鄒謙之韻〉)

　　末俗澆漓風益下，平生辛苦意難忘。(〈挽潘南山〉)

凡此俱見當時學風世俗之一般，陽明因期聖賢志業，故能洞察時弊，且耿耿
於心，若己陷溺之者，時圖力挽狂瀾，補偏救弊。其詩云：

　　洙泗流侵微，伊洛僅如線，後來三四公，瑕瑜未相掩。嗟予不量
　　力，跛鱉期致遠，屢興還屢仆，喘息幾不勉。……(〈陽明之南，其
　　友湛元明歌九章以贈，崔子鐘和之以五詩，於是陽明作八詠以答
　　之〉)

　　一自多岐分路塵，堂堂正道遂生榛；聊將膚淺窺前聖，敢謂心傳啓
　　後人。淮海帝圖須節制，雲雷大造看經綸；枉勞詩句裁風雅，欲借
　　盤銘問日新。(〈病中大司馬喬公有詩見懷次韻奉答〉二首之二)

惜乎陽明所取以救時之道，乃程明道、陸象山之「直承本心」，以象山之學簡
易直捷，陽明以此爲「瀹流尋源」之法，因與伊川、海菴入手處不同，遂又
遭程朱派學者之譏嘲，視如異端，群起詆責，辨難則函牘反覆「千餘言」(〈答
聶文蔚書〉)，攻擊則譏爲「病狂喪心」(同上)，陽明自述經歷曰：

　　此學不講久矣，鄙人之見，自謂於此頗有發明，而聞者往往詆以爲
　　異。(〈寄李道夫書〉)

　　今世致知格物之弊，亦居然可見矣，吾子謂務外遺內，博而寡要，
　　無乃亦是過歟，此學問最緊要處，於此而差，將無往而不差矣，此
　　鄙人之所以冒天下之非笑，忘其身之陷於罪戮，呶呶其言，其不容
　　己者也。(《傳習錄》卷二)

陽明所謂：「士生斯世，而欲以爲學者，不亦勞苦而繁難乎？不亦拘滯而險艱

乎！」蓋痛徹於心，有感而發也，陽明詩多抒此孤高之意，其云：

> 古人戒從惡，今人戒從善，從惡乃同污，從善翻滋怨。紛紛嫉媚
> 興，指謫相非訕，自非篤信士，依違多背面。寧知竟飄流，淪胥亦
> 污賤。（〈贈別黃宗賢〉）

> 道聽塗傳影響前，可憐絕學遂多年；正須閉口林間坐，莫道青山不
> 解言。（〈次樂子仁韻〉四首）

陽明豈肯依違從俗，與世浮沉？

> 四山落木正秋聲，獨上高峰望眼明；樹色遙連閩嶠碧，江流不盡楚
> 天清。雲中想見雙龍轉，風外時傳一笛橫；莫遣新愁添白髮，且呼
> 明月醉沉舸。（〈又次陳惟濬韻〉）

「獨」上「高」峰望眼「明」，陽明有〈登九華雲峰〉一詩，特立獨行之風，
溢於言表：

> 九華之峰九十九，此語相傳俗人口，俗人眼淺見皮膚，焉測其中之
> 所有。我登華頂拂雲霧，極目奇峰那有數？巨壑中藏萬玉林，大劍
> 長鎗攢武庫，有如智者深韜藏，復如淑女避讒妒。闇然避世不求知，
> 卑己尊人羞逞露，何人不道九華奇，奇中之奇人未知，我欲窮搜盡
> 拈出，秘藏恐是天所私。

俗人眼淺見皮膚，所爭者亦皮毛之短見也，聖學門牆，如巨壑中所藏之萬千
玉林，非上達於太華之頂，豈可窺其富奧哉？陽明雖不免孤高之嘆，猶奮起
羽翼，甘冒天下人之詆毒，以「天理在人心，終有不可或泯，良知之明，萬
古一日」，陽明以此自信自許，其學說乃應時而生焉。

二、政治環境

士風衰降，人心澆薄，即政治亦離常軌。

明自國初廢相，朝無重臣，至後世，權漸入於閹宦之手，成祖初起北
平，刺探宮中之事，多以建文帝左右為耳目，故即位後，乃選宦入內教習，
為立東廠，令嬖暱者提督之，緝訪謀逆、妖言、大奸惡等，與太祖以來，司
偵緝事務之錦衣衛均權。憲宗時，復別設西廠刺事，所領緹騎倍東廠，自京
師及天下，旁午偵事，雖王府不免，冤死者相屬，秕政相沿，國事日非。

武宗即位，宦官弄權，酷烈更甚，武宗寵用太監劉瑾、馬永成、谷大
用、高鳳、張永、羅祥、魏彬、邱聚八人，時稱「八虎」，尤以劉瑾掌司禮

監，權勢最大。馬永成、谷大用分掌東西廠，餘亦各據要津，日謀相結，引武宗嬉遊，武宗本好逸樂，自此擊球走馬，放鷹逐狗，無所不爲，復因錢寧之請，於禁內置豹房新寺，內設番僧及教坊司樂人，恣意淫樂，朝政悉付內監處之。劉瑾得勢，專以誅正士、塞言路爲務，另設內廠自領，以伺探外事，雖東西廠亦受其限，跋扈驕縱一時。其時諫官，交章論劾，請誅亂除暴，然皆置宮中不問，或爲劉瑾矯詔免職，或杖闕下獄以至死，大臣若劉建、謝遷、李東陽等皆致仕請辭。

陽明蒿目時勢，憤切之情，油然生焉，有詩敘意曰：

> 天池之水近無主，木魅山妖競偷取；公然又盜山頭雲，去向人間作
> 風雨。（〈夜宿天池，月下聞雷，次早知山下大雨〉三首之三）

朝廷無主，致奸邪竊權，猶之木魅山妖盜山頭之雲，興風作雨於人間。然武宗荒淫未止，迨瑾伏誅，復寵大同遊擊江彬等，令導之遠遊宣府，各地盜賊乘機蠭起，閩粵、贛南、湖廣，相繼構亂，宗室寧王宸濠反於南昌，幸賴陽明敉平，然兵連禍結，內亂外寇，終明之世，荼害滋甚，國力亦爲之耗虛。陽明中心惻然，憂國憂民，所發而成詩者，多至性之流露：

> 荊棘生滿道，出刺傷人肌；持刀忌觸手，睍視不敢揮。（〈艾草次胡
> 少參韻〉）

> 鴟梟據叢林，驅鳥恣博食；嗟爾獨何心，梟鳳如白黑。（〈鳳雛次韻
> 答胡少參〉）

> 風雪蔽曠野，百鳥凍不翻；孤鴻亦何事，噭噭遡寒雲。（〈送蔡希顏〉
> 三首之一）

> 群鳥喧北林，黃鵠獨南逝；北林豈無枝，羅弋苦難避。（「同前」之
> 三）

> 洗心眞已空千古，傾耳誰能辨九成；徒使清風傳律呂，人間瓦缶正
> 雷鳴。（〈秋聲〉）

所言「荊棘」、「鴟梟」、「風雪」、「羅弋」、「瓦缶」皆寓意其時竊柄弄權之逆閹群小，政治現象之難堪，無怪陽明深嘆曰：「人在仕途，如馬行淖田中，縱復馳逸，足起身陷，其在駕下，坐見淪沒耳。」（〈與陸元靜書〉）又曰：「仕途如爛泥，忽入其中，鮮曷復出。」（〈與黃宗賢書〉）

俱見陽明對時政苦悶情緒之抒發。處此時代背景之下，若希俗取容，苟

—15—

安圖存，或不至自苦如是，實則不然，陽明有詩云：

> 春王正月十七日，薄暮甚雨雷電風，捲我茆堂豈足念，傷茲歲事難
> 爲功。金縢秋日亦已異，魯史冬月將無同，老臣正憂元氣泄，中夜
> 起坐心忡忡。（〈次韻陸文順僉憲〉）

> 女媧煉石補天漏，璇璣晝夜無停走，自從墮卻玉衡星，至今七政迷
> 前後。渾儀晝夜徒揣摩，敬授人時亦何有，玉衡墮卻此湖中，眼前
> 誰是補天手。（〈遊落星寺〉）

中夜起坐心忡忡，非憂己無庇蔭，而雷電風雨，世事難爲故也，然陽明吟詩
非爲遣興、借酒澆愁而已，本其狂直忠義之性，豈能甘如脂韋，度其一生？
陽明因而飽歷風波，其遭際亦自不凡。

第二節　艱苦之遭遇

陽明顛躓於仕途，可分幾期述之：

一、因諫被謫

閹宦柄政，直士遇禍，君子道消，小人道長，陽明胸中義憤，觸機即發。
正德元年，陽明上〈乞宥言官去權姦以章聖德疏〉，慷慨陳言：

> 臣聞君仁則臣直，大舜之所以聖，以能隱惡而揚善也，臣邇者，竊
> 見陛下以南京戶科給事中大夫戴銑等上言時事，特敕錦衣衛差官校
> 拿解赴京，臣不知所言之當理與否，意其間必有觸冒忌諱，上干雷
> 霆之怒者，但以銑等職居諫司，以言爲責。其言而善，自宜嘉納施
> 行，如其未善，亦宜包容隱覆，以開忠讜之路，乃今赫然下令，遠
> 事拘囚，在陛下之心，不過少示懲創，使其日後不敢輕率妄有論
> 列，非果有意怒絕之也，下民無知，妄生疑懼，臣切惜之，今在廷
> 之臣，莫不以此舉爲非宜，然而莫敢爲陛下言者，豈其無憂國愛民
> 之心哉，懼陛下復以罪銑等者罪之，則非惟無補於國事，而徒足以
> 增陛下之過舉耳，然則自是而後，雖有上關宗社危疑不制之事，陛
> 下孰從而聞之。……伏願陛下追收前旨，使銑等仍舊供職，廓大公
> 無我之仁，明改過不吝之勇，聖德昭布遠邇，人民胥悅，豈不休
> 哉！……。

疏入，瑾得之，大怒曰：「乃謂我危宗社耶？」因票旨下訟獄，當廷受杖四

十，尋謫貴州龍場驛丞。

陽明居獄中，慨然成詩，其云：

> 有室如簹，周之崇墉，室如穴處，無秋無冬。耿彼屋漏，天光入之，瞻彼日月，何嗟及之。倏晦倏明，淒其以風，倏雨攸雪，當晝而蒙。夜何其矣，霏星靡粲，豈無白日，寤寐永歎。心之憂矣，匪家匪室，或其啓矣，殞予匪恤。氳氳其埃，日之光矣，淵淵其鼓，明既昌矣。朝既式矣，日既夕矣，悠悠我思，曷其極矣。（〈有室七章〉）

囚室如懸鼓之簹器，環以高牆，如居深穴，未見時序推移，雖有一線天光之入，卻遙不可及，日月或蔽於風雪，或蒙於氳氳塵埃，忽暗忽明，雖當白晝，猶蒙然不開，陽明寫囚居之景，實暗喻邪惡籠罩朝廷，悠悠長思，何其無極。其詩又云：

> 幽室不知年，夜長晝苦短，但見屋罅月，清光自虧滿，佳人宴清夜，繁絲激哀管。朱閣出浮雲，高歌正淒婉，寧知幽室婦，中夜獨愁歎。良人事遊俠，經歲去不返。來歸在何時，年華忽將晚，蕭條念宗祠，淚下長如霰。（〈屋罅月〉）

唐安祿山亂起，杜甫陷長安賊中，對月興懷思家，曾作〈月夜〉一詩，述其離情，曰：「今夜鄜州月，閨中只獨看，遙憐小兒女，未解憶長安。」望月憶人，不從己說，卻道「閨中只獨看」，寫妻子見月思己，意境迴旋，情意更切。陽明此詩亦然，借葉襯花，其所見月僅囚室罅隙照入者，因道怨婦之歎，而寫人情之難言，佳人盛宴，倚譜弦歌，豈知幽室囚婦，中夜愁歎，良人遠遊，歸無可期，陽明寓意之深，讀之令人淒惻。

獄中四月，朝斯夕斯，心非木石，能不寤寐而永歎焉？

及啓程赴謫，瑾猶遣人隨偵，將置之死地，陽明輾轉途次，幸附商船得脫，次年抵龍場。

清田蒙齋〔註1〕曰：「余嘗考昔人之不合於時而遷謫其官者，或投畀於蠻鄉，或竄流於海外，潮陽、儋耳比比然也，柳州、播州，皆非善地，而播州非人所居，尤瘴癘荒徼之甚者，若夫黔，接壤於柳；播之版圖，則半隸於黔。明二百七十餘年前後，以謫官來茲土者，有王文成、鄒忠介兩先生。」

〔註1〕 清朝，田雯，字蒙齋，撰《黔書》四卷，記黔省苗蠻種類部落及草木山川人材土物風俗等。

按播州故治，即今貴州遵義縣，地近龍場，明代謫於黔者，以陽明爲第一人。

墨憨齋〔註 2〕亦謂：「龍場地在貴州之西北，宣慰使所屬萬山叢棘中，蛇虺成堆，魍魎晝見，瘴癘蠱毒，苦不可言，夷人語言，又皆鴂舌難辨，居無宮室，惟累土爲窟，寢息其中而已。」〔註3〕

陽明蘊其所有，不得施於世，乃樂於詩而發之。

〈去婦嘆〉五首，序其旨曰：「楚人有間於新娶而去其婦者，婦無所歸去，之山間獨居，懷絭不忘，終無他適，予聞其事而悲之，爲作去婦嘆。」在君爲羈臣，比之在夫爲去婦，何以異乎？其詩云：

> 委身奉箕帚，中道成棄捐，蒼蠅間白璧，君心亦何愆。獨嗟貧家女，素質難爲妍，命薄良自喟，敢忘君子賢。春華不再艷，頹魄無重圓，新歡莫終恃，令儀慎周還。（其一）

> 依違出門去，欲行復遲遲，鄰嫗盡出別，強語含辛悲，陋質容有繆，放逐理則宜。（其二）

> 去矣勿復道，已去還躊躇，雞鳴尚聞響，犬戀猶相隨，感此摧肝肺，淚下不可揮，岡回行漸遠，日落群鳥飛，群鳥各有托，孤妾去何之。（其四）

> 空谷多淒風，樹木何蕭森，浣衣澗冰合，採苓山雪深。離居寄巖穴，憂思托鳴琴，朝彈別鶴操，暮彈孤鴻吟。彈苦思彌切，巑岏隔雲岑，君聰聖明哲，何因聞此音。（其五）

陽明託棄婦之名，寫遷謫之情，其鬱鬱憂思，亦見於〈採薪〉一詩：

> 倚擔青厓際，歷斧厓下石，持斧起環顧，長松百餘尺。徘徊不忍揮，俯略澗邊棘，同行笑吾餒，爾斧安用歷，快意豈不能，物材各有適，可以相天子，眾稗詎足識。

陽明因惜松柏美質，不忍加之以斧斤，彼眾稚俗子豈識良材之有大用哉？所謂：「陋賢容有繆，放逐理則宜」，而今以納忠見逐，其情何以堪？〈鳳雛次韻答胡少參〉詩曰：

> 鳳雛生高厓，風雨摧其翼，養疴深林中，百鳥驚辟易。虞人視爲

〔註 2〕即清朝馮夢龍。
〔註 3〕見馮著《王陽明先生出身靖難錄》。

妖，舉網爭彈弋，此本王者瑞，惜哉誰能識。

鸚鵡生隴西，群飛恣鳴遊，何意虞羅及，充貢來中州，金鑠糜華屋，雲泉樹林丘，能言實階禍，吞聲亦何求。主人有隱寇，竊發聞其謀，感君惠養德，一語思所酬，懼君不見察，殺身反爲尤。（〈鸚鵡和胡韻〉）

低垂猶憶隴西飛，金鎖長羈念力微，祇爲能言離土遠，可憐折翼嘆群稀，春林羞比黃鸝巧，晴渚思忘白鳥機，千古正平名正賦，風塵誰與惜毛衣。

周易孔子曰：「亂之所生也，則言語以爲階，君不密則失臣，臣不密則失身。」（《周易・繫辭上》）三國彌正平（衡）爲鸚鵡賦，有曰：「嗟祿命之衰薄，奚遭時之險巇，豈言語以亂階，將不密以致危。」（見《昭明文選》）

　　陽明廓然大志，不屈以求合，乃以直言罹禍，中道折翼，如鸚鵡然，徒嘆直道之難容，「憂時漫有孤忠在」耳。

二、以功受謗

　　正德十四年，宸濠逆發，時江西兩司倀首從賊，遠邇震駭，宗親懾憂，陽明因勘事福建，道由江西，至豐城，聞禍變倏起，事勢幾會，間不容髮，乃趨吉安，倡義統眾，設奇運謀，不旬月而賊破，陽明定亂拯危之功偉矣。然陽明方上捷疏，將解俘赴闕，詎料，嫉譖百來，讒搆朋興。內監張忠、許泰等先欲攘陽明之功以爲己有，因勸上親征，議縱濠鄱湖，俟武宗親與遇戰，而後奏凱論功。

　　陽明嘗於事變之初，進疏略曰：「陛下在位一十四年，屢經變難，民心騷動，尚爾巡遊不已，致使宗室謀動干戈，翼竊大寶，且今天下之覬覦，豈特一寧王，天下之奸雄，豈特在宗室，言念即此，懍骨寒心，……伏望皇上痛自克責，易轍改絃，罷出奸諛，以回天下豪傑之心，絕迹巡遊，以杜天下奸雄之望，則太平尚有可圖，群臣不勝幸甚。」（〈奏聞宸濠僞造檄榜疏〉）

　　然武宗沈淪淫佚，復惑群小嘵嘵之口，終假親征之名，作南遊之實，陽明上疏力諫，豈以己功賞之有無爲輕重哉，蓋時事方艱，賊雖擒而亂未止，恐致意外之虞，復導生民之害耳。孟子嘗曰：「人之有德慧術智者，恒存乎疢疾，獨孤臣孽子，其操心也危，其慮患也深。」（《孟子・盡心篇上》），今讀陽明之詩，確知聖人心體之同然。陽明〈書草萍驛〉二詩，曰：

一戰功成未足奇，親征消息尚堪危，邊烽西北方傳警，民力東南已盡疲。萬里秋風嘶甲馬，千山斜日度旌旗。小臣何爾驅馳急，欲請回鑾罷六師。（其一）

陽明於是年九月擬北上獻俘，張忠、許泰遣人止之，及聞王師已及徐淮，人情洶洶，陽明遂乘夜速發，披星於途。有詩云：

千里風塵一劍當，萬山秋色送歸航，堂垂雙白虛頻疏，門已三過有底忙。羽檄西來秋黯黯，關河北望夜蒼蒼。自嗟力盡螳螂臂，此日回天在廟堂。（其二）

武宗環側姦邪，陽明自識回天乏力，既抵杭，因以宸濠付張永（陽明曾頌其賢），自謝病西湖。有詩曰：

常苦人間不盡愁，每拚須是入山休。若爲此夜山中宿，猶自中宵煎百憂。百戰西江方底定，六飛南甸尚淹留。何人真有回天力，諸老能無取日謀。（〈宿淨寺〉之三）

〈舟夜〉一詩，嘆道：

隨處看山一葉舟，夜深霜月亦兼愁，翠華此際遊何地，畫角中宵起戍樓。甲馬尚屯淮海北，旌旗初散楚江頭。江濤滾滾乘風勢，容易開帆不易收。

陽明並於新春，借風雨雲霧爲題，抒其感懷。

元日昏昏霧塞空，出門咫尺誤西東。人多失足投坑塹，我亦停車泣路窮。欲斬蚩尤開白日，還排閶闔拜重瞳。小臣謾有澄清志，安得扶搖萬里風。（〈元日霧〉）

昨朝陰霧埋元日，向曉寒雲送雨聲。莫道人爲無感召，從來天意亦分明。安危他日須周勃，痛哭當年笑賈生。坐對殘燈愁徹夜，靜聽晨鼓報新晴。（〈二日雨〉）

一霧二雨三日風，田家卜歲疑凶豐。我心惟願兵甲解，天意豈必斯民窮。虎旅歸思懷舊侶，鑾輿消息望還宮。春盤濁酒聊自慰，無使戚戚干吾哀。（〈三日風〉）

陽明初秉一念忠憤，以國臨巨變，「臣子之義，不容舍之而去，乃忍死暫留，爲牽制攻討之圖」（〈乞便道省葬疏〉）。以一肩而分聖明南顧之憂，不意鑾輿親駕，一駐經年。〔註4〕

〔註4〕武宗自正德十四年七月南巡，至翌年十二月始北旋返駕。

陽明既以濠付永，許泰等以不遂冒功之私而銜怨，乃構爲蜚語，其揚諸人者，大抵有二：

一曰，陽明始與寧府交通，後知事不可爲，乃因人之力，從而翦之。

二曰，寧府財寶山積，陽明率兵入宮，悉取以歸。〔註5〕

其初爲宸濠內應，若錢寧輩者，以賣國之計未遂，欲隱其私，乃相與唱和；朝中大臣若楊廷和者（時爲大學士），亦忌陽明之才，欲黜其善名，而不與辯白，遂令陽明以厥偉之功，蒙不白之冤，眾口嗷嗷，至形諸章奏，播諸遠近，平生橫逆，莫甚乎此。

陽明處此情境，嘗自思謂：「以一身蒙謗，死即死耳，如老親何？」復謂門人曰：「此時若有一孔，可以竊父而逃，吾亦終身長往不悔矣！」因作詩曰：

正逢兵亂地，況是歲窮時，天運終無息，人心本自危。憂疑紛并集，筋力頓成衰。千載商山隱，悠然獲我思。（〈除夕伍汝眞用待隱園韻，即席次答〉。）

忠、泰等爲泄其憤，復百計搜尋羅織，無所不至，或於南昌縱北軍犯之〔註6〕，或於南都讒其必反〔註7〕，陽明遭此非常之構陷，猶能守身如常，不爲所動，忠、泰等索釁不得，遂遷怒於其門人冀元亨，以守仁曾遣冀元亨往見宸濠也〔註8〕。乃逮之下獄，備受考掠，無片言阿順，陽明雖力白其冤，終卒於獄。陽明爲位哭之慟。

陽明不嘗爲己而發一言之辯，詩中則多流露其坦然心迹：

莫怪鄉思日夜深，干戈衰病兩相侵。孤腸自信終如鐵，眾口從教盡鑠金。碧水丹山曾舊約，青天白日是知心。茅茨歲晚饒風景，雲滿清溪雪滿岑。（〈用韻答伍汝眞〉）

〔註5〕見《世德紀》，敬齋蔡文所撰〈平寧藩事略〉。

〔註6〕陽明本稱病西湖，欲堅臥不出，旋奉敕兼江西巡撫，返南昌，適張忠等挾宸濠搜羅百出，縱北軍肆坐謾罵，或故衝道起釁，陽明皆不爲所動，反待之以禮，遂令北軍久而咸服。事載年譜。

〔註7〕正德十五年，陽明返江西兼巡撫，張忠，許泰班師，於南都讒其必反，幸賴張永之助，極力保全，倖免。

〔註8〕宸濠逆謀不軌，飾詐要名，曾預爲安排，攬結名士，禮賢求學，以張聲譽。冀元亨從守仁學，守仁後延之以教子，其人忠信廉潔，陽明因察宸濠之謀，使其往見之，企得因事納規，開陳大義，沮濠邪謀，然相語不合，濠不懌，立與絕，並圖加害之，幸得陽明促其由間道歸。此事竟落歹人之口實。陽明有〈咨六部伸理冀元亨〉可參。

並有〈勸酒〉一詩,自謂:

> 平生忠赤有天知,便欲欺人肯自欺。毛髮暗從愁裡改,世情明向笑
> 中危。春風脈脈回枯草,殘雪依依戀舊枝。謾對芳樽辭酩酊,機關
> 識破已多時。

陽明心迹昭然,若青天白日,自信「孤忠天地知」,雖謗議叢生,百憂紛集,致令眾口鑠金,然自反而縮,亦無所憾矣。

武宗自正德十四年秋七月,自將出巡,翌年七月,陽明重上江西捷音疏,節略前奏而納諸嬖倖之名於疏內,群黨始議北旋,十二月甲午,還京師。

然陽明功高望重,觸忌當道,竭盡艱貞,僅獲身免。正德十六年三月,武宗崩,世宗嗣立,敕旨召用,令陽明啓程,毋或稽遲,輔臣楊廷和假國哀未畢不宜行宴賞之名,遂阻陽明於錢塘。及論功,封陽明為新建伯,宰輔欲抑陽明之進,復將紀功冊改造刪削。明年嘉靖改元,陽明丁父憂,四方來遊其門從學者日眾,科道官承宰輔意,劾公僞學。服闋,例應起復,竟六載不召。

嘉靖六年,廣西岑猛倡亂,黃綰曾上疏力稱陽明才德堪任輔弼,輔臣妒其軋己,陰肆排擠,因薦陽明督師兩廣,促其上道,陽明抱病蒞任,不待七旬,以片言撫諭而思田頑民稽首來伏,陽明乃因時仗義,趁勝討平八寨、斷藤梗化之賊,犲窟虎穴,一舉蕩平。詔命初不及此,事成始具表以聞。議者或曰:「所奉命,撫剿田州思恩也。乃不剿田州,則亦已矣,遂剿八寨可乎?」夫大夫出疆,有可以安國家利社稷,專之可也,所謂「逆命利君謂之忠」(〈說苑〉),況陽明得有便宜從事之旨乎!陽明既卒,桂萼力奏其擅離職守,并進密帖以譖,謂守仁事不師古,言不稱師,立異以為高云云,遂令爵廕贈諡,諸典不行,且下詔禁其僞學」。

陽明致身竭忠,以江西之功而論,以兩廣之迹尋之,俱無可議焉,然以忠受禍,一屈於龍場,再挫於江西,三黜於兩廣,以死勤事,人猶執以論罪,冤亦甚矣。

第三節　交　遊

懷友憶舊之吟詠,陽明詩中不勝枚舉,字裡行間充分流露其對友朋之眷慕,如云:

> 花間望眼欲終朝,何事諸君迹尚遙,自處豈宜同俗駕,相期不獨醉

春瓢，忘形爾我雖多缺，義重師生可待招，自是清遊須秉燭，莫將風雨負良宵。(〈待友不至〉)

一日復一日，去子日以遠，惠我金石言，沉鬱未能展，人生各有際，道誼尤所眷，嘗嗤兒女悲，憂來仍不免，緬懷滄州期，聊以慰遲晚。(〈一日〉)

夢與故人語，語我以相思，纔爲旬日別，宛若三秋期，令弟坐我側，屈指如有爲，須臾湛君至，崔子行相隨，肴醑旋羅列，語笑如平時，縱言及微奧，會意忘其辭，覺來復何有，起坐空嗟咨。(〈夢與抑之昆季語〉)

歲宴鄉思切，客久親舊疏，臥病閉空院，忽來故人車，入門辨眉宇，喜定還驚吁。(〈贈黃太守澍〉)

懷我二三友，伐木增離憂，何當此來聚，道誼日相求。(〈涉湘于邁，嶽麓是遵，仰止先哲，因懷友生，麗澤興感，伐木寄言〉，二首之二)

從知歸路多相憶，伐木山山春鳥鳴。(〈送蔡希顏一〉)

新詩勞寄我，不愧鳥鳴篇。(〈寄徐掌教〉)

《詩經‧小雅‧伐木》：「伐木丁丁，鳥鳴嚶嚶，出自幽谷，移于喬木，嚶其鳴矣，求其友聲。相彼鳥矣，猶求友聲，矧伊人矣，不求友生？」〈毛詩序〉曰：「伐木，燕朋友故舊也，自天子至於庶人，未有不須友以成者也。」陽明引〈伐木〉之詩，寫其內心悅慕之意，理學家非世俗所謂「不近人情」者也。

然交友之道，古已有之，陽明嘗有「世衰俗降」之歎(〈與黃宗賢書〉)，於友尤重慎擇，嘗曰：「君子之所謹者，交接之道也，夫君子與人交接，必有其道矣，於此而不謹者，烏能以無失哉？」(《文錄》卷一)故其所交而從游者，非學問道義之相資，則朝廷、邊徼之務是謀，多當時清介自守之儒士，陽明有〈客坐私祝〉一文，以明其言，曰：

但願溫恭直諒之友，來此講學論道，示以孝友謙和之行，德業相勸，過失相規，以教訓我子弟，使毋陷於非僻；不願狂憸惰慢之徒，來此博奕飲酒，長傲飾非，導以驕奢淫蕩之事，誘以貪財黷貨

之謀，冥頑無恥，煽惑鼓動，以益我子弟之不肖。嗚呼！由前之
說，是謂良士；由後之說，是謂凶人，我弟子苟遠良士而近凶人，
是謂逆子。〔註9〕

《孝經‧諫爭章》有言：「士有爭友，則身不離於令名。」爭友者，陽明所謂
「德業相勸，過失相規」者也，「務在誘掖獎勸，砥礪切磋，使道德仁義之習，
日親日近」〔註10〕，其「或以藝同，或以事合，循名逐勢，非吾所謂輔仁之
友矣。」（〈答儲柴墟書〉）又曰：

> 學問之益，莫大於朋友切磋。（〈與朱守忠書〉）

> 君子之學，非有同志之友，日相規切，則亦易以悠悠度日，而無有
> 乎激勵警發之意。（〈與陳國英書〉）

> 世俗朋友，易生嫌隙，以爲彼蓋苟合於外，非有性分之契。（〈與黃
> 宗賢書五〉）

此皆陽明論交之道，今觀陽明與友贈答唱和之詩，或相勉以道義，或相期以
德業，知其能致之而成也。

〈滁場別諸友〉一詩，序曰：「滁場諸友從遊，送予至烏衣，不能別，及
暮，王性甫汝德諸友送至江浦，必留居俟予渡江，因書此促之歸，並寄諸賢，
庶幾共進此學，以慰離索耳。」詩云：

> 滁之水，入江流，江潮日復來滁州，相思若潮水，來往何時休。空
> 相思，亦何益，欲慰相思情，不如崇令德，掘地見泉水，隨處無弗
> 得。……

先敘相思之情，如江潮流水，綿綿無盡，次以崇令德相勉相慰。〈贈陳宗魯〉
詩曰：

> 學文須學古，脫俗去陳言，譬若千丈木，勿爲藤蔓纏。又如崑崙
> 派，一瀉成大川，人言古今異，此語皆虛傳。吾苟得其意，今古何
> 異焉。子才良可進，望汝師聖賢，學文乃餘事，聊云子所偏。

陳沂，字宗魯，爲當時金陵三俊之一〔註11〕，好蘇軾詩，中歲乃宗盛唐，爲
文出入史漢，陽明因其學有過偏，乃勉以聖賢德業。

〔註9〕嘉靖丁亥八月，陽明將往征思田，臨行書此以戒弟子。

〔註10〕陽明〈書中天閣勉諸生〉（乙酉）所言：「道德仁義之習日親日近，則世利紛
　　　　華之染，亦日遠日疏」。

〔註11〕金陵三俊爲陳沂、顧璘與王韋。

其時朝中直士，若林見素、儲柴墟、汪抑之、喬白巖、方獻夫、蔡宗袞……等，皆與相善，有年長於陽明，或勢位居陽明之上者，咸樂與從遊，或進而執贄事以師禮，試見陽明〈答儲柴墟〉一詩，其辭曰：

> 柴墟吾所愛，春陽溢鬢眉，白巖吾所愛，慎默長如愚。二君廊廟器，我亦山泉姿，度量較齒德，長者皆吾師，置我吾人末，庶亦忘崇卑，迢迢萬里別，心事兩不疑，北風送南雁，慰我長相思。（〈憶昔答喬白巖因寄儲柴墟〉）

柴墟與白巖皆長陽明十餘歲〔註12〕，淳行清修，介然自守，陽明以為有宰相之器，論年齒，論德行，皆可師法，然相從甚樂，庶幾忘彼我之崇卑。〈儲柴墟曾與黃綰書〉曰：「近日士夫，如王君伯安，趨向正，造詣深，不專文字之學，足下肯出與之遊，麗澤之益，未必不多。」黃綰因慕而趨見（見黃撰《陽明先生行狀》）。所謂麗澤者，易兌卦：「麗澤兌，君子以朋友講習」注：「兩澤相麗，互相滋益，朋友講習，其象如此。」陽明詩所謂「麗澤相邀嬉」即以學會友，以友輔道之謂也。

陽明〈答柴墟〉書中，言及此意，曰：「夫友也者，以道也，以德也，天下莫大於道，莫貴於德，道德之所在，齒與位不得而干焉，僕於某之謂矣。彼其無道與德而徒有其貴與齒也，則亦貴齒之而已，然若此者，與之見亦寡矣。」（〈答儲柴墟一〉）又曰：「若其德器之夙成，識見之超詣者，雖生於吾後數十年，其大者吾師，次者吾友也，得以齒序言之哉？」（〈答儲柴墟二〉）

陽明有詩曰：「不見宴遊交，徵逐胥以淪。」（〈陽明子之南〉）曰：「會晤得良友，可以寄心腑。」（〈遊牛首山〉），蓋道義相契者之謂歟？

其勢位居陽明之上猶執弟子禮者，如方獻夫。年譜載獻夫時為吏部郎中，而陽明方調吏部清史司主事，其位在陽明上，比聞論學，深自感悔，遂執贄事以師禮。

年長於陽明而稱門人者，以董澐為著。董澐，學者稱蘿石先生，本以詩名聞於江湖。嘉靖三年，年六十八，遊會稽，聞陽明講學山中，以杖肩瓢笠詩卷來訪，陽明異其氣貌，甚禮敬之，與語連日夜，蘿石歎陽明良知之學，如大夢方覺，因欲拜陽明為師，陽明以為不可，蘿石再三請，始得委贄，相與徜徉山水間，日有所悟，樂不思歸，詩友非笑，欲招之歸，蘿石曰：「吾從

〔註12〕柴墟，明儲巏之號，泰州人。白巖，喬宇之號。二子皆英宗天順元年生，長陽明十五歲。

吾之所好爾。」因自號「從吾道人」。陽明有與相和之詩,試見其一二:

> 君家只在海西隈,日日寒潮去復迴,莫遣扁舟成久別,爐峰秋月望君來。(〈書扇贈從吾〉)

> 莫厭西樓坐夜深,幾人今夕此登臨,白頭未是形容老,赤子依然混沌心,隔水鳴榔聞過棹,映牕殘月見疎林,看君已得忘言意,不是當年只苦吟。(〈天泉樓夜坐和蘿石韻〉)

莊子曰:「魚相造乎水,人相造乎道,故魚相忘於江湖,人相忘於道術。」(〈大宗師〉)誠此之謂也。

然以道誼相契,於成學歷程中,予陽明影響至大者,仍推增城湛若水。

若水字元明,號甘泉,少從陳獻章﹝註13﹞遊,生平所至必建書院以祀獻章。其年長陽明六歲,弘治十八年登進士,授翰林編修,始遇陽明於京師,相與講學,後雖各標宗旨,陽明以「致良知」為宗,甘泉以「隨處體認天理」為宗,於學術上有所論辯,然二人一生私交甚篤,陽明於甘泉推崇備至,甘泉之於陽明,於其生前歿後,亦均敬愛有加,不似其後兩派(江門與姚江)弟子之呶呶爭勝,刺刺相詆,實大違師道之精神也。

陽明曾有感言曰:「人在仕途,比之退處山林時,其功夫之難十倍,非得良友時時警發砥礪,則其平日之所志向,鮮有不潛移默奪,弛然日就於頹靡者。」(〈與黃宗賢書〉)

年譜載陽明自幼即篤志聖學,曾遍求師友於天下而不數遇,心持惶惑,因時有陷溺,忽涉辭章,忽談養生,比及入仕講學,復遭時俗之人非詆訕笑,故其後於京師會甘泉子,由相談而相敬相惜,「一見定交,共明聖學」,殆非偶然也。

陽明有自述其學程之經歷,曰:「某幼不問學,陷溺於邪僻者二十年,而始究心於釋老。賴天之靈,因有所覺,始乃沿周程之學求之,而若有得焉,顧一二同志之外莫予翼也,岌岌乎仆而後興。晚得友於甘泉湛子,而後吾之志益堅,毅然若不可遏,則予資於甘泉多矣。」(〈別湛甘泉序〉)

甘泉後追述二人之相遇經過,亦云:「(陽明)會甘泉子於京師,語人曰:

﹝註13﹞陳獻章,明廣東新會人,字公甫,居白沙里,學者稱白沙先生,正統舉人,初遊吳與弼門,及歸,絕意科舉,築陽春台,靜坐其中,苦學數年,再出遊太學,名動京師。其學以靜為主,教學者端坐其中,養出端倪來,論者謂有鳶飛魚躍之樂。著有白沙集。湛甘泉為其得意弟子。(見《明史》)

『守仁從宦三十年，未見此人。』甘泉子語人亦曰：『若水泛觀於四方，未見此人。』遂相與定交。」（〈陽明先生墓誌銘〉）

　　陽明先生將赴謫之南也，甘泉曾歌詩九章以贈，陽明作八詠以答之，今取其一二以見二子之交誼。

　　　〈甘泉〉第九章云：

　　　　天地我一體，宇宙本同家，與君心已通，別離何怨嗟，浮雲去不停，遊子路轉賒，願言崇明德，浩浩同無涯。

陽明八詠，其三有曰：

　　　　道逢同心人，秉節倡予敢，力爭毫釐間，萬里或可勉，風波忽相失，言之淚徒沄。

其七歌曰：

　　　　惜與美人別，贈我青琅函，受之不敢發，焚香始開椷。諷誦意彌遠，期我濂洛間，道遠恐莫致，庶幾終不慚。

至於二子學說之異同，二人亦各有言，陽明曰：

　　　　「隨處體認天理」是真實不誑語，鄙說初亦如是，及根究老兄命意發端處，卻似有毫釐未協，然亦終當殊途同歸也。（〈答甘泉，辛巳年〉）

　　　　近幸得同志如甘泉，如吾兄者，相與切磋講求，類有端緒，……「致知」、「格物」，甘泉之說，與僕尚微有異，然不害其為大同。（〈答方叔賢〉）

　　　　老兄造詣之深，涵養之久，僕何敢望，至其向往直前，以求必得乎此之志，則有不約而契，不求而合者，其間所見，時或不能無小異，然吾兄既不屑屑於僕，而僕亦不汲汲於兄者，正以志向既同，如兩人同適京都，雖所由之途，間有迂直，知其異日之歸終同耳。（〈答甘泉，己卯〉）

其中所言之「志」，即聖賢之志業也，亦即陽明所謂：「吾與甘泉友，意之所在，不言而會；論之所及，不約而同；期於斯道，斃而後已者。」

　　甘泉子則曰：「講學一宗程氏（明道）『仁者渾然與天地萬物同體』之指，故陽明公初主『格物』之說，後主『良知』之說，甘泉子一主『隨處體認天理』之說，然皆聖賢宗旨也，而人或舍其精義，各滯執於彼此言語，蓋失之矣。故甘泉子嘗為之語曰：『良知必用天理，天理莫非良知』，以言其交用則

同也。」(〈陽明先生墓誌銘〉)

此言出於二子之口,足見聖人心體廓然大公,絕非彼挾勝心私見者所能望其項背。

陽明又嘗爲甘泉辯曰:「甘泉之學,務求自得者也,世未之能知;其知者,且疑其爲禪,吾猶未得而見,而況其所志卓爾若此,則如甘泉者,非聖人之徒歟?夫多言不足以病甘泉,與甘泉之不爲多病也,吾信之。」(〈別湛甘泉〉)

或疑湛子之賢,陽明曰:「烏足以疑湛子矣?夫湛子,純孝人也,事親以老於畎畝,其志也;其出而仕,母之命也;其迎之也,母欲之也;既歸而復往,母泣而強之也,是能無從乎?無大拂於義,將東西南北之惟命,彼湛子者,亦豈以人之譽毀於外者,以易其愛親之誠乎?」(〈湛賢母陳太儒人墓碑〉)

《禮記‧儒行篇》有言:「儒有合志同方,營道同術,並立則樂,相下不厭,久不相見,聞流言不信,其本立方義,同而進,不同而退,其交友有如此者。」是人之相知,貴相知心也,若陽明與甘泉之道誼,誠無愧矣!陽明與甘泉詩有曰:「但使心無間,萬里如相親」,一言足矣。

陽明歿後,謗興爵削,如薏苡之謗〔註14〕,亦端賴諸友如黃綰、霍韜等持平力爭。甘泉除爲撰墓誌銘外,其後二十年,復以八三高齡,親撰〈京山祠堂記〉一文以悼念陽明。文中已不辯內外輕重之異,但表知行合一之同,且不憚閑衛陽明之學說,推崇其爲「豪傑」、「聖人」,以保全其令名,誠所謂「一死一生,交情乃見」。陽明及甘泉相交之誠摯與二子器度之寬宏,胸襟之博大,足垂範萬世,真「君子儒」也。

陽明常言「自得」二字,與甘泉曰:「夫求以自得,而後可與之言學聖人之道。」〈與楊仕鳴〉書曰:「可見學貴乎自得也,古之人謂得意忘言,學苟自得,何以言爲乎?」後之論陽明學術來源者,或謂「多由甘泉啓發」〔註15〕,或曰「很受白沙影響」〔註16〕。白沙之學,揭櫫以「自然」爲宗,由「自然」歸於「自得」。陽明「自得」之說,果由甘泉間接得自於白沙乎?

〔註14〕 「薏苡之謗」,東漢馬援之事,援爲交阯太守出。以薏苡可治瘴氣,遂取一車將還,時人以爲南士珍怪,因而流謗。鄺露《赤雅》一書,即以陽明之遇,比之馬援所受謗。
〔註15〕 清初屈大均語。見其《陳文恭集序》文中。
〔註16〕 梁啓超《論儒家哲學》一文中。

謂其有取於甘泉或可，若謂陽明學說源於白沙、甘泉，則大有疑焉。至如藉此而攻陽明，論是非，如甘泉弟子唐伯元〔註17〕者，觀乎君子道義之交，則可知其所辯稱，實無謂之甚也。

　　陽明與諸友論學唱和之詩中，予甘泉者獨多，如〈武陵潮音閣懷元明〉、〈夜泊江思湖憶元明〉、〈南遊〉之期等等〔註18〕，今舉〈別湛甘泉〉一詩以作結。（甘泉奉使安南）

　　　　我心憂以傷，君去阻且長，一別豈得已，母老思所將，奉命危難際，流俗反猜量，黃鵠萬里逝，豈伊爲稻粱，楝火及毛羽，燕雀猶棲堂，跳梁多不測，君行戒前途，達命諒何滯，將母能忘虞，安居尤窘攘，關路非歧嶇，令德崇易簡，可以知險阻，結茆湖水陰，幽期終不忘，伊爾得相就，我心亦何傷，世艱變倏忽，人命非可常，斯文天未墜，別短會日長，南寺春月夜，風泉閒竹房，逢僧或停橈，先掃白雲床。（〈別「甘泉」〉二首其二）

〔註17〕唐伯元，字曙臺，爲甘泉再傳弟子，先宗王學，後宗「江門」，反王至力。謂「守仁之學，實從湛若水而興。若水，獻章之徒也，所謂『良知』，豈能出獻章造悟之內，而生平論著滿車，曾不掛口獻章一語。」
　　　　陽明於〈湛賢母陳太孺墓碑〉、〈謹齋說〉二文及〈贈陳東川〉一詩，均提及白沙之名，尊其爲聖賢也。
〔註18〕陽明與甘泉詩有：〈八詠〉、〈南遊〉三首、〈武陵潮音閣懷元明〉、〈夜泊江思湖憶元明〉、〈別湛甘泉〉二首、〈題甘泉居〉等。

第三章　陽明精神人格之表現

前述陽明以忠受禍，顛躓於仕途，一黜於龍場，復屈於江西，所承冤辱亦甚矣，人所不能堪者，陽明皆泰然以處之，且能將其日常所學，印證於「實」行中，以為行道之資，陽明曰：

> 居常無所見，惟當利害、經變故、遭屈辱，平時憤怒者，到此能不憤怒，憂惶失措者，到此能不憂惶失措，始是能有得力處，亦便是用力處。（〈與王純甫書〉）

> 君子之學，務求在己而已，毀譽榮辱之來，非獨不以動其心，且資以為切磋砥礪之地，故君子無入而不自得，正以其無入而非學也，若夫聞譽而喜，聞毀而戚，則將惶惶於外，惟日之不足矣，何以為君子。（〈答友人問〉）

陽明既知用力乎求己，卒能動心忍性，易所謂「時困而德辨（〈繫辭下〉），身退而道亨」，於陽明見之矣。

第一節　蹇以反身　困以遂志

「蹇以反身，困以遂志」八字，為陽明居謫之際，〈贈劉侍御〉詩小序中所言者，詩云：

> 相送溪橋未隔年，相逢又過小春天。憂時敢負君臣義，念別羞為兒女憐。道自深沉寧有定，心存氣節不無偏。知君已得虛舟意，隨處風波只晏然。

「蹇者，難也。險在前也，見險而能止，知矣哉！君子以反身修德」（〈易蹇

卦象辭、象辭〉）,「困,剛揜也,險以說,困而不失其所亨,其惟君子乎?澤無水,困,君子以致命遂志。」（〈易困卦象辭、象辭〉）

　　陽明引易經之語,以勉友人,以爲「今日患難,正閣下受用處也。」（見序）,道之行否,或深或沉,亦有時運,然忠義者心存氣節,持志不二,雖似拘滯偏執,實爲守「中」,不因衰世而轉移,亦不隨世而俯仰浮沉,莊子所謂:「方舟濟於河,有虛船來觸舟,雖有褊心之人不怒。」（〈山木篇〉）其於一切橫逆之加,均視之如「虛舟」,故能晏然而安,天君泰然。

　　陽明處事變之際,能持志如一,此與其喜讀易經有關,陽明詩言之甚多:

　　　燈窗玩古易,欣然獲我情。（〈雜詩〉之三）

　　　何當衡廬間,相攜玩羲易。（〈夢與抑之昆季語,湛崔皆在焉,覺而有感,因寄以詩〉三首之二）

　　　憶昔與君約,玩易探玄微。（〈寄儲柴墟〉三首之一）

　　　請君靜後看羲畫,曾有陳篇一字否。（〈別方叔賢〉）

　　　誰能視死如輕塵,燭微先幾炳易道。（〈紀夢〉）

　　　詩妙盡從言外得,易微誰見畫前眞。（〈寄潘南山〉）

并有〈讀易〉一詩,寫於獄中,詩曰:

　　　囚居亦何事,省愆懼安飽;瞑坐玩羲易,洗心具微奧;乃知先天翁,畫畫有至教。包蒙戒爲寇,童牯事宜早。褰褰匪爲節,虩虩未違道。遯四獲我心,蠱上庸自保,俛仰天地間,觸目具浩浩,簞瓢有餘樂,此意良匪矯。幽哉陽明麓,可以忘吾老。

陽明由是深悟易經來復之理,人生窮達,苦樂相依,吉凶互伏,所謂「有平即有陂,有往即有來,斷無平而不陂,往而不復者。」陽明將此寓於〈紀夢〉一詩,曰:

　　　無極生往來,往來萬化出,萬化無停機,往來何時息。來者胡爲信,往者胡爲屈,微哉屈信間,子午當其屈。

萬化所出,一屈一伸,雖「當其屈」,而此「屈」已含轉變之「機」,所謂「屈信相感而利生焉」（〈易繫辭下〉）,困窮而通,其勢必然,陽明因曰:

　　　寒威入夜益廉纖,酒甕爐牀亦戒嚴,久客漸憐衣有結,蠻居常嘆食無鹽,飢豺正爾群當路,凍雀從渠自宿簷。陰極陽回知不遠,蘭芽

行見發春尖。(〈元夕雪用蘇韻二〉首之二)

飢豺當路，寒威猶猛，然「陰極陽回」，知其不遠，源此生生不息之意，乃能「復其見天地之心」(〈易復卦象傳〉)。此剝極而復，否極泰來之體悟，尚見陽明其他詩中，如云：

剝陽幸未絕，生意存枯荄。(〈青原山次黃山谷韻〉)

沍極陽內伏，石穴多冬喧。約隱文始澤，龍蟄身乃存。(〈始得東洞，遂改爲陽明小洞天三首〉之三)

珍重初陽夜半回，天地未嘗生意息。(〈冬至〉)

旅況最憐文作會，客心聊喜困還亨。(〈再試諸生〉)

世故漸改涉，遇坎稍無餒，每當快意事，退然思辱殆。(〈歸懷〉)

濟險在需時，徯徉豈常理，爾輩勿輕生，偶然非可恃。(〈天心湖阻泊既濟書事〉)

斂袵復端坐，玄思窺沉溟，寒根固生意，息灰抱陽精。(〈雜詩〉之三)

陽明既通乎宇宙生生不息之意，故處境愈艱，愈覺曙光之在目，知「濟險需時」，「偶然」不足恃也。陽明獄中有〈不寐〉一詩：

天寒歲云暮，冰雪關河迥，幽室魍魎生，不寐知夜永。驚風起林木，驟若波浪洶，我心良匪石，詎爲戚欣動。滔滔眼前事，逝者去相踵，厓窮猶可陟，水深猶可泳。焉知非日月，胡爲亂予衷，深谷自逶迤，歸哉盡耕壟。

天寒歲暮，關河冰雪，幽室魍魎，林木驚風，皆以寓險逆之境也，此滔滔眼前之事，雖若窮厓深水，然猶可陟可泳，必相繼而逝，「剝」愈深而「復」愈近，夜愈永而明愈速，陽明於慨歎之餘，猶自勉曰：「逝者不可及，來者猶可望，盈虛有天運，嘆息何能忘。」(〈見月〉)

風雨偏從險道嘗，深泥沒馬陷車箱，虛傳鳥路通巴蜀，豈必羊腸在太行。遠渡漸看連暝色，晚霞會喜見朝陽。水南昏黑投僧寺，還理義編坐夜長。(〈夜投泗州寺〉)

荒寺夜長，陽明卻於晚霞中見出朝陽之轉機。陽明嘗與弟子論學，道：「與其爲數頃無源之塘水，不如爲數尺有源之井水，生意不窮。」(《傳習錄》上)

以「有源者由己，無源者從物」也，「故凡不息者有源，作輟者皆無源。」（〈與黃宗賢書〉）朱熹曾有〈靜坐山塘〉一詩，曰：「半畝方塘一鏡開，天光雲影共徘徊，問渠那得清如許，爲有源頭活水來。」恰可證陽明之說，以心比有源頭活水之方塘，故雖涉泥途、阻風波、歷險境，皆能順應以常，靜以制變，識得此心，則陽明最著名之〈泛海詩〉，亦能使人口誦心維，目擊神會而道存矣。茲錄於后，以見其襟懷與氣象。

> 險夷原不滯胸中，何異浮雲過太空，夜靜海濤三萬里，月明飛錫下天風。

第二節　素其位而行

《大學章句》有言：「所謂修身在正其心者，身有所忿懥，則不得其正；有所恐懼，則不得其正；有所憂患，則不得其正。」陽明以循理爲善，於「反身知止」、「致命遂志」既有所會心，故遇險困，雖有發諸本心之恐懼、忿懥與憂患，然未嘗爲之所累，即其自言：「不著一分意思，怒得過當是也。」（《傳習錄》下）有憂患而不有「所」憂患，累於外物，乃能素其位而行。

素位之名。始見於中庸，其言曰：「君子素其位而行，不願乎其外，素富貴行乎富貴，素貧賤行乎貧賤，素夷狄行乎夷狄，素患難行乎患難，君子無入而不自得焉。」（《中庸》十四章）

陽明闡發「素位」之義曰：「心體純乎天理，其運用處皆從天理上發來，然後謂之才，到得純乎天理，亦能不器，如素富貴行乎富貴，素患難行乎患難，惟養得心體正者能之。」（《傳習錄》上）

「養得心體正者」，即前述修身正心之道，不有「所」忿懥、恐懼、憂患以動其心、亂其意也。陽明又曰：

> 君子之學，終身只是集義一事，義者，宜也，心得其宜之謂。能致良知，則心得其宜，故集義亦只是致良知。君子之酬酢萬變，當行則行，當止則止，當生則生，當死則死，斟酌調停，無非是致其良知，以求自慊而已。故君子素其位而行，思不出其位。（《傳習錄》中）

當行則行，當止則止，當生則生，當死則死，君子惟因其現有或所居之位而爲其所當爲，一切義之與比，惟理是依，故不希慕於外，而能隨時隨地心安理得。此「素位」之義也。陽明之精神境界，至此提升達於超然物我之境。

　　其初抵龍場，因劉瑾加害之意未已，得失榮辱皆能超脫，惟於死生一念，尚未忘情，乃爲石槨，自誓曰：「吾惟俟命而已。」日夜端居澄默，以求靜一，久之，胸中灑灑。(〈年譜〉)

　　胸中灑灑，不累於欲，即生死亦已超脫，陽明〈答友人書〉曰：「某之居此，蓋瘴癘蠱毒之與處，魑魅魍魎之與遊，日有三死焉，然而居之泰然，未嘗以動其中者，誠知生死之有命，不以一朝之患而忘其終身之憂也。」〔註1〕

　　從者皆不堪而病，陽明自析薪取水，作糜飼之，又恐其中懷抑鬱，復爲歌詩，調越曲，雜以詼笑，使忘其身之所處，夷人亦來親狎，日益愛重。陽明原就石穴而居，夷人以其湫濕，乃相與伐木構屋，爲龍岡書院、寅賓堂、何陋軒、君子亭、玩易窩以居之，陽明既命以名，復爲文識其盛，其〈何陋軒記〉云：

　　　　昔孔子欲居九夷，人以爲陋，孔子曰：「君子居之，何陋之有？」守
　　　　仁以罪謫龍場，龍場，古夷蔡之外，於今爲要綏，而習類尚因其
　　　　故，人皆以予自上國往，將陋其地弗能居也，而予處之旬月，安而
　　　　樂之，求其所謂甚陋者而莫得，獨其結題(鴃鴠)鳥言，山棲羝
　　　　服，無軒裳宮室之觀，文儀揖讓之縟，然此猶淳龐質素之遺焉，不
　　　　得以爲陋也。

試觀其所歌之詩云：

　　　　投荒萬里入炎州，卻喜官卑得自由，心在夷居何有陋，身雖吏隱未
　　　　忘憂。春山卉服時相問，雪寨藍輿每獨遊。擬把犁鋤從許子，謾將
　　　　絃誦止言游。(〈龍岡謾興〉五首(一))

孔子嘗曰：

　　　　言忠信，行篤敬，雖蠻貊之邦行矣。(《論語‧衛靈公》)

陽明有詩曰：

　　　　良心忠信資、蠻貊非我戚。(〈答汪抑之〉三首之一)

蓋「君子以忠信爲利，禮義爲福，苟忠信禮義之不存，雖祿之萬鍾，爵以侯王之貴，君子猶謂之禍與害；如其忠信禮義之所在，雖剖心碎首，君子利而行之，自以爲福也，況於流離竄逐之微乎？」(〈答毛憲副書〉)

────────────────

〔註1〕見書錄〈答毛憲副〉(戊辰)。陽明既抵龍場，思州太守遣人侮之，諸夷不平，
　　　　反毆辱之，守大怒，言諸當道毛憲副，令陽明請謝，並諭以利害禍福，陽明
　　　　致書復之，不亢不卑，據理以陳，太守慚服。

陽明之所以能履險如夷，轉劣勢以爲優境，誠如其另一詩所言：「清世獨便吾職易，窮途還賴此『心』存。」（〈平溪館次王文濟韻〉）

此心惟義與之比，是故：

> 危棧斷我前，猛虎尾我後，倒崖落我左，絕壑臨我右。我足復荊榛，雨雪更紛驟，邈然思古人，無悶聊自有。無悶雖足珍，警惕忘爾守。君觀眞宰意，匪薄亦良厚。（〈雜詩三首〉其一）

雖四面險境，陽明猶能自有無悶[註2]，無憂無懼，且能乾乾於心，不忘其守，反以眞宰之困阨其身，實厚己而非薄己也，倒崖絕壑逐一變而爲青山流水。有詩云：

> 青山清我目，流水靜我耳，琴瑟在我御，經書滿我几。措足踐坦道，悅心有妙理，冥頑非所懲，賢達何靡靡。乾乾懷往訓，敢忘惜分暑，悠哉天地內，不知老將至。（〈雜詩〉第二）

堅此廓然坦易之心，雖因罹咎謫荒，亦自有官閒之樂：

> 簡滯動罹咎，廢幽得倖免，夷居雖異俗，野朴意所眷。（〈諸生來〉）

> 卻幸此身如野鶴，人間隨地可淹留。（〈沅水驛〉）

> 久客已忘非故土，此身兼喜是閒官。（〈夏日登易氏萬卷樓用唐韻〉）

> 來年夷險還忘卻，始信羊腸路亦平。（〈鐘鼓洞〉）

陽明自述其築室經歷曰：「始予至，無室以止，居於叢棘間，則鬱也，遷於東峰就石穴而居之，又陰以濕。龍場之民，老稚日來視予，喜不予陋，益予比，予嘗圃於叢棘之右，及謂予之樂之也，相與伐木閣之材，就其地爲軒以居予，予因而翳之以檜竹，蒔之以卉藥，列堂階，辯室奧，琴編圖室，講誦遊適之道略具……。」（〈何陋軒記〉）

雖草庵、石穴，陽明皆能安於所止，有詩明之，曰：

> 草庵不及肩，旅倦體方適，開棘自成籬，土階漫無級。迎風亦蕭疏，漏雨另補緝，靈瀨響朝湍，深林凝暮色。群獠環聚訊，語厖意頗質，鹿豕且同遊，茲類猶人屬。汙樽映瓦豆，盡醉不知夕，緬懷黃唐化，略稱茅茨迹。（〈初至龍場，結草庵居之〉）

就東峰石穴而居，陽明曰：

> 古洞闃荒僻，虛設疑相待，披萊歷風磴，移居快幽垲。營炊就巖

〔註2〕易乾卦文言「遯世無悶，不見是而無悶」是也。

實，放塌依石壘，穴室旋薰塞，夷坎仍灑掃。卷帙漫推列，樽壺動光彩，夷居信何陋，恬淡意方在，豈不桑梓懷，素位聊無悔。(〈始得東洞遂改為陽明小洞天〉(一))

童僕自相語，洞居頗不惡，人力免結構，天功謝雕鑿，清泉傍廚落，翠霧還成幕，我輩日嬉偃，主人自愉樂，雖無榮戟榮，且遠塵囂聒，但恐霜雪凝，雲深衣絮薄。(同前詩第(二))

既構龍岡小廬，陽明稱其美，歌曰：

營茅乘田隙，浹旬始苟完，初心待飛雨，落成還美觀。鋤荒既開徑，拓樊亦理園。低簷避松偃，疏土行竹根，勿翦牆下棘，束列因可藩。莫擷林間蘿，蒙籠覆雲軒，素缺農圃學，因茲得深論。毋為輕鄙事，吾道固斯存。(〈龍岡新構〉之二)

陽明由是採薪、汲水、芟草、耕稼，一一能任其勞，〈採薪〉詩其一曰：

朝採山上荊，暮採谷中粟，深谷多凄風，霜露霑衣濕。採薪勿辭辛，昨來斷薪拾，晚歸陰壑底，抱甕還自汲。薪水良獨勞，不愧食吾力。

耕稼詩，陽明曰：

謫居屢在陳，從者有慍見，山荒聊可田，錢鎛還易辦。夷俗多火耕，倣習亦頗便，及茲春未深，數畝猶足佃。豈徒實口腹，且以理荒宴，遺穗及鳥雀，貧寡發餘羨。出耒在明晨，山寒易霜霰。(〈謫居糧絕，請學于農，將田南山，永言寄懷〉)

「錢」、「鎛」皆田器名，陽明以孔子在陳絕糧自況，思求自食其力，如陶淵明「晨興理荒穢，帶月荷鋤歸」(〈歸田園居〉)，雖勞苦，然參贊化育之樂亦在其中矣。陽明所謂「素患難學處乎患難，素夷狄學處乎夷狄」之道是也。

　　陽明將苦境一變而為樂地，如文天祥「哀哉沮如場，為我安樂國」(〈正氣歌〉)之意境，陽明〈寄友人〉詩云：

蠻鄉雖瘴毒，逐客猶安居，經濟非復事，時還理殘書。山泉足遊憩，鹿麋能友予，澹然窮壤內，容膝皆吾廬。(〈贈黃太守澍〉)

休疑遷客迹全貧，猶有沙鷗日見親。(〈答劉美之見寄〉)

謫居亦自多清絕，門外群峰玉笋尖。(〈曉霽書懷〉之二)

絕域煙花憐我遠，今宵風月好誰談，交遊若問居夷事，為說山泉頗

自堪。(〈送張憲長左遷滇南大參次韻〉)

搖落休教感客途，南來秋興未全孤，謫鄉莫道貧消骨，猶有新詩了
舊逋。(〈即席之王文濟少參韻〉二首之一)

遠客天涯又歲除，孤航隨處亦吾廬。(〈舟中除夕〉二首之(二))

陽明眾所週知之「瘞旅文」即成於此時，其中有曰：

自吾去父母鄉國而來此，二年矣，歷瘴毒而苟能自全，以吾未嘗一
日之戚戚也，今悲傷若此，是吾為爾者重而自為者輕也，吾不宜復
為爾悲矣，吾為爾歌，爾聽之。歌曰：「連峰際天兮，飛鳥不通，遊
子懷鄉兮，莫知西東，莫知西東兮，維天則同。異域殊方兮，環海
之中，達觀隨遇兮，奚必予宮。……」

「達觀隨遇，奚必予宮」，「豈無桑梓懷？素位聊無悔」是也，陽明能不內傷
其心，鬱鬱以終，惟賴此達觀素位之心懷，其後冒寒犯暑，出生入死，征剿
兩廣閩贛匪寇，及歷宸濠忠泰生死存亡之變，陽明均能順應安然處之，猶興
味盎然，雍容詩酒云：

青山隨地佳，豈必故園好；但得此身閑，塵寰亦蓬島。西林日初
暮，明月來何早；醉臥石牀涼，洞雲秋未掃。(〈通天巖〉)

陽明既平漳寇，還贛途中，遊通天巖而成此詩：

歸船不遇打頭風，行腳何緣到此中；幽谷餘寒春雪在，虛簷斜日暮
江空。林間古塔無僧住，花外仙源有路通；隨處看山隨處樂，莫將
蹤跡嘆萍蓬。(〈江邊阻風散步至靈山寺〉)

阻風本為舟行之阨，且陽明方遭忠泰交口讒構之際，奔波於途，船受風阻，
泊於江邊，陽明非但無飄萍斷梗之慨，反以得探幽訪勝為幸。事事無掛礙，
處處得真樂，塵寰皆變而為蓬島。「花外仙源有路通」，陽明有此心體，自能
通乎聖人之道。

除外患之加身，尤值一提者，為陽明多病之軀。

陽明自幼賦性極高，然氣體素弱，年稍長，好聞養生說，此或與之有
關。其入仕，每思效命，竭忠盡慮，宵旰憂勤，而驅馳軍旅，往來蠻瘴，為
瘴毒所侵，病患乃積，其間雖屢上乞休致疏(註3)，終不免勞瘁於途。

〔註3〕自弘治十五年初上乞養病疏，至嘉靖七年由兩廣回軍，上乞恩暫容回籍就醫
養病疏，凡九。

詩中流露者甚多，例如：

「凌颷陟險真扶病」（〈遊牛峰寺〉）、「思家有淚仍多病」（〈天涯〉）、「春
服初成病眼開」（〈南屏〉）、「野夫臥病成疎懶」（〈答毛拙庵見招書院〉）、「臥
病空山無藥石」（〈卻巫〉）、「一官棲息病相侵」（〈冬夜偶書〉）、「干戈衰病兩
相侵」（〈用韻答伍汝真〉）、「百年多病有孤舟」（〈寄浮峰詩社〉）、「百戰歸來
一病身」（〈宿淨寺〉）、「臥疴閉空院」（〈贈黃太守澍〉）、「壯士都欲盡，衰病
特相依」（〈除夕伍汝真用待隱園韻即席次答〉）、「病夫沾醉須少憩」（〈遊嶽麓
書事〉）……。然陽明究染何疾？

> 臣自去歲三月，忽患虛弱咳嗽之疾，劑炙交攻，入秋稍愈，遽欲謝
> 去藥石，醫師不可，以為病根既植，當復萌芽，及奉命南行（陽明
> 由京師赴江北錄囚），捐棄醫藥，衝冒風寒，舊疾復作……。〔註4〕

> 臣病侵氣弱，……自往歲投竄荒夷，往來道路，前後五載，蒙犯瘴
> 霧，魑魅之與遊，蠱毒之與處，其時雖未即死，而病勢因仍，漸肌
> 入骨，日以深積……內病潛滋，外強中槁，頃來南都，寒暑失節，
> 病遂大作。〔註5〕

> 臣疾病多端，氣體羸弱，……精力益衰。〔註6〕

> 臣驅逐之餘，疾病交作，手足麻痺，漸成廢人。〔註7〕

> 臣比年以來，百病交攻，近因驅馳賊壘，瘴毒侵凌，嘔吐潮熱，飢
> 骨羸削，或時昏眩，僵几仆地，竟日不惺，手足麻痺，已成廢人。
> 〔註8〕

> 臣病患久積，潮熱痰嗽，日甚月深，每一發咳，必至頓覺，久始漸
> 甦。〔註9〕

〔註4〕 弘治十五年陽明乞養病疏，時陽明三十一歲。見黃綰《陽明先生行狀》曰：「差
　　　　往淮甸審囚，多所平反，復命，日事案牘，夜歸，必燃燈讀五經及先秦兩漢
　　　　書，為文字益工，龍山公恐其過勞成疾，禁家人不許置燈書室，候龍山公寢
　　　　復燃，必至夜分，因得嘔血疾。」
〔註5〕 正德十年，陽明四十四歲，居京師乞養病疏。
〔註6〕 正德十一年，辭新任乞以舊識致仕疏。
〔註7〕 正德十三年，辭免陞廢乞以原職致仕疏。
〔註8〕 正德十四年，乞放歸田里疏。
〔註9〕 嘉靖六年，辭免重任乞恩養病疏。

今又加以遍身腫毒，喘嗽晝夜不息，心惡飲食，每日強吞稀粥數匙，稍多輒又嘔吐。〔註10〕

陽明有二詩明其疾曰：「病肺正思移枕簟，洗心兼得遠塵埃。」（〈移居勝果寺〉）「微雨林徑滑，肺病雙足胝。」（〈復過釣臺〉），前詩成於正德丁卯年赴謫途中，後詩則為嘉靖丁亥往征思田過的釣臺所作，前後綿延二十載，可見陽明初所謂「咳嗽之疾」，實已種「病肺」之因。至其後侵染瘴癘，百病交攻，手足麻痺，遍身腫毒，蓋非一日耳。其所以乞疏養病者，「非苟為避難以自偷安，尚求苟全以圖後報，此大不得已之至情耳。」（同註 10）「倘存餘喘，鞠躬盡瘁，尚有圖效之日。」（同註 8）然陽明懇切之望，幾未蒙允，致其出入險阻，皆扶病以從，勉力厥職，猶能克成其功，其不為宿疾纏縛，猶其不俯首於劣境也，此一心使然耳。

陽明弟子陳九川臥病虔州，自謂進學功夫甚難，陽明告曰：「常快活，便是功夫。」（《傳習錄》下）

有學者病目，戚戚甚憂，陽明曰：「爾乃貴目賤心。」（《傳習錄》上）

心常快活，精神自能振作，免於困縛纏擾。陽明於寄石潭（抑之）二絕小序中有曰：「聞尊恙已平復，必於不出見客，無乃太以界限自拘乎？奉次二絕，用發一笑……。」其詩云：

見說新居止隔山，肩輿曉出暮堪還；知公久已藩籬撤，何事深林尚閉關。（其一）

乘興相尋涉萬山，扁舟亦復及門還；莫將身病為心病，可是無關卻有關。（其二）

陽明寄詩石潭，此年丁亥，正值其起征思田之際，沉疴日久，其時病勢已深，方上「辭免重任乞恩養病疏」，欲就林下，就醫調治，疏薦胡世寧、李承勛等往代其職，不允，迫就於途，陽明以帶病之軀，肩督軍勘亂之責，猶能忘其自身勞頓，勉慰其友，且有子猷（王徽之）「乘興而來，興盡而返」之趣，此其不以界限自拘耳。陽明〈與友人書〉曾曰：「養病之舉，恐已暫停，此亦順親之心，未為不是，不得以此，日縈於懷，無益於事，徒使為善之念不專，何處非道，何處非學，豈必山林中耶？」（〈與黃誠甫書〉）所謂「莫將身病為心病」，陽明有言曰：

_____

〔註10〕嘉靖七年，陽明最後乞恩就醫養病疏。

大抵心病愈，則身病亦自易去，縱血氣衰弱，未便即除，亦自不能
爲心患也。(〈與薛尚謙書〉(三))

不以身病爲心病，此亦克己功夫之一爾，以「格物之功，只在身心上做」(《傳
習錄》下)，若憂患恐懼著一分意，日以悽悽惻惻，自哀自矜，則恐累於心，
而非修身正心之道矣。

陽明詩曰：

衰疾悟止足，閑居便靜修。(〈送蕭子雝憲副之任〉)

意欣物情適，戰勝癯色腴。(〈遊來儦洞早發道中〉)

路僻官卑病益閑，空林唯聽鳥間關；地無醫藥憑書卷，身處蠻夷亦
故山。(〈龍岡謾興〉)

勝事縱爲多病阻，幽懷還與故人同。(〈登香爐峰次蘿石韻〉)

臥病空中春復夏，山中幽事最能知；雨晴階下泉聲急，夜靜松間月
色遲。把卷有時眠白石，解纓隨意濯清漪；吳山越嶠俱堪老，正奈
燕雲繫遠思。(〈臥病靜慈寫懷〉)

路斷暫憐無過客，病餘兼喜曝晴簷；謫居亦自多清絕，門外群峰玉
笋尖。(〈曉霽用前韻書懷〉)

路絕春山久廢尋，野人扶病強登臨；同遊仙侶須乘興，共探花源莫
厭深。鳴鳥遊絲俱自得，閑雲流水亦何心；從前卻恨牽文句，展轉
支離嘆陸沉。(〈山中示諸生〉)

陽明不以身病而累於心，心洗目醒，灑然開豁，雖鳴鳥遊絲，閑雲流水，皆
能觸其幽思，引之入勝，陽明有〈雪中桃次韻〉一詩，頗能自況，詩云：

雪裏桃花強自春，蕭疎終覺損精神；卻慚幽竹節逾勁，始信寒梅骨
亦眞。遭際本非甘冷淡，飄零須信委風塵；從來此事還希闊，莫怪
臨軒賞更新。

陽明孱弱之軀猶雪裏桃花，然「節」烈而「骨」直，則有竹梅「歷霜雪而彌
勁」之姿。

第三節　不經一番寒徹骨　焉得梅花撲鼻香

陽明〈贈友人詩〉有云：「椿樹慣經霜雪老，梅花偏向歲寒妍。」(〈送德

觀歸省〉〉此詩足以表現陽明於憂患苦難之際，動心忍性、砥礪德業之勁節。
其病至後期，有〈長生〉一詩，似與其居易俟命之志相背，實則陽明所繾綣
於懷者，乃得道之與否：

> 長生徒有慕，苦乏大藥資；名山遍探歷，悠悠鬢生絲。微軀一繫
> 念，去道日遠而；中歲忽有覺，九還乃在茲。非爐亦非鼎，何坎復
> 何離；本無終始究，寧有死生期。……

孔子嘗曰：「加我數年，五十以學易，可以無大過矣。」（《論語・述而》）又
曰：「朝聞道，夕死可矣。」（〈里仁篇〉）求「加我數年」，又謂「夕死可矣」，
蓋一以道之得否為依，正見聖人慕道之切。陽明曰：

> 古之仕者，將以行其道，今之仕者，將以利其身，將以行其道，故
> 能不以險夷得喪動其心，而惟道之行否為休戚。利其身，故懷土偷
> 安，見利而趨，見難而懼。非古今之性爾殊也，其所以養於平日者
> 不同，而觀夫天下者之達與不達耳。（〈送黃敬夫先生僉憲廣西序〉）

> 今仕於世，而能以行道為心，求古人之意，以「達」觀夫天下，則
> 嶺廣雖遠，固其鄉閭；嶺廣之民，皆其子弟；郡邑城郭，皆其父兄
> 宗族之所在……是以安土樂天，無入而不自得。（同前）

陽明能素其位而行，不以險夷得喪動其心者，是其能以「達」觀夫天下，以
行道為心，其日夜與友相講求者，亦惟道耳。陽明有〈溪水〉一詩云：

> 溪石何落落，溪水何泠泠；坐石弄溪水，欣然濯我纓。溪水清見
> 底，照我白髮生；年華若流水，一去無回停。悠悠百年內，吾道終
> 何成。

陽明所謂之「道」，曰：「道無方體，不可執著，卻拘滯於文義上求道，遠矣。
如今人只說天，其實何嘗見天，道即是天，若識得時，何莫而非道？若解向
裏尋求，見得自己心體，即無時無處，不是此道，亙古亙今，無終無始，更
有甚異同，心即道，道即天，知心則知道知天，……要實見此道，須從自己
心上體認，不假外求始得。」（《傳習錄》上）

「見得自己心體，即無時無處，不是此道」故陽明觀稼學農，亦能會通
其心，曰：「素缺農圃學，因茲得深論，毋為輕鄙事，吾道固斯存。」（〈龍岡
新構〉）觀乎遊魚飛鳥，便覺「坐久塵慮息，澹然與道謀。」（〈水濱洞〉）陽
明曰：「著實用功，便見道無終窮，愈探愈深。」（《傳習錄》上）即此意也。

「人若真實切己用功不已，則於此心天理之精微，日見一日，私欲之細

微，亦日見一日。」（同上）

　　「人須有真為己之心，方能克己，能克己，方能成己。」（《傳習錄》上）
此為己，陽明所指乃真己之本體，即天理、即道也，而非耳目口鼻四肢等軀
殼之己，能克軀殼所生之欲念，視聽言動皆由真己本心而發，無一毫非禮之
萌動，乃能成己得道。陽明詩曰：

　　　　澹泊生道真，曠達匪荒宴，豈必鹿門栖，自得乃高踐。（〈諸生來〉）
「君子之學求盡吾心焉爾，惟夫求以自快吾心，故凡富貴貧賤憂戚患難之
來，莫非吾所致知求快之地。……君子之求以自快其心而已矣。」（〈題夢槎
奇遊詩卷〉）陽明自快其心，曰：「至道良足悅」（〈別友獄中〉），曰「吾道有
至樂」（〈伐木寄言〉），曰「吾道有真趣」（〈諸生〉）。

　　陽明因居謫而悟「心即理」與「知行合一」說；因處忠泰之變，始揭「致
良知」之教，此莫非求以自快其心而有所得也，茲分述於后：

　　陽明屢言「患難憂苦，莫非實學」，其於居謫之益，云：「某平日每有傲
視行輩，輕忽世故之心，後雖稍知懲創，亦惟支持抵塞於外而已。及謫貴州
三年，百難備嚐，然後能有所見，始信孟氏生於憂患之言，非欺我也。嘗以
為君子素其位而『行』，不願乎其外，素富貴，行乎富貴；素貧賤，行乎貧
賤；素患難，行乎患難，故無入而不自得；後之君子，亦當素其位而『學』，
不願乎其外。素富貴學處乎富貴；素貧賤患難學處乎貧賤患難，則亦可以無
入而不自得。」（〈與王純甫書〉）

　　「往年區區謫官貴州，橫逆之加，無月無有，迄今思之，最是動心忍性
砥礪切磋之地。」（〈寄希淵書〉）

　　兵事擾擾，病體憊憊之際，陽明曰：「日來因兵事紛擾，賤軀怯弱，於此
益見得工夫有得力處。」（〈與薛尚謙書〉）

　　處變難之境，陽明曰：「往年駕在留都，左右交讒某於武廟，當時禍且不
測，僚屬咸危懼，謂群疑若此，宜圖所以自解者，某曰：『君子不求天下之信
己也，自信而已，吾方求以自信之不暇，而暇求人之信己乎？』」（〈答友人
書〉）

　　「自反而縮，固有舉世非之而不顧者矣，其敢因是遂靡然自弛耶？」
（〈與顧惟賢書〉）

　　周易孔子曰：「君子進德修業，忠信所以進德也；修辭立其誠，所以居業
也，知至至之，可以幾也；知終終之，可與存義也。」（〈易乾卦文言〉）陽明

謂：「知至者，知也；至之者，致知也，此知行之所以合一也。」（〈與顧惟賢〉）陽明既從千難百死中悟得真理，自能反躬切己，誠身履踐。陽明弟子錢德洪曰：「其遭時危謗，禍患莫測，先生處之泰然，不動聲色，而又能出危去險，坐收成功，其致知格物之學至，是豈意見擬議所能及？」（〈刻文錄序說〉）

陽明以能素其位而悟道，復以所悟之道而資其所行，有超然之思始達於超然之境，非至誠無以為之也。《中庸》所謂：「唯天下至誠，為能盡其性；唯天下至誠為能化」是也。

田蒙齋黔書曰：「先生之學，以謫官而成，先生之道，其亦由龍場而躋於聖賢之域也耶？先生一謫，官驛吏耳，何與地方事，而乃寓深心以弭禍亂，講吾道以正人心，實大有造於黔也。迨乎平茶寮、靖岑黨。涮頭、八寨、猓峒革心。鄱湖一戰，宸濠授首，異勳銘於景鐘，大名垂於宇宙。皆目龍場之石槨悟道始，奈何謂其學鄰於佛老而輕詆之，然而光芒萬丈，揭日月而行，先生之道固自若也。夫『知行合一』、『致知』為力行之本，而力行實踐，則必從功業中體驗而出，先生之生平功業，赫赫如是，當時審吉輩豈不聞之，顧乃甘為蠡測，不惟為先生所哂，抑且為南皋（即鄒仲介）所不受可知也。」

丁煒曰：「陽明公良知之學，因龍場石槨而悟，誰謂困窮憂患非玉汝於成乎？後來擒濠挫猛，平茶寮、躪桶岡，掀揭事業，皆從此出，如此方是有體有用，真正道學，彼區區成見以與良知辯者，猶然章句訓詁之學施之事功，未必有濟也。」（〈亦見黔書〉）

清人查慎行（初白老人）有〈恭謁陽明書院〉一詩，詩曰：「不遣先王成謫宦，誰將理學闢荒榛，後來事業皆由此，異俗詩書遂有人。」

《陳田明詩記事》曰：「吾黔學祖，斷以文成為開先矣。」（卷十三）

陽明詩表現其悠遊自得、曠達閒適之境，如：

> 尋山到山寺，得意卻忘山；巖樹坐來靜，壁蘿春自閒。樓臺星斗上，鐘磬翠微間；頓息塵寰念，清溪踏月還。（〈香山次韻〉）

> 雨霽僧堂鐘磬清，春溪月色特分明，沙邊宿鷺寒無影，洞口流雲夜有聲。靜後始知群動妄，閒來還覺道心驚；問津久已慚沮溺，歸向東皋學耦耕。（〈霽夜〉）

> 江日熙熙春睡醒，江雲飛盡楚山青，閒觀物態皆生意，靜悟天機入

窅冥。道在險夷隨地樂，心忘魚鳥自流形，未須更覓羲唐事，一曲
滄浪擊壤聽。(〈睡起寫懷〉)

此三詩各揭一「閑」字與「靜」字，由靜而生悠然閑適之趣，進而得觀照萬
物，呼吸萬化生生不息之意。陽明曾曰：「心之本體，即是天理，天理原是寂
然不動，原自感而遂通。」(〈啓問道通書〉)又曰：「心一而已矣，循理之謂
靜，從欲之謂動。欲也者，非必聲色貨利外誘也，有心之私，皆欲也。故循
理焉，雖酬酢萬變，皆靜也。濂溪所謂主靜無欲之謂也；從欲焉，雖心齋坐
忘，亦動也。」(〈答倫彥式書〉)

心本無動靜，靜，以言其體；動，以言其用，而「良知之體，本自寧
靜。」(〈答陸原靜書〉)今陽明謂「靜後始知群動妄」，乃其悟良知本體，凡
不依此寂然而靜之心體所由發之「動」，以陽明視之，不過從欲之「妄動」
耳，非本諸天理也，陽明閑來思過，不覺有道心之驚。

至其「閑觀萬物皆生意，靜悟天機入窅冥。」已與明道詩「萬物靜觀皆
自得，四時佳興與人同」臻同一化境。明道窗前茂草覆砌，或勸其芟除，明
道曰：「欲常見造物生意。」後置盆池，畜小魚數尾，時時觀之，問其故，
曰：「欲觀萬物自得意。」陽明以為「靜未嘗不動，動未嘗不靜，所謂天機不
息也。」此意當能同。

春園花木始菲菲，又是高秋落葉稀；天迴樓臺含氣象，月明星斗避
光輝。閑來心地如空水，靜後天機見隱微；深院寂寥群動息，獨憐
烏鵲繞枝飛。(〈秋夜〉)

「閑來心地如空水，靜後天機見隱微」心之本體感而遂通，心即天也，天地
萬物皆遊息於心矣，自然生意無窮，幽趣盎然，試見陽明小詩數首，悠悠化
意，不盡於言：

桃源在何許，西峰最深處；不用問漁人，沿溪踏花去。(〈山中示諸
生〉五首其三)

池上偶然到，紅花間白花；小亭閒可坐，不必問誰家。(同前之四)

溪邊坐流水，水流心共閒；不知山中月，松影落衣斑。(其五)

第四章　陽明主要思想之呈顯

　　陽明詩至後期，多表現其進學之益或悟道心得，《禮記》曰：「志之所至，詩亦至焉。」(〈孔子閒居〉)，雖辭章家視爲「學究語」而加詆斥，陽明卻不以爲忤，以其「志」在思想之表達，非爲詩藝而作詩也，此以正德辛巳年，陽明居越揭致良知之教後，詠以示諸弟子詩，最爲顯著，其或有類於佛家偈語者，皆由其思想本源發端，適見其主要學說之呈顯，今特就此申述之。

第一節　立志爲先

　　陽明嘗引中庸「唯天下至聖，爲能聰明睿智」(《中庸》第三十一章) 告弟子曰：「聖人只是一『能』之爾，能處正是良知，眾人不能，只是箇不致知。」(《傳習錄》下) 此說雖簡易，卻是陽明於患難憂苦中，深刻感悟而得，亦爲其一生能成學致聖之最佳詮釋。所謂「能」者，明言之，即能貫徹目標之「立志心」耳，唯天下至聖，能立其志，能持其志，故能「達」於聰明睿智，此一「能」字，包含徹底力行之功夫在內，非踐履於實，不能稱之。

　　陽明於弟子友朋中，每以立志相砥礪，如「教條示龍場諸生」，首揭「立志」一條，曰：「志不立，天下無可成之事，雖百工技藝，未有不本於志者。立志而聖，則聖矣；立志而賢，則賢矣，志不立，如無舵之舟，無銜之馬，飄蕩奔逸，終亦何所底乎？」(《文錄》卷一)

　　又〈示弟立志說〉一文，曰：「學莫先於立志，志之不立，猶不種其根而

徒事培壅灌溉，勞苦無成矣。世之所以因循苟且，隨俗習非，而卒歸於污下者，凡以志之弗立也，⋯⋯是以君子之學，無時無處而不以立志為事，凡一毫私欲之萌，只責此志不立，即私欲便退；聽一毫客氣之動，只責此志不立，即客氣便消除，⋯⋯責志之功，其於去人欲，有如烈火之燎毛，太陽一出而魍魎潛消也。⋯⋯終身問學之功，只是立得志而已。」（《文錄》卷二）

「凡學之不勤，必其志之尚未篤也。」（〈勤學章〉）。「志切，目視耳聽皆在此，安有認不真的道理？」（《傳習錄》中）

〈啟問道通書〉曰：「大抵吾人為學，緊要大頭腦，只是立志，所謂困忘之病，亦只是志欠真切。」（《傳習錄》中）

「學本立志，志立而學問之功已過半矣。」（〈與克彰太叔書〉）

陽明類此言志之說，不勝枚舉，大抵於初誨弟子時，皆以此開示之，啟其學問大端也，陽明並書此意以示兒曰：

> 汝自冬春來，頗解學文義；吾心豈不喜，顧此枝葉事。如樹不植
> 根，暫榮終必瘁；植根可如何，顧汝且立志。（〈書扇示正憲〉）

蓋以「學不立志，如植木無根，生意將無從發端矣，未有無志而能有成者也。」（《寄張世文書錄》卷五）

陽明既教學子以立志為本，然立志亦須立聖賢之志，何也？陽明曰：「立志之說，已近煩瀆，然為知己者言，竟亦不能捨是。志於道德者，功名不足以累其心，志於功名者，富貴不足以累其心，但近世所謂道德，功名而已；所謂功名，富貴而已。」（〈與黃誠甫〉）陽明以當時有談立志，而不能捨富貴功名之念者，故進而勉以立聖賢之志。

陽明曰：「但能立志堅定，隨事盡道，不以得失動念，則雖勉習舉業，亦自無妨聖賢之學；若是原無求為聖賢之志，雖不業舉，日談道德，亦只成就得務外好高之病而已，此昔人所以有不患妨功，惟患奪志之說也。夫美質難得而易壞，至道難聞而易失，盛年難遇而易過，習俗難革而易流。」（〈寄聞人邦英邦正〉）陽明語深意切，由立志進而期立聖賢之志，是其有見至道之難得而習俗之易流也。

陽明告弟子曰：「諸公在此，務要立箇必為聖人之心，時時刻刻須是一棒一條痕，一摑一掌血，方能聽吾說話，句句得力，若茫茫蕩蕩度日，譬如一塊死肉，打也不知得痛癢，恐終不濟事，回家只尋得舊時伎倆而已。」（《傳習錄》下）

「人苟誠有求爲聖人之志，則必思聖人之所以爲聖人者安在，聖人之所以爲聖人，惟以其心之純乎天理而無人欲，則我之欲爲聖人，亦惟在於此心之純乎天理而無人欲耳。」（〈示弟立志說〉）

「夫苟有必爲聖人之志，然後能加爲己謹獨之功，能加爲己謹獨之功，然後於天理人欲之辨日精日密，而於古人論學之得失，孰爲支離，孰爲空寂，孰爲似是而非，孰爲似誠而僞，不待辯說而自明，何者，其心必欲實有諸己也。」（〈書汪進之卷〉）

聖賢若孔子，猶曰：「吾十有五而志於學，三十而立。」（《論語·爲政篇》）

其所謂立者，志立也，及至於不踰矩也，亦其志之不踰矩也。陽明所謂「長立此善念，從心而欲不踰距，只是志到熟處。」（《傳習錄》上）宋程子（明道）曾曰：「有求爲聖人之志，然後可與共學。」實以志之難立而易墜也，人若不能勝其私欲，而淪陷於習俗，皆其志未堅也，故不可與論學，以孔子之才，三十始敢言「立」，陽明自幼嚮慕聖學，亦幾經波折，始得其門，一般爲學士子，豈可不專其志？陽明直以聖賢之志爲教，是使其昭昭以明人之昏昏也，其意在導人以「專」，免入邪途，走枉路也。此不獨見之於與友書信問答中，爲文賦詩，亦不時發露此心向。

〈泰山高次王內翰司獻韻〉詩云：

宣尼曳杖，逍遙一去不復來，幽泉嗚咽而含悲，群巒拱揖如相送。俯仰宇宙，千載相望，墮山喬嶽，尚被其光，峻極配天，無敢頡頑。嗟予瞻眺門牆外，何能彷彿窺室堂，也來攀附攝遺跡，三千之下，不知亦許再拜占末行。

前頌孔德，光被四表，後明其慕聖之志意，孔門三千弟子，其受業身通者，凡七十二賢，陽明自嘆徘徊瞻仰於聖人門牆外，無由窺其堂室之美，今登泰山，緬懷先賢，設若得聞謦欬，雖敬陪三千以下之末座，不遑暇顧也。「再拜占末行」一語，點出陽明紹聖繼統之心志。

又〈萍鄉道中謁濂溪祠〉一詩，云：

木偶相沿恐未眞，清輝亦復凜衣巾；簿書曾屑乘田吏，俎豆猶存畏壘民。碧水蒼山俱過化，光風霽月自傳神；千年私淑心喪後，下拜春祠薦渚蘋。

〈再過濂溪祠用前韻〉云：

> 曾向圖書識面真，半生長自愧儒巾；斯文久已無先覺，聖世今應有
> 逸民。一自支離乖學術，競將雕刻費精神；瞻依多少高山意，水漫
> 蓮池長綠蘋。

〈題郭詡濂溪圖〉云：

> 郭生揮寫最超群，夢想形容恐未真；霽月光風千古在，當時黃九解
> 傳神。

此三詩極寫陽明對濂溪先生之崇仰。黃庭堅（蘇軾每以「黃九」呼之）曾慕
濂溪之風，而曰：「濂溪先生胸懷灑落，如光風霽月。」（《宋史‧周子傳》）
朱熹為作像贊，亦云：「道喪千載，聖遠言湮，不有先覺，孰開後人？書不盡
言，圖不盡意，風月無邊，庭草交翠。」道出濂溪崇高之風範及成就。

　　黃百家述濂溪學術上之貢獻，曰：

> 孔孟而後，漢儒上有傳經之學，性道微言之絕久矣。元公（濂溪卒
> 諡元公）崛起，二程嗣之，又復橫渠諸大儒輩出，聖學大昌，故安
> 定（胡瑗），徂徠（石介）卓乎有儒者之榘範，然僅可謂有開之必先。
> 若論闡發心性義理之精微，端數元公之破暗也。

孔孟儒家一切理論根據，推其極，端在心性精微處，孔子曰：「其心三月不違
仁。」孟子曰：「仁義禮智根於心。」等，皆以義理言心，然此學嚴以究之，
自兩漢章句訓詁以來，傳承無人，至濂溪始奮起於聖遠之後，故朱熹謂道喪
千載，濂溪以先覺啟後人。陽明稱其「千年私淑心喪後」，不獨瞻仰其山高水
長之風，且推尊其學，陽明曰：「洙泗之傳，至孟子而息，千五百餘年，濂溪
明道始復追尋其緒。」（〈朱子晚年定論序〉）且曰：

> 僕常以為世有周程諸君子，則吾固得而執弟子之役，乃大幸矣，其
> 次有周程之高弟焉，吾猶得而私淑也，不幸世又無是人，有志之士，
> 悵悵其將焉求乎？（〈答儲柴墟書〉）

周程紹孔孟之緒，自後辨析日詳，亦日就支離，所謂「一自支離乖學術，競
將雕刻費精神」，遂使有志於聖學者，悵悵焉失其所求。陽明自與甘泉相期以
聖學，遠溯孔孟，近則濂溪、明道、象山，無不有以啟之，與甘泉詩有所謂
「跛鱉期致遠」、「期我濂洛間」諸語，陽明亦以勉人，〈憶別〉一詩，云：
「聖賢可期先立志」。守文弟歸省，陽明歌詩以別，曰：「望爾日愷愷，聖賢
以為期」。〈登雲峰〉詩云：「詠歌見真性，逍遙無俗情，各勉希聖志，毋為塵
所縈。」前述「交遊」一節或已提及，今略舉其概，以見其持志之專也，綜

其所言，陽明曰：

> 種樹者必培其根，種德者必養其心，欲樹之長，必於始生時刪其繁
> 枝，欲德之盛，必於始學時去夫外好，須要信得及，只是立志，學
> 者一念爲善之志，如樹之種，但勿助勿忘，只管培植將去，自然日
> 夜滋長，生氣日完，枝葉日茂，樹初生時，便抽繁枝，亦須刊落，
> 然後根幹能大，初學時亦然，故立志貴專一。（《傳習錄》上）

爲學一如植樹，欲根實茁壯，須刊削繁枝，欲成大德，亦須去其外好，充實一念爲善之志，此孔子所謂「君子務本，本立而道生也。」

　　陽明一生能學問事功兼得輝煌彪炳，其主要之動力實即求爲聖賢之志，造次必於是，顚沛必於是，終能有成。

第二節　推本尋源

一、心即理

　　陽明雖屢陷於思想或仕途之逆境中，然因崇高意志之趨使，閒觀靜悟，心存默會，紛思雜慮終豁然而解，探得聖人之道。所謂聖學者，陽明曰：

> 聖人之學，心學也，學以求盡其心而已。（〈重修山陰縣學記〉）。

> 聖人之學，心學也，堯舜禹之相授受，曰：「人心惟危，道心惟微，
> 惟精惟一，允執厥中」，此心學之源也。（〈象山文集序〉）

陽明自龍場悟道以來，建立起「心即理」之觀念，此爲陽明一生學問事功之關鍵，其學雖遠承孔孟之教，近則以濂溪、象山爲先趨，然經陽明加以力證自悟，乃能粹然獨成系統。

　　陽明曰：「孔孟之學，惟務求仁，蓋精一之傳也，而當時之弊，固已有外求之者，故子貢致疑於多學而識，而以博施濟眾爲仁，夫子告之以一貫，而教以能近取譬，蓋使之求諸其心也。迨於孟氏之時，墨氏之言仁，至於摩頂放踵，而告子之徒，又有仁內義外之說，心學大壞，孟子闢義外之說，而曰：『仁，人心也』、『學問之道無他，求其放心而已矣』，又曰：『仁義禮智，非由外鑠我也，我固有之，弗思耳。』」（〈象山文集序〉）

　　又曰：「孔子告顏淵『克己復禮爲仁』，孟軻氏謂『萬物皆備於我，反身而誠』，夫己克而誠，固無待乎其外也。」（〈別黃宗賢歸天台序〉）

　　陽明贈鄭伯興還鹿門詩，有云：

孔孟示克己，孟子垂反身，明明聖賢則，請君勿與議。

以陽明之意，凡孔子克己求仁，孟子反身而誠之訓，皆所以求盡其心，無待乎外者也。

至於其所取乎象山者，陽明曰：「象山陸氏，簡易直捷，直有以接孟子之傳，其議論開闊，時有異者，乃其氣質意見之殊，而要其學之必求諸心，則一而已，故吾嘗斷以陸氏之學，孟氏之學也。」（〈象山文集序〉）

象山自幼年即悟宇宙二字之真義，嘗曰：「宇宙內事，是己分內事，己分內事，乃宇宙內事。」又曰：「宇宙即是吾心，吾心即是宇宙；東海有聖人出焉，此心同，此理同也；西海有聖人出焉，此心同，此理同也；南海北海有聖人出焉，此心同，此理同也；千百世之上，至千百世之下，有聖人出焉，此心此理，亦莫不同。」其後講學，多推闡此意義，以吾人心內諸現象，即宇宙內諸現象，故吾心所具之理，亦即宇宙萬有之理；宇宙萬有之理，亦無往而不合於吾心之理，此理此心為東西古今萬人所同，乃充塞宇宙，亙古而不變者也。「心即理」之說，即本此而來，象山曰：「心一理也，理一理也，至當歸一，精義無二，此心此理，實不容有二。」（《象山語錄》）又曰：

> 義理之在人心，實天之所與不泯焉者也。

> 道遍天下，無些小空闕，四端萬善，皆天之所予，不勞人粧點；但是人自有病，與他相隔了。

> 心之體甚大，若能盡我之心，便與天同。（以上俱見《象山語錄》）

象山此處所言心，皆就本體上說，陽明稱其簡易直捷，為「孟子之後一人」（〈與席元山書〉），故陽明後有所闡發，其基本主張實承象山之說。

然陽明之有取於象山學說，確言「聖人之道，吾性自足」者，主要仍賴其本身自力證悟所得也。自弘治五年（二十一歲），陽明實驗朱子格物功夫失敗後，雖有「聖賢有分，不可學得」之嘆，然而婁一齋所謂「聖人必可學而至」之語，猶不時纏繞於心，雖其間牽涉他學，終不能忘其求聖之初衷，陽明曰：「眾人只說格物要依晦翁，何曾把他的說用去，我著實曾用來，……勞思致疾。……及在夷中三年，頗見得此意思，乃知天下之物，本無可格者，其格物之功，只在身心上做。」（《傳習錄》下）可知晦菴「即物窮理」之說，始終困縛其心，及至龍場始獲開悟，「決然以聖人為人人可到，便自有擔當了。」陽明論晦菴之學曰：

> 朱子所謂格物云者，在即物而窮其理也，即物窮理，是就事事物物

上求其所謂定理者也，是以吾心而求理於事事物物之中，析心與與理而爲二矣。(〈答顧東橋書〉)

析心與理而爲二，而精一之學亡，世儒之支離，外索刑名器數之末，以求明其所謂物理者，而不知吾心即物理，初無假於外也。(〈象山文集序〉)

陽明推本尋源，悟得聖人之學，即心學，人惟反求諸己，求盡其心，則聖人必可期而至。

陽明書〈紫陽書院集序〉，曰：「德有本而學有要，不於其本，而泛焉以從事，高之而虛無，卑之而支離，終亦流蕩失宗，勞而無得矣，是故君子之學，惟求得其心，雖至於位天地，育萬物，未有出於吾心之外也。孟氏所謂學問之道無他，求其放心而已矣者，一言以蔽之。故博學者，學此者也；審問者，問此者也；慎思者，思此者也；明辨者，辨此者也；篤行者，行此者也。心外無事，心外無理，心外無學。是故於父子盡吾心之仁，於君臣盡吾心之義，言吾心之忠信，行吾心之篤敬。懲心忿，窒心欲，遷心善，改心過，處事接物，無所往而非求盡吾心以自慊也。譬之植焉，心其根也，學也者，其培擁之者也，灌溉之者也，扶植而刪鋤之者也，無非有事於根焉耳矣。」(《文錄》卷三)

陽明曾有詩感嘆曰：

世人失其心，顧瞻多外慕，安宅舍弗居，狂馳驚奔鶩。(〈鄭伯與謝病還鹿門，雪夜過別賦贈〉)

孟子曰：「仁，人心也；義，人路也，舍其路而弗由，放其心而不知求，哀哉。人有雞犬放，而知求之，有放心而不知求。學問之道無他，求其放心而已矣。」(〈告子上〉)又曰：「仁，人之安宅也，義，人之正路也，曠安宅而弗居，舍正路而不由，哀哉。」(〈離婁上〉)

陽明因睹世人析心與理爲二，以事事物物皆是定理，致務外考索，支離決裂，錯雜紛紜。不知物理不外於吾心也，外吾心而求物理，此猶舍安宅而弗居，流蕩狂奔於途，是孟子所謂：「道在邇而求諸遠，事在易而求諸難」者也。陽明因曰：

君子之學，以明其心，其心本無昧也，而欲爲之蔽，習爲之害，故去蔽與害而明復，匪自外得也。心猶水也，污入之而流濁；猶鑒也，垢積之而光昧。(〈別黃宗賢歸天台序〉)

陽明善取譬以言其所謂之「心」,賦贈鄭伯興詩云:

> 濬流須有源,植木須有根;根源未濬植,枝派寧先藩。至理匪外
> 得,譬猶鏡本明;外塵蕩瑕垢,鏡體自寂然。(〈滁州詩〉)

又書贈門人王嘉秀、蕭琦子玉詩,曰:

> 譬彼土中鏡,闇闇光內全;外但去昏翳,精明獨媸妍。世學如蠶
> 絲,粧綴事蔓延;宛宛具枝葉,生理終無緣。所以君子學,布種培
> 根原;萌芽漸舒發,茂暢皆由天。

陽明以水及鏡喻心,水本自清,污入而後濁;鏡本自明,垢積而後昧,今人之心具足於內,私欲之生,習氣之染,皆如污垢之自外來,人惟反求諸己,蕩滌塵瑕,去其昏翳,則光體自現,更無須徒事粧綴,紛華於外也。故陽明悟得此理後,有詩云:「人生貴自得,外慕非所臧」(〈梧桐江用韻〉),「至道不外得,一悟失群闇。」(〈別易仲〉)。皆說明「吾性自足,不假於外」也。

陽明心即理之說,除顯示「心物一貫」之理外,更在於「求實不務外」之精神表現,陽明曰:「我如今說這個心即理是如何,只為世人分心與理為二,故便有許多病痛。如五伯攘夷狄,尊周室,都是一個私心,便不當理,人卻說他做得當理,只心有未純,往往悅慕其所為,要求外面做得好看,卻與心全不相干。分心與理為二,其流至於伯(霸)道之偽而不自知,故我這個心即理,要使知心理是一個,便來心上用功夫,不去襲義於外,便是王道之真,此我立言宗旨。」(《傳習錄》下)

「心即理」為陽明首先體悟之學說,明其立言宗旨,則知其用心之實矣。

二、致良知

陽明言「心」之理論尚多,而其所謂心之本體,實即「良知」也,故特置此節并述之。陽明曰:

> 心之本體,原自不動;心之本體即是性,性即是理。(《傳習錄》上)

> 以其主宰一身,故謂之心,這心之本體,原是個天理。(同上)

> 光光只是心之本體,看有甚閒思慮,此便是寂然不動,便是未發之中,便是自然大公,自然感而遂通,自然發而中節,自然物事順應。(同上)

> 心之本體，即是天理，天理只是一個，更有何可思慮得，……學者
> 用功，千思萬慮，只是要復他本來體用而已。(《傳習錄》中)

> 心不是一塊血肉，凡知覺處便是心。(《傳習錄》下)

> 心也者，吾所得於天之理也，無間於天人，無分於古今，苟盡吾心
> 以求焉，則不中不遠矣。(〈答徐成之〉)

以上略舉數端，可知陽明對「心之本體」之詮釋，實即天理也，何以知其與
「良知」之說爲一貫？陽明自有言曰：

> 知是心之本體，心自然會知，見父自然知孝，見兄自然知弟，見孺
> 子入井，自然知惻隱，此便是良知，不假外求。(《傳習錄》卷一)

「知」何以是心之本體？陽明曰：

> 知是理之靈處，就其主宰處說，便謂之心，就其稟賦處說，便謂之
> 性。孩提之童，無不知愛其親，無不知敬其兄，只是這個靈能不爲
> 私欲遮隔，充拓得盡，便完完是他本體，便與天地合德，自聖人以
> 下，不能無蔽，故須格物以致其知。(《傳習錄》上)

又曰：

> 心之虛靈明覺，即所謂本然之良知也。(《傳習錄》中)

故未爲私欲障蔽遮隔之本體，其靈明足與天地合德，即人類本然之良知也，
然聖人以下，不能無私欲習氣之蔽，如前所謂污入而流濁，垢積而鏡昏，是
以陽明教人格物以致其知，陽明〈答顧東橋書〉曰：「鄙人所謂致知格物者，
致吾心之良知於事事物物也，吾心之良知，即所謂天理也，致吾心良知之天
理於事事物物，則事事物物皆得其理矣。致吾心之良知者，致知也，事事物
物皆得其理者，格物也，是合心與理而爲一者也。」(《傳習錄》下)

　　陽明此說將「心即理」與「致良知」合而爲一，以心之靈明，即所謂本
然之良知，則致吾心之良知於事事物物，事事物物皆得其理。

　　良知二字明矣，何以陽明初悟心即理時，不以「良知」爲說，待正德辛
巳年（五十歲），始揭致良知之教？

　　陽明嘗與友人書曰：「近欲發揮此，只覺有一言發不出，津津然如含諸
口，莫能相度。……近覺得此學更無有他，只是這些子，了此更無餘矣。」
又曰：「今經變後，始有良知之說。」(見〈年譜〉)

　　陽明又曾自述曰：「吾良知二字，自龍場以後，便已不出此意，只是點此
二字不出，於學者言，費卻多少辭說，今幸點出此意，一語之下，洞見全體，

真是痛快，不覺手舞足蹈，學者聞之，亦省卻多少尋討功夫，學問頭腦，至此已是說得十分下落。」（見錢德洪〈刻文錄敘說〉）

可見陽明於龍場悟「心即理」說之後，胸中主宰全是一個天理，一個靈明，然千思萬想，僅覺一言在口津津然，莫能與人道，逮平定宸濠，經張許之變，始悟此久存胸中之靈明，即所謂之「良知」是也，陽明以此為千古聖學之秘，為學問之大頭惱也。由其悟學之經歷，可知陽明用心之深。陽明曰：

> 某於良知之說，從百死千難中得來，非是容易見得到此，此本是學
> 者究竟話頭，可惜此理淪埋已久，學者苦於聞見障蔽，無入頭處，
> 不得已與人一口說盡，但恐學者得之容易，只把做一種光景玩弄，
> 不實落用功，負此知耳。（同前）

明徐階序王文成公全書，有言曰：「文成公奮起聖遠之後，既世之言致知者，求知於見聞，而不可與酬酢，不可與祐神，於是取孟子所謂良知，合諸大學，以為致良知之說，其大要，以謂人心虛靈，莫不有知，惟不以私欲蔽塞其虛靈者，則不假外索，而於天下之事，自然無所感而不通，無所措而不當，蓋誠意、正心、修身、齊家、治國、平天下，必先致知之本旨，而千變萬化，一以貫之之道也。」（全書舊序）

錢德洪〈刻文錄敘說〉，謂陽明之教凡三變，「江右以來，始單提致良知三字，直指本體，令學者言下有悟。」黃綰論陽明學之大要，首揭「致良知」，其次始言「親民」與「知行合一」（見〈年譜〉），是知王陽明千言萬語之學說，歸其本，以「致良知」為主腦也。

今據陽明所詠諸詩，以闡述良知精義。

（一）人人本固有

孟子曰：「人之所不學而能者，良能也；所不慮而知者，其良知也。孩提之童，無不知愛其親者，及其長也，無不知敬其兄也。親親，仁也；敬長，義也，無他，達之天下也。」（〈盡心上〉）

陽明推闡此意，曰：「這良知人人皆有，……眾人自孩提之童，莫不完具此知。」（《傳習錄》下）

又曰：「夫良知者，即所謂是非之心，人皆有之，不待學而有，不待慮而得者也，人孰無良知乎？獨有不能致之耳。」（〈書朱守乾卷〉）

陽明以為心之本體，即是天理，即是人本然之良知，與生俱來，不待外

求，其〈詠良知示諸生〉詩云：

> 人人自有定盤針，萬化根緣總在心；卻笑從前顛倒見，枝枝葉葉外
> 頭尋。（其三）

「從前顛倒見」，此陽明三十七歲前茫然摸索之路程也，枝枝葉葉猶如聖學正
途中旁出之小徑，陽明費卻多少功夫，始尋入正路。今悟得良知之我具，所
謂「定盤針」者，人安身立命之所據也，陽明曰：「只此良知，無不具足，譬
之操舟得舵，平瀾淺瀨，無不如意，雖遇顛風逆浪，舵柄在手，可免沒溺之
患矣。」（參〈年譜〉）由此而發，則知「虛靈不昧，眾理具而萬事出，心外
無理，心外無事」（《傳習錄》上），萬化之根據本在於心也。所謂「人的良
知，就是草木瓦石之良知，……天地萬物與人原是一體，其發竅之最精處，
是人心一點靈明。天地萬物俱在我良知之發用流行中。」（《傳習錄》下）

　　然不獨陽明初未見及此，一般世儒亦多捨近求遠，其〈次謙之韻〉詩
云：

> 珍重江船冒暑行，一宵心話更分明；須從根本求生死，莫向支流辨
> 濁清。久奈世儒橫臆說，競搜物理外人情；良知底用安排得，此物
> 由來自渾成。

陽明曾曰：「人孰無根，良知即是天植，靈根自生生不息，但著了私累，把此
根戕賊蔽塞，不得發生耳。」（《傳習錄》下）人但須反身向內，培其根本之
生意，此生意之發生，原是無勞安排思索者，豈奈世之儒者，認理為外，認
物為外，外人情以求物理，致勞苦纏縛，終無所成，其〈詠良知示諸生〉詩，
有云：

> 問君何事日憧憧，煩惱場中錯用功；莫道聖門無口訣，良知兩字是
> 參同。（其二）

又〈示諸生〉三首，其一曰：

> 爾身各各自天真，不用求人更問人；但致良知成德業，謾從故紙費
> 精神。

良知之思，本自簡易明白，陽明所謂「只是隨它發現流行處，當下具足，更
無去來，不須假借。……若時時刻刻就『自心』上集義，則良知之體，洞然
明白，自然是是非非，纖毫莫遁。」（〈答轟文蔚〉，見《傳習錄》下）

　　只緣世儒析心與理為二，不知德性之良知，人人同有，致憧憧奔競於途，
費神勞思，徒增煩惱。陽明乃點出學問大頭腦，以教學者返求本源。

（二）學問大頭腦

陽明有〈長生〉一詩，其中有云：

> 乾坤由我在，安用他求爲；千聖皆過影，良知乃吾師。

此陽明跋涉萬山重水，歷無數艱難之後，所得之結論。多少似是而非之學，皆如過眼煙雲，所得力者，惟良知耳，陽明曰：「今自多事以來，只此良知，無不具足。」（〈年譜〉）又曰：「比遭家多難，工夫極費力；因見得良知兩字，比舊愈加親切，眞所謂大本達道，舍此更無學問可講。」（〈寄鄒謙之〉）「良知乃吾師」，陽明非妄爲之說也。

故〈與馬子莘〉論學，陽明有言曰：「良知之外更無知，致知之外更無學，外良知以求知者，邪妄之知矣，外致知以爲學者，異端之學也。」（見《書錄》卷三）此意亦見〈答人問良知〉一詩中，其詩云：

> 良知卻是獨知時，此知之外更無知。誰人不有良知在，知得良知卻是誰。

陽明論學，一向著意於頭腦功夫，《傳習錄》上，有曰：

> 爲學須有本學，須從本原上用力，漸漸盈科而進。

又曰：

> 爲學須得個頭腦功夫，方有著落，縱未能無間，如舟之有舵，一提便醒，不然，雖從事於學，只做個義襲而取，只是行不著、習不察，非大本達道也。

陽明既信得良知大本達道，良知之外便無所謂知，自然以「良知」爲學問頭腦。陽明曰：

> 邇來只說致良知，良知明白，隨你去靜處體悟也好，隨你去事上磨鍊也好，良知本體，原是無動無靜的，此便是學問頭腦。我這個話頭，自滁州到今，亦較過幾番，只是致良知三字無病，醫經折肱，方能察人病理。（《傳習錄》上）

一友問功夫，以爲欲得「此知」時時接續，然覺照管不及，陽明曰：「此只認良知未眞，尚有內外之間。認得良知頭腦是當，去樸實用功，自會透徹，到此便是內外兩忘，又何心事不合一。」又曰：「功夫不是透得這個眞機，如何得他充實光輝，若能透得時，不由你聰明知解接得來。須胸中渣滓渾化，不使有毫髮沾帶始得。」（同前）

陽明謂透識良知，不由聰明知解而來，而須胸中渣滓渾化，未有毫髮沾

帶，此爲克己誠身功夫，即陽明所謂「良知卻是獨知時」之謂也。

　　陽明曰：「人雖不知，而己所獨知者，此正是吾心良知處。」又曰：「不睹不聞，是良知本體，戒愼恐懼是致良知功夫。」（以上俱見《傳習錄》下）

　　《中庸章句》第一曰：「道也者，不可須臾離也，可離非道也，是故君子戒愼乎其所不睹，恐懼乎其所不聞，莫見乎隱，莫隱乎微，故君子愼其獨也。」君子愼其獨，以吾心良知具存於獨知時，何謂也？陽明言之甚詳，其言曰：

> 無事時固是獨知，有事時亦是獨知，人若不知於此獨知之地用力，只在人所共知處用功，便是作僞。便是見君子而後厭然。此獨知處，便是誠的萌芽，此處無論善念惡念，更無虛假。於此一立立定，便是端本澄源，便是立誠，古人許多誠身的功夫，精神命脈，全體只在此處，眞是莫見莫顯，無時無處，無終無始，只是此個功夫。（《傳習錄》上）

故《大學・釋誠意一章》，曰：「所謂『誠其意』者，毋自欺也。」陽明曰：「學者時時刻刻常睹其所不睹，常聞其所不聞，工夫方有個實落處。本體原是不睹不聞，亦原是戒愼恐懼的。」（《傳習錄》下）

　　陽明此說表明：思之是非邪正，良知無有不自知者，若私意安排之思，紛紜勞擾，良知亦自能知得，惟小人善於作僞，掩其不善以著其善，此是自欺其良知也，故陽明謂良知在於獨知之時，愼獨所以思誠也。〈答人問良知〉第二詩云：

> 知得良知卻是誰，自家痛癢自家知；若將痛癢從人問，痛癢何須更問爲。

良知既能知是知非，則「自家痛癢，自家須會知得，自家須會搔摩得，非是自家調停斟酌，他人總難與力，亦更無別法可設也。」（〈陽明啓問道通書〉、《傳習錄》下）

　　故有一弟子劉易仲，至滁陽從陽明學，問陽明曰：「道可言乎？」陽明答曰：「啞子吃苦瓜，與你說不得，爾要知我苦，還須你自吃。」（見《詩錄》下）何以故？陽明曾有是言：

> 學問也要點化，但不如自家解化者，自一了百當，不然，亦點化許多不得。（《傳習錄》下）

又曰：

體來與聽講不同，初與講時，未有滋味，只這個要妙，再體到深
處，日見不同，是無窮盡的。（同上）

至其專求知於見聞之末，而忽於自心上體者，陽明亦有詩警之曰：

道本無為只在人，自行自住豈須鄰，坐中便是天台路，不用漁郎更
問津。（〈別方叔賢〉四首之四）

津者，渡口也。陽明意謂眼前即是路逕，致知即是訣竅，其答陳九川言曰：「爾
那一點良知，是爾自家地準則，爾意念著處，他是便知是，非便知非，更瞞
他一些不得，只要不欺他，實實落落依著他做，善便存，惡便去，何等穩當
快樂。」（《傳習錄》下），自家原具足者，無勞旁涉外求也。〈答方叔賢〉第
三詩，云：

休論寂寂與惺惺，不妄由來即性情，卻笑殷勤諸老子，翻從知見覓
虛靈。

「虛靈」者，陽明所謂良知是也，「不妄由來」，陽明與王純甫書，嘗曰：「夫
誠者，無妄之謂，誠身之誠，則欲其無妄謂，誠之之功，即明善是也。」（《書
錄》，卷一〈癸酉年與王純甫〉）

不妄由來即是「誠」，「誠是心之本體」（《傳習錄》上）而陽明答汪石潭
書曰：「喜怒哀樂之與思與知覺，皆心之所發，心統性情。性，心體也，情，
心用也。」（《書錄》卷一）又曰：「至善者，性也。」故知誠身即所以明善也，
至善者，心之本體，即良知之謂也，人若反身而誠，良知自無不明之理，若
顛倒外求，反易失其本心，陽明有詩嘆曰：

長安有路極分明，何事幽人曠不行；遂使蓁茅成間塞，儘教麋鹿自
縱橫。徒聞絕境勞懸想，指與迷途卻浪驚；冒險甘投蛇虺窟，顛崖
墮壑竟亡生。（〈示諸生〉（三））

蔽塞本心，徒勞懸想，此皆慕外好高之徒所易生之病，此詩陽明實有感而發
也。陽明一日喟然發嘆，弟子陳九川問曰：「先生何嘆也？」陽明曰：「此理
簡易明白若此，乃一經沉埋數百年。」九川曰：「亦為宋儒從知解上入，認識
神為性體，故聞見日益，障道日深耳。今先生拈出良知二字，此古今人人真
面目，更復奚疑？」（見〈年譜〉）

然陽明並非就此否認「學」及「聞見」之重要，惟「學」與「聞見」乃
須以良知為頭腦。陽明曰：

良知即是未發之中，即是廓然大公，寂然不動之本體，人人之所同

具者也，但不能不昏蔽於物欲，故須「學」以去其昏蔽。（《傳習錄》
中、〈答陸原靜書〉）

又曰：

只要良知眞切，雖作舉業，不爲心累，……且如讀書時，良知知得
強記之心不是，即克去之；有欲速之心不是，即克去之；有誇多鬥
靡之心不是，即克去之。如此亦只是終日與聖賢印對。……亦只是
調攝此心而已；何累之有？（《傳習錄》下）

陽明因厭末學之支離，薄專門之訓詁，其〈月夜〉一詩，有言以譬之，其詞
曰：

影響尚疑朱仲晦，支離羞作鄭康成。（其二）

又屢言六經之實，曰：

悟後六經無一字，靜餘孤月湛虛明。（〈送蔡希顔三首〉（三））

謾道六經皆註腳，還誰一語悟眞機。（〈送劉伯光〉）

萬里由來原俱足，六經原只是階梯。（〈林汝桓以二詩寄次韻爲別〉
（二））

千聖本無心外訣，六經須拂鏡中塵。（〈夜坐〉）

明陳清瀾因乖陽明之學，遂斷然責之曰：「陽明學專說悟，雖六經，猶視爲糟
粕影響、故紙陳編，而又何有於朱子？」（《學蔀通辨》卷之九）以爲陽明漠
視六經，進而疑其非儒，殊不知陽明之有是言，正以其「尊」經、「惜」經之
故也。

陽明曾著〈稽山書院尊經閣記〉一文，慨然有曰：

昔者聖人之扶人極，憂後世，而述六經也，猶之富家者之父祖，慮
其產業庫藏之積其子孫者，或至於遺忘散失，卒困窮而無以自全
也，而記籍其家之所有以貽之，使之世守其產業庫藏之積而享用
焉，以免於困窮之患。故六經者，吾心之記籍也，而六經之實，則
具於吾心，猶之產業庫藏之積，種種色色具存於其家，其記籍者，
特名狀數目而已。而世之學者，不知求六經之實於吾心，而徒考索
影響之間，牽制於文義之末，硁硁然以爲是六經矣。……嗚呼，六
經之學，其不明於世，非一朝一夕之故矣。（《文錄》卷四）

陽明非但無貶視六經之意，且無可置疑者，陽明實有以六經之學，實諸其心，

體踐於行，陽明曰：「經，常道也，其在於天謂之命，其賦於人謂之性，其主於身謂之心。心也，性也，命也，一也。通人物，達四海，塞天地，亘古今，無有乎弗具，無有乎弗同，無有乎或變者也，是常道也。……是常道也，以言其陰陽消息之行焉，則謂之易；以言其紀綱政事之施焉，則謂之書；以言其歌詠性情之發焉，則謂之詩；以言其條理節文之著焉，則謂之禮；以言其欣喜和平之生焉，則謂之樂；以言其誠偽邪正之辨焉，則謂之春秋。夫是之謂六經，六經者非他，吾心之常道也。……世之學者，得吾說而求諸其心，其亦庶乎知所以爲尊經也矣。」（同上）

前已言陽明講學，每重頭腦功夫，有弟子問：「看書不能明如何？」陽明曰：「此只是在文義上穿求，故不明。須於心體上用功，凡明不得，行不去，須反在自心上體當，即可通。蓋四書五經，不過說這心體，這心體即所謂道心，體明即道明也，更無二，此是爲學頭腦處。」（《傳習錄》上）

「體明即道明」，此陽明詩所謂「悟後六經無一字」之眞義也。

陽明又曰：「學者當務爲急。」若學律呂，「須心中先具禮樂之本方可。」（《傳習錄》上）此孟子所謂「學問之道無他，求其放心而已」也。學若專誠，則心無旁騖矣。

故陽明客觀論曰：「良知不由見聞而有，而見聞莫非良知之用，故良知不滯於見聞，而亦不離於見聞。致良知是學問之大頭腦。是聖人教人第一義。……大抵學問工夫，只要主意頭腦是當，若主意頭腦專以致良知爲事，則凡多聞多見，莫非致良知之功，蓋日月之間，見聞酬酢雖千頭萬緒，莫非良知之發用流行，除卻見聞酬酢，亦無良知可致矣。」（《傳習錄》下）

陽明曾舉飲食爲喻，曰：「凡飲食，只要養我身，食了要消化，若徒蓄積在肚裏，便成痞了，如何長得肌膚？後世學者博聞多識，留滯胸中，皆傷食之病也。」（《傳習錄》下）

故凡讀書博聞多見，莫非致良知之功，學者當知「詩書六藝，皆是天理之發現，文字都包含在其中，考之詩書六藝，皆所以學存此天理也。」（《傳習錄》下）陽明詩所謂「千聖本無心外訣」、「六經原只是階梯」，其立言之旨，自此可大明矣。

（三）人格眞平等

陽明既以良知爲心之本體，爲人所固有，復以學問頭腦視之，其意特要人著重「致」知、謹獨之功，而其所表現者，乃是人格平等之眞精神。其次

韻林汝桓詩，云：

> 堯舜人人學可齊，昔賢斯語豈無稽，君今一日真千里，我亦當年苦
> 舊迷。萬里由來吾具足，六經原祇是階梯，山中儘有閒風月，何日
> 扁舟更越溪。（其二）

孟子曾言：「舜何人也，予何人也，有爲者亦若是。」（〈滕文公〉）又曰：「堯
舜與人同耳」（〈離婁〉）。陽明初亦聞婁諒與語「聖人可學而至」，逮實驗格物
工夫失敗，心有所疑，不免以前賢斯語爲無稽之談，而自委聖賢有分，然陽
明終悟得吾性自足之理，始信堯舜可齊，其說不妄，陽明曰：

> 心之良知是謂聖，聖人之學，惟是致此良知而已。自然而致知者，
> 聖人也；勉強而致之者，賢人也；自敝自昧而不肯致之者，愚不肖
> 者也。愚不肖者，雖其蔽昧之極，良知又未嘗不存也，苟能致之，
> 即與聖人無異矣，此良知所以爲聖愚之同具，而人皆可以爲堯舜
> 者，以此也。（《乙酉年書魏師孟卷雜著》卷一）

堯舜人人可學與齊，繫一「學」字，是陽明所謂「致良知」之功也，此學之
外，別無他學，陽明曰：

> 良知良能，愚夫愚婦與聖人同，但惟聖人能致其良知，而愚夫愚婦
> 不能致，此聖賢之所不能混也。（《傳習錄》下）

故曰：

> 聖人之所以爲聖，只是其心純乎天理，而無人欲之雜，猶精金之所
> 以爲精，但以成色足而無銅鉛之雜也……所以爲聖者，在純乎天
> 理，而不在才力也，故雖凡人，而肯爲「學」，使此心純乎天理，則
> 亦可爲聖人，猶一兩之金，比之萬鎰，分兩雖懸絕，而到其足色
> 處，可以無愧，故人皆可以爲堯舜者以此，學者學聖人，不過是去
> 人欲而存天理。（《傳習錄》中）

陽明以聖愚之別，非才力而爲分也，惟在其心是否「純」乎天理也，故凡嘆
聖賢之學，力有未逮者，皆劃地以自限耳。陽明〈詠良知四首示諸生〉，其一
云：

> 個個人心有仲尼，自將聞見苦遮迷，而今指與真頭面，只是良知莫
> 更疑。

前已略述陽明答歐陽崇一「良知不由見聞而有」之問，陽明以爲致其良知而
求之見聞，專在多聞多見上去擇識，是失其頭腦矣，故陽明爲免學者轉說糊

塗，不時以一言令聞者當下有悟，陽明此處說「個個人心有仲尼」即是。一日，在虔（江西贛縣），門人陳九川、鄒謙之、于中同侍，陽明謂三子曰：「人胸中各有個聖人，只自信不及，都自埋倒了。」因顧于中曰：「爾胸中原是聖人」，于中起，不敢當，陽明曰：「此是爾自家有的，如何要推。」于中又曰：「不敢」，陽明曰：「眾人皆有之，況在于中，卻何故謙起來，謙亦不得。」于中乃笑受。陽明又謂：「良知在人，隨你如何不能泯滅。」于中承陽明之意，曰：「只是物欲遮蔽，良心在內，自不會失，如雲蔽日，日何嘗失了？」（《傳習錄》下）

　　此陽明與弟子之酬對，極具哲理，胸中原是聖人，即指「心之良知為聖」也，然自家所有，卻自家推倒，無怪陽明嘆曰：

> 無聲無臭獨知時，此是乾坤萬有基。拋卻自家無盡藏，沿門持鉢效貧兒。（〈詠良知四首示諸生〉（四））

既知得聖愚之別，在「純」心也，則可因病而藥，試見陽明以「鏡」所作之譬喻。其答應原忠、黃宗賢書曰：

> 聖人之心，纖翳自無所容，自不消刮磨；若常人之心，如斑垢駁雜之鏡，須痛加刮磨一番，盡去其駁蝕，然後纖塵即見，纔拂便去，亦自不消費力。（《書錄》卷一）

又答陸原靜書曰：

> 聖人致知之功，至誠無息，其良知本體皦如明鏡，略無纖翳，妍媸之來，隨物見形，而明鏡曾無留染，所謂情順萬事而無情也。（〈傳習錄〉中）

良知之在人心，聖賢常人本無不同，但常人多為物欲牽蔽，不能循得良知，是以或泛濫於多歧，疑迷於影響，或離或合而未純，聖人則只是保全無些障蔽，故曰：「聖人之心如明鏡，只是一個明，則隨感而應，無物不照，……學者須先有個『明』的功夫。」（《傳習錄》上）

　　陽明指出「明」之字，即其所謂「刮塵」工夫也，弟子徐曰仁謂：「先生之格物，如磨鏡而使之明」（《傳習錄》中）陽明曰：「良知本來自明，氣質不美者，渣滓多，障蔽厚，不易開明；質美者，渣滓原少，無多障蔽，略加致知之功，此良知便自瑩徹，些少渣滓，如湯中浮雪，如何能作障蔽，明則誠矣。」（〈答陸原靜問〉、《傳習錄》中）

　　故知陽明所示以「明」鏡之方，即格物也、致知也。其〈夜坐〉一詩所

云：「六經須拂鏡中塵」，即是就本體上用功之意。陽明曰：

> 君子學以爲己，未嘗虞人以欺己也，恆不自欺其良知而已，未嘗虞
> 人之不信己也，恆自信其良知而已，未嘗求先覺人之詐與不信也，
> 恆務自覺其良知而已。是故不欺，則良知無所僞而誠，誠則明矣；
> 自信，則良知無所惑而明，明則誠矣。明誠相生，是故良知常覺常
> 照，常覺常照，則如明鏡之懸，而物之來者，自不能遁其妍媸矣。

由此知常人心欲如明鏡之懸，必先自信自覺而不自欺其良知，陽明曰：「只致
良知，雖千經萬典，異端曲學，如執權衡，天下輕重莫逃焉，更不必支分句
析，以知解接人也。」（《五經億説十三條》）〈別諸生〉詩，云：

> 縣縣聖學已千年，兩字良知是口傳，欲識渾淪無斧鑿，須從規矩出
> 方圓。不離日用常行內，直造先天未畫前，握手臨歧更何語，殷勤
> 莫愧別離筵。

陽明曾曰：「良知之於節目時變，猶規矩尺度之於方圓，故規矩誠立，則不可
欺以方圓，而天下之方圓不可勝用矣。良知誠致，則不可欺以節目時變，而
天下之節目時變不可勝應矣。」（《傳習錄》上）格物致知之功，陽明一貫著
重於事上磨」，陽明曰：「人須在事上磨，方立得住。」（《傳習錄》上）曰：「人
須在事上磨鍊做工夫，乃有益。」如一屬官聞陽明講學甚好，然猶覺簿書訟
獄之事繁難，不得爲學，陽明告曰：「我何嘗教爾離了簿書訟獄，懸空去講
『學』，爾既有官司之事，便從官司的事上爲學，纔是眞格物，……許多意思
皆私，只爾自知，須精細省察克治，惟恐此心有一毫偏倚，枉人是非，這便
是格物致知。簿書訟獄之間，無非實學，若離了事物爲學，卻是著空。」（《傳
習錄》下）此陽明所謂「不離日用常行內」之意。陽明另有〈答人問道〉一
詩，其說「致知」，更爲簡易明白，其詩云：

> 饑來吃飯倦來眠，只此修行玄更玄，說與世人渾不信，卻從身外覓
> 神仙。

行道不過在日用常行之間體究踐履，皆不離自己分內事，亦無礙於倫常生
活，正須有實下處，只依自家良知所及，自去其障，擴充以盡其本體，勿遷
就習氣，以趨時好耳。陽明嘗曰：「此道坦如道路，世儒往往自加荒塞，終身
陷荊棘之場而不悔。」（《傳習錄》中）又曰：「聖賢之道，坦如大路，夫婦之
愚，可以與知，而後之論者，忽近求遠，舍易圖難，遂使老師宿儒，不敢輕
議。」（〈復唐虞佐〉，《書錄》卷一）言下不勝噓唏。

堯舜之道，究竟爲何耶？其〈示諸生〉第二詩云：

> 人人有路透長安，坦坦平平一直看，盡道聖賢須有秘，翻嫌易簡卻
> 求難。只從孝弟爲堯舜，莫把辭章學柳韓，不信自家原具足，請君
> 隨事反身觀。

陽明曰：「良知只是一個天理自然明覺發現處，只是一個眞誠惻怛，便是他本
體，故致此良知之眞誠惻怛以事親，便是孝；致此良知之眞誠惻怛以從兄，
便是弟……只是一個良知，一個眞誠惻怛……此良知之妙用，所以無方體無
窮盡，語大，天下莫能載；語小，天下莫能破者也。孟氏『堯舜之道，孝弟
而已』者，是就人之良知發現得最眞切篤厚，不容蔽昧處提省人，使人於事
君、處友、仁民、愛物，與凡動靜語默間，皆只是致他那一念事親從兄眞誠
惻怛的良知，即自然無不是道，蓋天下之事，雖千變萬化，至於不可窮詰，
而但惟致此事親從兄一念眞誠怛惻之良知以應之，則更無有遺缺滲漏者，正
謂其只有此一個良知故也。」（《傳習錄》中）

陽明此段話已解其詩甚明白，孔子以孝弟爲仁之本，陽明講良知，不出
此意，凡事反觀內省，則聖賢之路，坦坦平平。

觀陽明初倡聖學，並與弟子諸友相期聖賢志業，凡歷數十載而始入坦途，
其教人，必以立志爲先，而學貴專貴精，得良知之輔，始見聖道之廣大，陽
明曰：「眞有聖人之志，良知上更無不盡，良知上留得些子別念掛帶，便非必
爲聖人之志矣。」（《傳習錄》下）故其〈心漁歌〉云：

> 有漁者歌曰：漁不以目惟以心，心不在魚漁更深，北溟之鯨殊小
> 小，一舉六鰲未足歆。……吾將以斯道爲網，良知爲綱，太和爲
> 餌，天地爲舫，絜之無意，散之無方，是謂得無所得而忘無可忘者
> 矣。

陽明〈中秋〉一詩，乃自信自覺之表現也，詩云：

> 去年中秋陰復晴，今年中秋陰復陰，百年好景不多遇，況乃白髮相
> 侵尋。吾心自有光明月，千古團圓永無缺，山河大地擁清輝，賞心
> 何必中秋節。

陽明曰：「良知是造化的精靈，生天生地，成鬼成帝，皆從此出，眞是與物無
對，人若復得他，完完全全，無少虧欠，自不覺手足舞蹈，不知天地間更有
何樂可代？」（《傳習錄》下）「吾心自有光明月，千古團圓永無缺」，陽明自
信自覺若此，足見其光明磊落心迹，修養已臻極致。

第五章　陽明思想與釋道

第一節　陽明與二氏之關係

陽明既以致良知爲學者倡，其一生學問定論，要在是矣，凡孔孟克己誠身之教，學庸至善中和之義，陽明盡舉而賅之，且努力實學，身體力行，未嘗稍懈。其爲「學有宗，道有統」之醇儒，本無庸置疑。

實則不然，自陽明心學一出，靡然相從者固有之，而指爲異端、肆意攻擊者，尤不乏其數，或斥陽明爲霸儒，或詆以爲狂禪，大抵拘於門戶之見，而假衛道（伊川、朱熹爲正統）之名，謂陽明立意張弧。其中攻陽明最烈者，莫如稍後陽明之陳建（西元 1497～1567 年），與明末清初之張烈（西元 1622～1685 年），陳建著《學蔀通辨》一書，雖闢象山爲多，然闢象山即所以闢陽明也，專就陽明詩文語錄中，取與仙佛有關之文字，以張大之，而歸其結論爲──陽明學說原於老佛。張烈之《王學質疑》，亦強調陽明與老佛之所同，進而作無謂之訕謗，視陽明爲「逢人即攀，遇事便借」（見《王學質疑》卷五，頁 5）之狡獪者。至清儒反王學派如陸稼書、張楊園等，仍以宗程朱之故而抑王學，其言不外詆斥陽明「以禪之實而託於儒」、「陽儒陰佛」諸語，稼書且斷然稱陽明之學爲禍於天下，喪亂之故，造端乎此〔註1〕，豈陽明始所逆料耶？其心又何忍至此？

陽明於龍場悟道之前，確曾出入於佛老，前後達三十載，影響不可謂不深，關於此成學經歷，陽明不避其諱，詳言再三，由此可見陽明心地之昭然，

〔註 1〕 參唐鑑所編《清學案小識》，卷一〈傳道學案〉，平湖陸先生。

而由其對二氏取捨之態度，則各家批評有無客觀之真實性，亦可從而知之。

陽明曰：

> 守仁早歲業舉，溺志詞章之習，既乃稍知從事正學，而苦於眾說之
> 紛撓疲爾，茫無可入，因求諸老釋，欣然有會於心，以為聖人之
> 學，在此矣。然於孔子之教，間相出入，而措之日用，往來缺漏無
> 歸，依違往返，且信且疑。其後謫官龍場，居夷處困，動心忍性之
> 餘，恍然有悟，體念探求，再經寒暑，證諸五經四子，沛然若決江
> 河而放諸海也，然後嘆聖人之道，坦然大路。(〈朱子晚年定論前
> 序〉)

> 吾幼時求聖學不得，亦篤志二氏，自謂既有所得，謂儒者為不足
> 學，其後居夷三載，見得聖人之學，若是其簡易廣大，始自嘆悔錯
> 用了三十年氣力。(《傳習錄》上)

> 某幼不問學，陷溺於邪僻者二十年，而始究心於老釋，賴天之靈，
> 因有所覺，乃沿周程之說求之而若有得焉。(〈別湛甘泉〉)

> 守仁幼不知學，陷溺於邪僻者二十年，疾疚之餘，求諸孔子、子
> 思、孟軻之言，而恍若有見。(〈別黃宗賢歸天台序〉)

> 臣切嘗學佛，最所尊信，自謂悟得其蘊奧，後乃窺見聖道之大，始
> 遂棄置其說。(〈諫迎佛疏〉)

由陽明反覆自述，知其立志從事正學，卻苦於眾說紛紜，茫無可入，初聞老
釋之教，頗覺有會於心，以為道在是矣，遂遊息其中久之，然舉之日用，則
扞格若有不合，如是依違往返，積二、三十載〔註2〕，逮居夷處困，始見聖道
之全，吾性自足，驗之實學，無入而不自得，因喜曰：「聖賢之學，坦如大路，
但知所從入，苟循循而進，各隨分量，皆有所至。」(〈書孟源卷〉)

陽明之「棄置其說，歸於正途」，有見其思想之基本實源於儒家，其所悔
而悟者，乃審之於孔子之教，驗之於日用常行之事，有感而得。二氏之學非
乏善可陳，惟居於儒家積極入世之立場而觀，則未免偏狹一方，非治國大寶
也。陽明曰：「獨其專於為己，而無意於天下國家，然後與吾夫子（孔子）之

〔註2〕陽明稱其溺於釋老之學，一般多言二十載，或有言錯用三十年氣力者，此據
其《答人問神仙》一書所謂：「僕誠生八歲而即好其說，至今已餘三十年
矣」，可知遠溯其源，自好聞其說始。

格致誠正而達之於修齊治平者不同；吾夫子之道，始之於存養愼獨之微，而終之以化育參贊之大，行之於日用常行之間，而達之於國家天下之遠。」（〈策五道〉、《文錄》卷一）

　　陽明又曰：「吾心即物理，初無假於外也，佛老之空虛，遺棄其人倫事物之常，以求明其所謂吾心者，而不知物理即吾心，不可得而遺也，要其歸極，不可以爲天下國家。」（〈象山文集序〉）

　　由是知陽明於其奮鬥之學程中，雖嘗佇足徘徊於老佛之門，然純受其慕道求聖之心所驅使。陽明欲探索人生之眞義，追求崇高之理想，視「聖賢」之學，爲終身志業，但不知所從入，而「二氏之學，其妙與聖人只有毫釐之間」（〈答蕭惠〉）陷溺既久，始悟其非。陽明後於病中揭帖於壁，以示諸四方同志，曰：「孔孟之訓，昭如日月，凡支離決裂，似是而非者，皆異說也，有志於聖人之學者，外孔孟之訓而他求，是舍日月之明而希光於螢爝之微也。」（〈壁帖〉，《別錄》卷一）陽明自信不疑。

　　後每以其所悟以戒弟子，如〈與陸元靜〉書，曰：

> 聞以多病之故，將從事於養生，區區往年蓋嘗戮力於此，後乃知其不必如是，始復一意於聖賢之學，大抵養德養身只是一事，元靜所云眞我者，果能戒謹不睹，恐懼不聞，而專志於是，則神住氣住精住，而仙家所謂長生久視之說，亦在其中矣。元靜氣弱多病，但遺棄聲名，清心寡欲，一意聖賢，如前所謂眞我之說，不宜輕信異道，徒自惑亂聰明，弊精勞神，廢靡日月，久而不返，將遂爲病狂喪心之人不難矣。（《書錄》卷二）

《答人問神仙》書曰：「僕誠生八歲而即好其說，今已餘三十年矣，齒漸搖動，髮已有一二莖變化成白，目光僅盈尺，聲聞函丈之外，又常經月臥病不出，藥量驟進，此殆其效也，而相知者，猶妄謂之能得其道。……」（《書錄》卷二）

　　陽明曾有〈登泰山〉詩，其中略示其意，曰：

> 藐矣鶴山仙，秦皇豈堪求。金砂費日月，頹顏竟難留。（〈弘治甲子年登泰山詩〉五之二）

秦皇（始皇）嘗使方士求長生之術，終難挽其頹顏，陽明因曾涉仙道之修持〔註3〕，亦不免爲並世之人以道者目之，《答人問神仙》固爲其一，尚或有進

〔註3〕三十一歲於陽明洞中行導引術，能先知。

而懇其攘求祈雨者〔註4〕，陽明不勝慚悚，因舉其實效言之，所謂「目光盈尺，經月臥病」，未因好聞仙術而稍轉，外神勞精，反損其生。故陽明〈贈陽伯〉一詩云：

> 陽伯即伯陽，伯陽竟安在，大道即人心，萬古未嘗改。長生在求仁，金丹非外待，謬矣三十年，于今吾始悔。

其所以戒弟子清心寡欲，一意聖賢，其理在此。陽明所謂「長生在求仁」，即養德以養身之謂也。

門人王嘉秀，蕭惠好談仙佛，屢以此爲問，陽明特作詩以警之，詩云：

> 王生兼養生，蕭生頗慕禪，迢迢數千里，拜我滁山前。吾道既非佛，吾學亦非仙，坦然由簡易，日用匪深玄。（〈門人王嘉秀實夫蕭琦子玉告歸書此見別意，兼寄聲辰陽諸賢〉）

因曰：「自以爲有志聖人之學，乃墮於末世佛老邪僻之見而弗覺者，亦可哀也。」（〈書王嘉秀請益卷〉，《別錄》卷一）陽明於此強調其學非佛非仙，而指以聖人簡而易從之坦途，嘗曰：「聖人之學所以至易至簡，易知易從，學易能而才易成者，正以大端惟在復心體之同然。」（《傳習錄》中）

此心體之同然者，人人所固有之良知良能是也。

陽明之學，由儒家觀點出發，復歸正於儒家，觀陽明之言，足矣。

然而陳建曰：「陽明良知之學，本於佛氏之本來面目，而合於仙家之元精元氣元神。……學術根源骨髓，盡在此矣……奈何猶強稱爲聖學，妄合於儒書，以惑人哉？」（《學蔀通辨》卷九）

張烈曰：「陽明天資雄放，其於循循講習，循規蹈矩，實所不耐，及一旦有得於佛老，與象山旨合，喜其與己便也。……及人多不服，則借良知二字，猶嫌其僅出孟子，公然竄入大學致知。至於攻者益眾，又見象山之學，竟爲朱子所掩，計以爲勢不兩立，非抵死作敵盡滅朱子之道，則人猶以朱律我，故遂操戈反面，盡翻全案而後已。」（《王學質疑》卷五，頁3）

晚明學者高攀龍，亦憤然有所詆斥，稱陽明「不甘自處於二氏，必欲篡位於儒家，故據其所得，拍合致知，又粧上格物，極費工力，所以左籠右罩，顚倒重複，定眼一覷，破綻百出也。」（〈三時記〉，《高子遺書》三）

清儒中崇朱而反王之學者猶不在少數，小岱山人唐鑑所編《清學案小

〔註4〕弘治十六年癸亥，紹興佟太守遣楊李二丞往詢陽明致雨之術，陽明有〈答佟太守求雨〉一文，見《書錄》卷二。

識》，以陽明爲主要攻訐對象，計以傳道翼道爲名者，即有二十三人，然客觀持平之論，卻不多見〔註5〕，類前數子曲解之文字，實已非學者修辭立誠之表現矣。

第二節　陽明作品之表現

程朱派學者若純以衛道之名而論王學是非，尚不失其懇誠之意，若挾私心意氣而膚辭詆訶之，則屬過舉。今且不論他人之立意，僅就陽明本身言論以申述之。

陽明用力佛老之學，雖其後頗知儒家之道簡易廣大，然三十年之陶鎔，「雖痛自洗剔創艾，而病根深痼，萌蘗時生。」（〈寄鄒謙之〉，見《書錄》卷三），其言論作品自不乏二家之色彩，陽明所以爲人訾議者在此，今扼其要，爲如下各點言之。

一、通「儒」與「佛老」之理而爲說

陳建《學蔀通辨》首先據此以爲口實，而定陽明學說淵源於老佛。陽明曾有是言，曰：「『不思善、不思惡時認本來面目』，此佛氏爲未識本來面目者設此方便，本來面目，即吾聖門所謂『良知』，⋯⋯『隨物而格』是致知之功，即佛氏之『常惺惺』，亦是常存他本來面目耳，體段功夫大略相似。」（《傳習錄》中）

「本來面目」之說，見《景德傳燈錄》，道明禪師初聞五祖密付衣法與慧能，即躡跡追逐，請求示法，慧能曰：「不思善，不思惡，正恁麼時阿那個是明上座本來面目。」道明當下大悟。（卷四，頁72）

議者引陽明「即吾聖門所謂良知」之語以爲毀譽，而忽略陽明繼之批評曰：「佛氏有個自私自利之心，所以便有不同耳。」（同上）

陽明又曰：「戒懼克治即是『常提不放』之功，即是必有事焉，豈有兩事焉？」（《傳習錄》中）

陽明此處將佛家「常提念頭」之說，與儒家「戒懼克治」、「必有事焉」之修爲功夫，視如一事，此與前述「致知之功，即佛氏之『常惺惺』，陽明所謂「體段功夫大略相似」，說法並無二致，此就性質而言，本無可厚非，然

〔註 5〕參張鐵君所著〈陽明學說與清儒〉一文，言之甚詳。見其所著《陽明學說在今日》，頁49。

而卻爲論者作例相詬。

再如陽明謂:「聖人致知之功,至誠無息,其良知之體,皦如明鏡,妍媸之來,隨物見形而明鏡曾無留染,……『無所住而生其心』,佛氏曾有是言,未爲非也。明鏡之應物,妍者妍,媸者媸,一照而皆眞,即是生其心處,妍者妍,媸者媸,一過而不留,即是無所住處。」(《傳習錄》中)

「無所住而生其心」,乃禪宗五祖(弘忍)爲六祖(慧能)說金剛經所引之言(見《壇經‧自序品第一》),謂心地明徹,應物洞然,無不偏知,卻又無所執著,不爲外物所黏滯也,陽明引之以譬聖人心體,如明鏡照物。

以上三例,皆爲陳建所舉,作爲陽明「以佛亂儒」之證。陽明尚有通仙家之理而爲說者,曰:

> 精一之精,以理言,精神之精,以氣言。理者,氣之條理;氣者,理之運用,原非有二事,……前日精一之論,雖爲愛養精神而發,然而作聖之功,不外是矣。

又曰:

> 夫良知一也,以其妙用而言,謂之神,以其流行而言,謂之氣,以其凝聚而言,謂之精,安可以形象方所求哉。(《傳習錄》中)

此皆就仙家「元精、元氣、元神」之理而有所闡發,謂作聖之功,不外於是。

陽明通二氏之理與儒家學說相證,以此而遭後人「陽儒陰佛」之譏,此其一。

二、好引二家術語

陽明與弟子論學,不時採二家術語,以助其講說。最常見者,如陽明論良知,曰:

> 近來信得致良知三字,眞聖門「正法眼藏」。(〈年譜〉)

> 區區所論致知二字,乃是孔門「正法眼藏」。(〈與楊仕鳴書〉)

> 致知二字,是千古聖學之秘,……此是孔門「正法眼藏」。(〈寄薛尚謙書〉)

「正法眼藏」四字,陽明用之不煩,此本佛家傳承付法中所付囑之「正法」、「法藏」、「勝眼」、「法眼」,禪家合爲「正法眼藏」一詞(參《中國禪宗史》,頁 194),表無上之意。陽明論「致良知」於孔門聖學中之重要性,視之如佛

家之「正法眼藏」。

此外，陽明論「立志」真切，譬之為佛家「方便法門」（《傳習錄》中），謂透徹人之良知在內，即佛家之「心印」相似。（《傳習錄》下）答弟子所問「戒懼為己所不知時工夫」為流入「斷滅禪定」，又引佛家之譬喻，如「騎驢覓驢」（《傳習錄》中）「撲人逐塊」（同上）等，此皆佛語或禪語也。

引道家術語，如說「立志」，陽明曰：

> 只念念要存天理，即是立志，能不忘乎此，久則自然心中凝聚，猶道家所謂「結聖胎」也。（《傳習錄》上）

道家稱凝精修攝，久而精神狀態入於特異之境界，謂之「結聖胎」。

詩中所借禪語及仙家之語者，尤不在少數，如云：

> 欲扣靈關問「丹訣」，春風蘿薜隔重重。（〈牛峰寺〉）

> 「鉢龍」降處雲生座，巖虎歸時風滿林。（〈化城寺〉）

> 「仙骨」自憐何日化，「塵緣」翻覺此身浮。（〈化城寺〉）

> 雲端鼓角落星斗，松頂「袈裟」散雨花。（〈化城寺〉）

> 月明猿「聽偈」，風靜鶴「參禪」。（〈化城寺〉）

> 夜靜海濤三萬里，月明「飛錫」下天風。（〈泛海〉）

> 自笑半生「行腳」過，何人未老乞身歸。（〈春日遊齊山寺，用杜牧之韻〉二首）

> 休論寂寂與「惺惺」，不妄由來即性情。（〈別方叔賢〉）

> 道本無為只在人，「自行自住」豈須鄰。（同前）

> 掎生悟玄魄，妙靜息緣慮。（〈天成臨別索贈〉）

> 終當遁名山，鍊藥洗凡骨。（〈又次李僉事素韻〉）

三、引禪典入詩

〈書汪進之太極巖〉二首，詩云：

> 一竅誰將混沌開，千年樣子道州來，須知太極原無極，始信心非明鏡台。（一）

> 始信心非明鏡台，須知明鏡亦塵埃，人人有個圓圈在，莫向蒲團坐

死灰。（二）

此詩引用慧能一偈，事具傳燈錄，五祖（弘忍）令寺僧各述偈，上座神秀曰：「身是菩提樹，心如明鏡台，時時勤拂拭，莫遣惹塵埃。」六祖慧能偈曰：「菩提本無樹，明鏡亦非台，本來無一物，何處惹塵埃。」遂傳法〔註6〕。神秀偈雖好，然尚未見性，慧能偈顯出其已徹悟心源，故五祖弘忍遂將衣法傳與慧能，此爲禪家一段故事，陽明點化入詩。陽明每以鏡喻心，如曰：「聖人之心如明鏡，無物不照。」（《傳習錄》上）曰：「昔鏡未開，可得藏垢，今鏡明矣，一塵之落，自難住腳，此正入聖之機。」（〈答南大吉〉）以鏡言心，雖早見於我國《莊子》一書〔註7〕，然陽明運用如此靈活，或受此偈語之啓發不無可能。

無題詩云：

> 巖頭有石人，爲我下蟒峋，腳踏破履五十兩，身被舊衲四十斤，任重致遠香象力，餐霜坐雪金剛身，夜寒雙虎與溫足，雨後禿龍來伴宿，手握頑磚鏡未光，舌底流泉梅未熟，夜來拾得遇寒山，翠竹黃花好共看，同來問我安心法，還解將心與汝安。

全詩充滿禪味，除使用佛語之外，其中「手握頑磚鏡未光」之句，出南嶽懷讓禪師與馬祖道一之故事，《景德傳燈錄》卷五，頁92載其事云：「唐先天二年，（南嶽懷讓禪師）始往衡嶽，居般若寺，開元中，有沙門道一（即馬祖道一），住傳法院，常日坐禪，師知是法器，往問曰：『大德坐禪，圖什麼？』一曰：『圖作佛。』師乃取一磚於彼庵前石上磨，一曰：『磨磚作什麼？』師曰：『磨作鏡。』一曰：『磨磚豈得成鏡耶？』師曰：『磨磚既不成鏡，坐禪豈得成佛耶？』」後人對坐禪學佛，乃有「磨磚作鏡」之誚，喻單憑坐禪不能成佛也。

「舌底流泉梅未熟」句，其「梅未熟」之語，係由馬祖道一讚嘆門人大梅法常所用雙關語：「梅子熟也」轉化而來（見《景德傳燈錄》卷七，頁126）。

「同來問我安心法，還解將心與汝安」，此則全取達摩安心公案點化而成。《景德傳燈錄》卷三云：「光（慧可）曰：諸佛法印，可得聞乎？師（達

〔註6〕 見《景德傳燈錄》卷三，頁55；或見《六祖壇經·自序品第一》。
〔註7〕 《莊子·德充符篇》：「鑑明則塵垢不止，止則不明也，久與賢人處則無過。」〈應帝王篇〉云：「至人之用心若鏡，不將不迎，應而不藏，故能勝物而不傷。」

摩）曰：諸佛法印，匪從人得。光曰：我心未寧，乞師與安，師曰：『將心來與汝安！』曰：覓心了不可得，師曰：我與汝安心竟。」（頁47）宋樓鑰有〈頌安心〉詩，云：「有人來問安心法，將汝心來爲汝安。」陽明此二句詩差似，知其有所取耳。

此外如前章所引陽明〈答人問道〉詩云：「饑來吃飯倦來眠，只此修行玄更玄，說與世人渾不信，卻從身外覓神仙。」馬祖法嗣——越州大珠慧海禪師答人問「如何用功？」曰：「饑來吃飯，困來即眠。」（《傳燈錄》卷六，頁108）

詠良知〈示門人〉詩云：「拋卻自家無盡藏，沿門托鉢效貧兒。」亦出《景德傳燈錄》：「（大珠慧海禪師）初至江西參馬祖，祖問曰：『從何處來？』曰：『越州大雲寺來。』祖曰：『來此擬須何事？』曰：『來求佛法。』祖曰：「自家寶藏不顧，拋家散走作什麼？我這裏一物也無，求什麼佛法……即今問我者是汝寶藏，一切具足，更無欠少，使用自在，何假向外覓求？」（卷六，頁106）陽明譬自家良知爲己無盡寶藏，無須向外覓求，特舉此以言。

〈示諸生〉一詩，有所謂：「但致良知成德業，謾從故紙費精神，乾坤是易原非畫，心性何形得有塵。」

〈送惟乾〉詩，有云：「簽笈連年愧遠求，本來無物若爲酬。」

其中「心性何形得有塵」、「本來無物」皆與慧能偈相似。「故紙費精神」之說，《景德傳燈錄》亦載其事，謂古靈神讚禪師行腳遇百丈，開悟卻回，其受業本師，一日窗下看經，蜂子投窗紙求出，神讚覩之曰：「世界如許廣闊，不肯出，鑽他故紙，驢年出得！」（卷九，頁157）意喻於故紙中耗精費神，如蜂子投窗欲出，非可尋之路。

凡此，皆陽明引禪典之實例，此其滋人謗議之第三點，陳建因曰：「陽明講學，一切宗祖傳燈。」（《學蔀通辨》卷九，頁150）

四、用禪家方術

禪師接引弟子，喜用大聲呼喝、故作倒語或旁敲側擊之方式，陽明開導門人，亦偶一爲之。例如：

年譜載陽明三十二歲時，已漸悟仙釋二氏之非。是年曾開悟一坐關三年，不語不視之禪僧，陽明喝之曰：「這和尙終日口巴巴說什麼？終日眼睜睜看什麼？」僧驚起，即開視對語。

　　弟子劉觀時嘗問「未發之中」，氣象如何？陽明曰：「啞子吃苦瓜，與你說不得，你要知此苦，還須你自吃。」（《傳習錄》上）五燈會元有類此之事，一僧問洞山微曰：「如何是點點相印底事」，微曰：「啞子吃苦瓜。」此與道明禪師〔註8〕聞慧能「本來面目」之教後，曰：「如人飲水，冷暖自知。」（《傳燈錄》卷四，頁72），同一見地，喻理會於心而難以言傳，惟自修自悟，始能體會眞切。

　　蕭惠問：「己私難克奈何？」陽明曰：「將汝己私來替汝克。」（《傳習錄》上）此即前所述菩提達摩「將心來與汝安」之語法倣用。

　　一友請求講「致知」之功，陽明曰：「此亦須你自家求，我亦無別法可道，昔有禪師，人來問法，只把麈尾提起，一日，其徒將麈尾藏過，試他如何設法，禪師尋麈尾不見，又只空手提起。我這個良知，就是設法的麈尾，舍了這個，有何可提得？」少間，又一友請問功夫切要，陽明旁顧曰：「我麈尾安在？」一時在坐者皆躍然。（《傳習錄》下）

　　陽明嘗於天泉橋對弟子德洪、汝中曰：「我這裡接人，原有此二種，利根之人，直從本源上悟入，人心本體原是明瑩無滯的，原是個未發之中，利根之人，一悟本體，即是功夫。其次不免有習心在，本體受蔽，故且教在意念上實落爲善去惡。……汝中之見，是我這裏接利根人的……。」（同前）陽明採用禪法，此其著者也。

五、好遊寺觀

　　日本久須本文雄，在其《王陽明之禪的思想研究》一書中，曾作詳細考察，謂陽明好遊佛寺，確曾參訪佛寺四十所，其地遍佈達中國之八行省，以此而爲陽明好禪之例證。〔註9〕

　　今據陽明詩而觀，陽明因臨僧寺道觀而作之詩，即有七十餘首，約爲總數八分之一，而表現其物外之趣者，尚不盡其數，陽明曾有詩云：

> 海內交游唯酒伴，年來蹤跡半僧房。相過未盡青雲話，無奈官程促去航。（〈次張體仁聯句〉）

〈憶龍泉山〉詩云：

> 我愛龍泉寺，寺僧頗疎野。

〔註8〕初名慧明，因避師上字，故名道明。
〔註9〕參陳榮捷著〈王陽明與禪〉一文。

〈僧齋〉一詩云：

　　盡日僧齋不厭閒，獨餘春睡得相關。

「年來蹤跡半僧房」、「盡日僧齋不厭閒」，由陽明所自詠，其好遊僧齋寺廟，似不無可說（詩中有名可數者，即達三十間），是以日本學者，特舉此條以爲陽明思想「深染禪學」之證。

　　觀陽明「通二氏與儒家之理」、「引釋道術語」、「引禪典入詩」、「用禪家方術」及「好遊寺觀」等，其與二氏之關係，事實俱在，無可否認，然就此而疑其學說思想之內涵與精神則過矣。陽明涉釋道之學及在悟道歸儒之後，仍與二家有所關連，揆其原因，有三點應加注意者。

（一）時代因素

　　宋明之際所興起之理學，爲時代潮流激盪下之產物，緣於儒者之自覺。每一時代必有適應其社會環境需要之學術產生，然此一學術，發展至極盛後，流弊亦往往隨之而生，則另一學術之興起，常具有補偏救弊之莊嚴意義。如先秦諸子爭鳴，雖各有所尙，要皆起於救世一念。而秦火之後，書籍有缺，故漢儒專心於訓詁考據，以期有補於殘編斷簡。至魏晉隋唐之間，學者對於煩瑣之學，復生厭倦，加以時代動亂之故，於是淸虛之玄學，寂淨之佛學，應時而起，盛極一時，然淸虛自守之恬淡生活究無補於日用倫常之教，其弊至流於虛無之說，寂滅之論，堯舜禹湯文武周孔一貫相承之道統，至是不絕如縷。有志之士思有以復興而濟世，如韓愈、李翱，皆以詆排異端，揚儒衛道爲己任，特闡揚大學、中庸，二字思想遂爲後來宋明理學之先驅。

　　由於時代風氣之轉變，欲期儒道合流，而闡揚《易經》、《老子》，於儒家形而上學亦有所助，理學初期，首言太極，殆有由矣，而佛教自唐以來，具我國文化之色彩愈見濃厚，尤以禪宗一派，更能適應人民之情趣，其勢雖如排山倒海而來。理學基於儒家自覺自發之因素，本孔孟義理之學，而融合道家之玄理與佛家之心性，相激相盪，而開創此儒學之新境，故理學又稱之爲「新儒學」。

　　宋明理學家，承隋唐之道統運動，雖高唱排佛之口號，卻與佛家保持微妙之關係，實際上處於其時佛老之學積漸已深之社會，欲潛移人心，惟有深入佛老，以其思想體系中與儒家相切合者，援引爲用。故理學家在思想及方法上，亦不免受影響而有二家之色彩，然此種影響，非但無礙理學家儒學之基本立場，反助其透識二家觀點立論之不同，能截長去短，爲儒學添增新氣

息。故當時如周濂溪、張橫渠、二程，乃至朱晦庵，均嘗出入於佛門，與方外交遊。則陽明之涉獵二氏之學，除其本身遭遇思想苦悶一因外，時代風氣之浸染亦大有關係。

（二）環境需要

由於時代風氣之影響，當時學者鮮有不聞釋道之說者，然往往拘執於皮毛之見，猶以爲參得大理，於正統聖學及二氏之學，有所不辨而妄投其好，不明是非而甘心以從〔註10〕，此乃陽明深慮於心者。陽明弟子中，即有多人對二氏之學樂聞不疲，如前例所引陸澄、王嘉秀……等。由此推溯前述陽明言論作品中之佛老色彩，檢尋其例，當可發現陽明之通佛老與儒家之理而爲說者，如「不思善、不思惡時認本來面目」、「常提念頭」諸佛語，皆爲陸澄來書所引，陽明依其所問，重複提之，並喻之以儒家之「良知」、「戒懼克治」等理，其心要在使陸澄轉就儒門而學，非刻意混同儒與佛之說也。「元精、元氣、元神」之說，其理亦然。

至於陽明採二家「術語」，用禪家接引弟子之「方技」，其十有九，爲對症下藥，因人器使也，所謂「以其人之道，還治其人之身」是。如陽明對坐關禪僧「大聲呼喝」，對好聞仙佛之弟子蕭惠，使用「機風轉語」（將汝己私來替汝克），此非但不足詬病陽明，反可證陽明善於活用二家之學，更見其儒學立場之堅定。陽明曾有是言：

> 凡居今之時，且須隨機導引，因事啓沃，寬心平氣以薰陶之，俟其
> 感發興起，而後開之以其說，是故爲力易而收效溥，不然將有扞格
> 不勝之患。（〈寄李道夫書〉，《書錄》卷一）

由此段文字，足見陽明循循善誘之施教，用心良深，而其引禪典入詩，特重於「良知」說理部份，亦可明其適應環境之一端也。陽明甘犯他人之詆毀，且無顧詩文之孅妍，寧願「相機導引」，使其思想之傳達能盡意，收效宏溥，心迹何等坦然，又何嘗「陽儒陰佛」，自斃其說耶？

（三）陽明包容之精神

《孟子·盡心篇》有言曰：「執中無權猶執一」，陽明曾爲弟子釋其意，云：

〔註10〕如陽明曾申斥蕭惠之學佛，曰：「汝今所學，乃其土苴，輒自信自好若此，眞鴟鴞竊腐鼠耳。」見《傳習錄》上。

中，只是天理，只是易，隨時變易，如何執得，須是因時制宜，難
預先定一個規矩在，如後世儒者，要將道理一一說得無罅漏，立定
個格式，此正是執一。(《傳習錄》上)

陽明為學，秉此執中而有權之態度，表現其局量寬宏之包容精神，決非墨守
一家之言而姝姝自喜也，陽明嘗曰：

先儒之學得有淺深，則其為言，亦不能無同異，學者惟當反之於
心，不必苟求其同，亦不必故求其異，要在於是而已。今學者於先
儒之說苟有未合，不妨致思，思之而終有不同，固亦未為甚害，但
不當因此而遂加非毀，則其為罪大矣。(〈書石川卷〉，《別錄》卷
一，雜著頁 2)

故其對象山與晦庵之學，非妄置議論，或有所偏袒徇私也，陽明曰：「君子之
學，豈有心於同異，惟其是而已。吾於象山之學有同者，非是苟同，其異者，
自不掩其為異；於晦庵之論有異，非是求異，其同者，自不害其為同也。」(〈答
友人問〉，《書錄》卷三)

有朋友觀書而摘議晦庵者，陽明曰：「是有心求異矣。吾說與晦庵時有不
同者，為入門下手處有毫釐千里之分，不得不辯，然吾之心與晦庵之心，未
嘗異也，若其餘文義解得明當處，如何動得一字？」(《傳習錄》上)

陽明心目中，象山與晦庵「皆不害其同為聖賢」(〈答友人問〉，《書錄》
卷三)，故嘗告諸弟子曰：「各自且論自己是非，莫論朱陸是非。」(《傳習錄》
上，〈啟問道通書〉)。陽明喜晦庵「涵育薰陶」之說 (〈答南元善〉，《書錄》
卷三)，卻採象山直捷簡易之學，此正為其因時制宜，執中應變之精神。

此一貫為學態度，用之於釋老之教亦然。有弟子問釋與儒孰異？陽明告
曰：「子無求其異同於儒釋，求其是者而學可矣。」問：「是與非孰辨乎？」
陽明曰：「無求其是非於講說，求諸心而安焉者是矣。」(〈贈鄭德夫歸省序〉，
《文錄》卷三)

故對於世儒之譏議，陽明但求諸心安，以無辯止謗也，陽明曰：「今之君
子，或疑予言之為禪矣，或疑予言之求異矣，然吾不敢苟避其說，而內以誣
於己，外以誣於人也。」(〈書王天宇卷〉，《別錄》卷一) 又曰：「其孰是孰非
而身發明之，庶有益於斯道矣，若徒入耳出口，互相標立門戶，以為能學，
則非某之初心。」(〈書石川卷〉，《別錄》卷一，雜著頁 2) 一切是非皆審之於
己，但求有益於斯道，陽明以此意示弟子，曾有言曰：

眼前路逕，須放開闊，才好容人來往，若太拘窄，恐自己亦無展足
之地矣。(〈答劉內重〉,《書錄》卷二)

陽明有此寬闊之胸襟，又能「鑑空衡平，執中應變」，故能於各家學說兼容並
蓄，以育養胸中一點靈明。陽明曰：

二氏之用，皆我之用，即吾盡性至命中完養此身，謂之仙；即吾盡
性至命中不染世累，謂之佛。但後世儒者不見聖學之全，故與二氏
成二見耳。譬之廳堂三間，共爲一廳，儒者不知皆吾所用，見佛氏，
則割左邊一間與之，見老氏則割右邊一間與之，而己則自處中間，
皆舉一而廢百也。聖人與天地民物同體，儒佛老莊，皆吾之用，是
之謂大道。二氏自私其身，是之謂小道。(〈答張光沖〉,見〈年譜〉)

陽明能放寬眼前路逕，二氏之學遂能爲其所用，此儒家聖賢「致廣大而盡精
微，極高明而道中庸」(《中庸》)之風也。

據此節節分析，可進一步明瞭陽明之引二家術語、學說、方技以開曉弟
子，乃是「因時制宜、隨機導引」，在「方法上」有所應變，有所取材耳，
陽明之引禪典入詩，實則唐宋詩人，早已開風氣之先〔註 11〕況據事用典本爲
詩文家之專藝，陽明博見群書，自能左右逢源，正如其引儒家經文、歷史故
實入詩，陽明之拈掇禪語、禪典，原是極其自然之事，所可議者，僅在用之
善與不善耳（詩家有云：「詩宜參禪味，不宜作禪語」見紀昀批瀛奎律髓）
〔註12〕，而此又非陽明爲文賦詩所念念顧慮者。

至於據陽明好遊寺觀，而斷其深染禪學，此亦不足爲證也。余以爲與其
稱陽明好遊寺觀，毋寧說其好遊山水。遊山玩水，本爲我國文人之通習，陽
明尤有甚之，觀其平生行迹，除講學一事外，惟林泉悠遊之樂最爲其所繫
戀，此不獨閒居爲然，即於倥傯之際，亦未嘗忘其所好，而陽明之涉足游息
寺觀，以彼超然於勢利紛華之外，爲其淡泊恬適之性所宜，此言之成理，據
之可信也，茲舉其詩以言之。陽明詩云：

濯纓何處有清流，三月尋幽始得幽，淡我平生無一好，獨於泉石尚
多求。(〈復用杜韻〉)

人生山水須認眞，胡爲利祿纏其身，高車駟馬盡桎梏，雲臺麟閣皆
埃塵。(〈送邵文實方伯致仕〉)

〔註11〕參杜松柏著《禪學與唐宋詩章》第四章。
〔註12〕同前書，頁 315。

> 平生山水最多緣，視此瑣屑眞浮漚。（〈江上望九華〉）

> 平生山水已成癖，歷深探隱忘肌疲。（〈江施二生冒雨登山人多笑之，戲作歌〉）

> 古洞閒來日日遊，山中宰相勝封侯。（〈夏日遊陽明小洞天〉）

> 每逢山水地，便有卜居心；終歲風塵裏，何年滄海潯。（〈寄隱巖〉）

> 平生泉石好，所遇成淹留。（〈水濱洞〉）

陽明淡泊成性而適意山水間，其登臨寺廟乃極順理成章之事，何以然？陽明有詩曰：

> 僧屋煙霏外，山深絕世諠。（〈化城寺〉）

尤以經歷仕途之跋涉後，煙霞物表之思愈爲深切，陽明常詠詩感嘆曰：「從來野性只山林，翠壁丹梯處處尋：

> 一自浮名縈世網，遂令眞訣負初心。（〈即事漫述〉）

又曰：

> 自憐失腳趨塵土，長恐歸期負海雲；正憶山中詩酒伴，石門延望幾斜曛。（〈繁昌道中阻風〉）

陽明不免有息意丘園，長居山林之想，陽明曰：

> 野性從來山水癖，直躬更覺世途難；卜居斷擬如周叔，高臥無勞比謝安。（〈四明觀白水〉）

世途直道難行，陽明因嘆曰：

> 已知造物終難定，惟有煙霞或可依。（〈次張體仁聯句〉）

煙霞物表之思，令陽明不時而生物外之情，亦使陽明詩富有禪迹。如云：

> 尋山到山寺，得意卻忘山；巖樹坐來靜，壁蘿春自閑。樓臺星斗上，鐘磬翠微間；頓息塵寰念，清溪踏月還。（〈香山次韻〉）

陽明原爲尋山而來，靜憩巖寺，疏鐘浮耳，忽覺塵襟盡滌，而忘此山行之目的。依其行迹，投宿僧榻乃成必然，觀其詩所云：

> 每逢佳處問山名，風景依稀過眼生；歸霧忽連千障暝，夕陽偏放一溪晴。晚投巖寺依雲宿，靜愛楓林送雨聲；夜久披衣還起坐，不禁風月照人清。（〈又用曰仁韻〉）

夜棲山寺，靜聽楓林雨聲，頓時風月人心兩皆清朗。陽明又有棲禪寺一詩，云：

> 絕頂深泥冒雨扳，天於佳景亦多慳；自憐久客頻移棹，頗羨高僧獨
> 閉關。江草遠連雲夢澤，楚雲長斷九嶷山；年來出處渾無定，慚愧
> 沙鷗盡日閑。(〈棲霞寺雨中與惟乾同登〉)

高僧閑居養道，謝絕人事紛華，陽明因有感於己年來奔走仕途，居無定所。
至世事難以為力之際，陽明不免嘆曰：

> 世途濁隘不可居，吾將此地營蘭若。(〈遊九華道中〉)

「蘭若」即僧人所居之寺院也。陽明表現此超然世外之情，尚見其他詩中。
如云：

> 人間酷暑避不得，清風都在深山中。池邊一坐即三日，忽見巖頭碧
> 樹紅。(又四絕句 (三))

> 一覺紅塵夢欲殘，江城六月猶風湍，人間炎暑無逃避，歸向山中臥
> 歲寒。(〈題歲寒亭贈汪尚和〉)

> 雨中浮峰興轉劇，醉眠三月不知還，眼前風景色色異，惟有人聲似
> 世間。(四絕句之 (四))

此三詩具道者岸然之情。

　　陽明與寺觀之結「緣」，由於其好遊山水，而山水林泉之樂，惟恬淡適意
者能居之，加以世途之擾攘，陽明自不免嚮往於方外清靜之生活，此原不必
與參禪之說混而為一也。

第三節　陽明對仙佛客觀之論

　　宋明理學均有禪宗色彩，陽明嘗涉仙佛，其色彩濃厚，更不待言，然攻
陽明者，於其與仙佛之關係則誇大之，關於其批評二家之學，則略而不談，
此不可不辯。

　　陽明對二氏之批評，本其一貫論學之客觀態度，即「不苟求其同異，但
反之於心，求其是而學焉耳」，故陽明能洞見二氏學說之精微，察其妙與聖學
只有毫釐之間。至於論是非取捨，惟求諸心安而已。

　　陽明初悟二氏之非，而歸正學於儒家，以儒家聖學之道簡易廣大，而二
氏之自私其身，是謂小道，陽明最所論議者，即二氏遺棄人倫事物之常以為
教，以陽明觀之，此為自私自利，不足以言天下國家，特就陽明所論議者，
攝其要而言之。

一、就「著相」而論

　　無相無念為禪宗思想，《壇經》云：「先立無念為宗，無相為體。」(《六祖壇經‧定慧品第四》) 曰：「外離一切相，名為無相，外若著相，內心即亂。」(〈妙行品第五〉)《金剛經》亦論：「凡有所相，皆是虛妄。」陽明曰：

> 佛氏不著相，其實著了相。佛怕父子累，卻逃了父子，怕君臣累，卻逃了君臣，怕夫婦累，卻逃了夫婦，都是為個君臣父子夫婦著了相，便須逃避。如吾儒有個父子，還他以仁，有個君臣，還他以義，有個夫婦，還他以別，何曾著父子君臣夫婦的相。(《傳習錄》下)

蓋陽明以盡仁盡義，乃是無著，而佛家逃避倫常，正是著於私意。陽明又曰：

> 仙家說到虛，聖人豈能虛上加得一毫實，佛家說到無，聖人豈能無上加得一毫有？但仙家說虛，從養生上來，佛家說無，從出離生死苦海上來，卻於本體上加卻這些意思在，便不是他虛無的本色了，便於本體有障礙，聖人只是還他良知的本色，更不著些子意思在。(《傳習錄》下)

陽明以為佛家云不著相，實則於本體已著私意。又曰：

> 無善無惡者，理之靜，有善有惡者，氣之動，不動於氣，即無善無惡，是謂至善。佛氏著在無善無惡上，便一切不管，不可以治天下，聖人無善無惡，只是無有作好，無有作惡，不動於氣。(《傳習錄》上)

陽明又評佛氏不思善不思惡之說，曰：「今欲善惡不思，而心之良知清靜自在，此便有自私自利。」(《傳習錄》中)

　　綜其說，釋氏於世間一切情欲之私，都不染著，似無私心，但外棄人倫，以陽明觀之，「亦只是一統事，都只是成就他一個私己之心。」(《傳習錄》上)

二、就盡心養心而論

　　禪宗以「不立文字，直指人心，見性成佛」為宗旨，主張明心見性。陽明提倡心學，以吾性自足，反求諸己為說，似與禪宗不假外求看法相同，然言盡心，則趨異，陽明於此特有所辨，陽明曰：

夫禪之學，與聖人之學，皆求盡其心也，亦相去毫釐耳。聖人之求盡其心也，以天地萬物爲一體，吾之父子親矣，而天下有未親者焉，吾心未盡也；吾之君臣義矣，而天下有未義者焉，吾心未盡也；吾之夫婦別矣，長幼序矣，朋友信矣，而天下有未別未序未信者，吾心未盡也。凡以裁成輔相，成己成物，而求盡吾心焉耳，心盡而家以齊，國以治，天下以平，故聖人之學，不出乎盡心。禪之學，非不以心爲說，然其意以爲是達道也者，固吾之心也，吾惟不昧吾心於其中，則亦已矣。而亦豈必屑屑於其外，其外有未當也，則亦豈必屑屑於其中，斯亦其所謂盡心者矣，而不知已陷於自私自利之偏，是以外人倫，遺事物，以之獨善或能之，要之不可以治國家天下。(〈重修山陰縣學記〉，《文錄》卷四)

論養心之說，亦然。陽明曰：

吾儒養心，未嘗離卻事物，只順其天則自然，就是功夫。釋氏卻要盡絕事物，把心看作幻相，漸入虛寂去了，與世間若無些子交涉，所以不可以治天下。(《傳習錄》下)

佛家之盡心與養心，以陽明觀之，皆無補於天下。

三、從功夫次第上言

佛之頓悟與常惺惺，陽明以爲非心之全體大用，禪宗雖主明心見性，定慧兼修，以求頓悟，然此頓悟，陽明以其爲空虛，不若儒之格致誠正，陽明答顧東橋書，曰：

區區格致誠正之說，是就學者本心日用事爲間，體究踐履，實地用功，是多少次第，多少積累在，正與空虛頓悟之說相反。(《傳習錄》中)

故禪家教人「常惺惺」、「常提起念頭」，陽明則教以「必有事焉」，陽明曰：「戒懼克治，即是常提不放之功，即是必有事焉。」(《傳習錄》中)就性質言其相通，然提起念頭與實際行爲必須合一，應於日常事爲之間用功。

四、從「靜坐」而觀

宋明儒家喜言靜坐，以靜坐學功夫，有如佛家之坐而修禪，坐禪非成佛唯一道路，慧能曾有是言：「長坐拘身，於理何益？」(《壇經‧頓漸品第八》)此與陽明教弟子靜坐之觀念略同。然推求靜坐之內容，則不可不別。慧能釋

「坐禪」之意義曰：

> 外於一切善惡境界，心念不起，名為「坐」，內見自性不動，名為
> 「禪」。（《壇經‧妙行品第五》）

陽明對其教弟子靜坐一事，有言曰：

> 吾昔居滁時，見諸生多務支解，口耳異同，無益於得，姑教之「靜
> 坐」，一時窺見光景，頗收近效。（《傳習錄》上）

然靜坐久之，學者漸有喜靜厭動，流入枯槁之弊，故陽明特明其靜坐之意
義，曰：

> 前在寺中所云靜坐事，非欲坐禪入定，蓋因吾輩平日為事物紛拏，
> 未知為己，欲以此補小學、收放心一段功夫耳。（〈與辰中諸生〉）。

陽明於此明其靜坐目的，是欲收放心，已與慧能「此門坐禪，原不著心」之
說，大不相同，禪家之「靜坐」，欲「心念不起」，陽明答陳九川「靜坐求屏
息念慮」之問，則曰：「念如何可息，只要正，戒謹恐懼即是念。」（《傳習
錄》下）

故陽明謂儒者之靜，曰：「那三更時分空空靜靜的，只是存天理，即是如
今應事接物的心。」（《傳習錄》下）此所謂「動靜合一」也，雖曰靜坐，其
心則戒慎恐懼，時時學存天理，若「只兀兀守此昏昧雜擾之心，陽明以為即
是『坐禪入定』」（《與王純甫（二）書錄》卷一）陽明詩曰：「習靜未緣成久
坐。」（〈再至陽明洞和邢太守韻〉）即針對坐禪入定為言也。

以上所論是非，皆陽明求諸心安而得之見，然在陽明評論中，猶可見其
客觀之包容精神，僅對坐禪一事，陽明即表現兩種態度，此於陽明詩中見
之。

〈德山寺次壁間韻〉，詩云：

> 乘興看山薄暮來，山僧迎客寺門開；雨昏碧草春申墓，雲捲青峰善
> 卷臺。性愛煙霞終是僻，詩留名姓不須猜；岩根老衲成灰色，枯坐
> 何年解結胎。

陽明乘興遊山，薄暮經德山寺，山僧延之入內，陽明題詩壁間。全詩著意於
末二句。此處老衲用功，即屬坐禪入定之類，陽明用「灰」字與「枯」字，
含貶斥之意，譬如〈詠良知〉詩云：「人人有個圓圈在，莫向蒲團坐死灰」（《書
汪進之太極巖》）陽明喻坐禪入定，易流入槁木死灰也。

另有一詩，可與此首參看。

〈有僧坐巖中三年，詩以勵吾黨〉，其詩云：

> 莫怪巖僧木石居，吾儕眞切幾人如；經營日夜身心外，剝竊糠秕齒
> 頰餘。俗學未堪欺老衲，昔賢取善及陶漁；年來奔走成何事，此日
> 斯人亦起予。

巖僧坐關三年，不究其解道與否，其眞切精神，足可發世人深省，陽明曾曰：「世之儒者，妄開寶逕，蹈荊棘，墮坑塹，究其爲說，反出二氏之下。」（〈朱子晚年定論序〉）所謂妄開寶逕，墮坑塹，皆由馳騖身心之所致，所成俗學，亦不足欺矇老衲也。陽明同時而起戒惕之心，審其年來奔走，所成何事？欲效大舜之「樂取於人以爲善」。〔註13〕

陽明雖於前詩表現其對「枯坐老衲」不取之態度，此詩卻以他種角度讚老衲眞切之精神，陽明之與人爲善也若此。

又如〈山僧〉一詩，詩云：

> 巖下蕭然老病僧，曾求佛法禮南能；論詩自許窺三昧，入聖無梯出
> 小乘。高閣松風飄夜磬，石床花雨落寒燈；更深月出山憁曙，漱齒
> 焚香誦法楞。

南能，即禪宗五祖以下之南宗慧能，法楞爲禪宗主要教典。陽明寫山僧求法無狀之景，雖長年累月，焚香誦經，而入聖無梯，既老且病矣，其情蕭然。陽明另一詩，又云：「禪堂坐久發清磬，卻笑山僧亦有心」（〈夜宿浮峰次鄒謙之韻〉）。山僧有心求法，其精神非俗儒可堪與比也。

陽明曾有是言：「善學之，則雖老氏之說無益於天下，而亦可以無害於天下，不善學之，則雖吾夫子之道，而亦不能以無弊。」（〈策五道〉，《文錄》卷一）

依陽明之意，儒佛均各有其道，唯須因時因地而異，用必得宜，以大端而觀，則須有宗有統，陽明以爲：

> 夫佛者，夷狄之聖人；聖人者，中國之佛也，在彼夷狄，則可用佛
> 氏之教以化導愚頑；在我中國，自當用聖人之道以參贊化育。（〈諫
> 迎佛疏〉）

陽明之學，實以儒家爲宗統，而其「化愚導頑」，不時取二氏之學以爲用，於

〔註13〕 《孟子・公孫丑上》：「大舜有大焉，善與人同，舍己從人，樂取於人以爲善，自耕稼陶漁，以至爲帝，無非取於人者。取諸人以爲善，是與人爲善者也。」

二氏之「自私自利」，則棄如敝屣，其所表現，正中庸所謂「小德川流、大德敦化」之精神也。

第四節　具體事實之表現

　　陽明常語弟子曰：「學必操事而後實」（〈年譜〉），故其論「知行合一」、論「致良知」，非徒講之於口耳，必講之於身心而實有諸己也，著重於「行」字與「致」字。陽明曰：

> 未有知而不行者，知而不行，只是未知，如稱某人知孝，某人知弟，必是其人已曾行孝行弟，方可稱他知孝知弟，不成只曉得說些孝弟的話，便可稱他爲知孝弟。（《傳習錄》上）

此陽明所謂「眞知即所以爲行，不行不足謂知」之意。又曰：

> 所謂知也，而未可謂之致知，必致其知如何爲溫凊之節者之知，而實之以溫凊；致其知如何爲奉養之宜者之知，而實以之奉養，然後謂之致知。（《傳習錄》中）

> 欲致其良知，亦豈影響恍惚而懸空無實之謂乎？是必實有其事矣，故致知必在於格物。（〈大學問〉）

陽明於此僅就行孝行弟一事爲例，推之則凡事莫不然，必求諸心而返諸行。陽明之學，以成德行爲務，就其事爲實行之表現而觀，陽明堪稱學問道德之踐履者，用之於事君則「忠」，用之於事父則「孝」，行之於政則「親民」，統合言之，可以「親民哲學」四字概之，是陽明以此別於佛老之學最爲具體者。陽明曰：

> 昔之人固有欲明其明德矣，然或失之虛罔空寂，而無有乎家國天下之施者，是不知明明德之在於親民，而二氏之流是矣。（〈親民堂記〉）

又曰：

> 只說明明德而不說親民，便似老佛。（《傳習錄》上）

故陽明釋大學之義，以明明德與親民爲一事，曰：

> 明明德者，立天地萬物一體之體也；親民者，達天地萬物一體之用也，故明明德必在於親民，而親民乃所以明其明德也。（〈大學問〉）

明明德必落實於親民，始能得其眞實之表現，故南元善問政於陽明，陽明答

曰：「政在親民」（〈親民堂記〉）其書趙孟立卷，亦言其意曰：

> 郡縣之職，以親民也，親民之學不明，而天下無善治矣。親吾之父
> 以及人之父而孝之德明矣，親吾之子以及人之子而慈之德明矣，明
> 德親民也而可以二乎？惟夫明其明德以親民也，故能以一身爲天
> 下，親民以明其明德也，故能以天下爲一身，夫以天下爲一身，八
> 荒四表，皆吾支體，而況一郡之治，心腹之間乎？（《別錄》卷一）

凡爲政者，皆應以親民爲職，儒家言道，不離人倫民物，而佛老則於人倫事
物之外以求明德，故不足以爲天下國家。

　　陽明立教，皆經實踐，其親民之實踐，始於孝親、忠君，而達之於天下
之民，其大立事功，尤表現愛民、親民之舉，如撫諭賊巢，興立社學，疏通
鹽法，請寬租稅……不勝例舉，今略述其要於後，以見陽明身體力行，學以
致用之精神。

一、孝　悌

　　孝悌爲仁之本，擴一體之仁以達於天下，必由孝悌始，孟子所謂「親親
而仁民、仁民而愛物」是也。凡人皆具孝悌之心，惟能不蔽昧於私欲，乃能
充擴得盡。

　　年譜曾載陽明一段故事。陽明本有經世大志，然從宦十餘年，未能一展
宏才，且京中共事之友，俱乏深遠識見，不務實學而尚虛名，陽明心灰之
餘，亟思離世遠遁，惟不能斷其思親孝親之念，其時，陽明三十一歲，由此
而悟仙釋二氏離棄人倫之非。翌年，陽明移住錢塘西湖，見一坐關禪僧，三
年不語不視，陽明問其家，僧對曰：「有母在。」問其起念否？對曰：「不能
不起。」陽明乃以愛親本性論之，僧涕泣而謝，明日欲問之，僧已離去。

　　陽明既用世，每於出征客地，或謫居異域之際，最不能忘懷者，乃庭闈
之念，此眞性之流露，躍然紙上。云：

> 子有昆弟居，而我遠親側，回思菽水歡，羨子何由得。（〈答汪抑
> 之〉）

此詩作於赴謫途中。《禮記・檀弓》曰：「啜菽飲水盡其歡」，菽水承歡喻貧子
之盡孝也，陽明因赴謫而遠離親側，雖欲盡貧子之孝，猶不可得也。

　　既赴謫，劉瑾猶遣人隨偵，意欲加害，陽明赴商舟以脫，飄流至閩界登
岸，擬從此遠遁，不赴謫所，經一道者之開悟，還念親之安危，恐劉瑾遷怒
於其親，乃委曲求全，勉力赴任，先道鄱陽，往省龍山公，陽明於〈武夷次

壁間韻〉一詩，有云：「歸去高堂慰垂白」，〈採蕨〉詩云：「已矣供子職，勿更貽親哀。」是陽明能不辱於其親也。

　　陽明自從宦以來，經年身繫客途，故其懷歸之情極切，屢上歸省疏，皆未獲准，正德十五年，於虔（江西虔州）官廨之後，構軒名曰思歸，並著〈思歸軒賦〉一文，不勝懷鄉之情，曰：

> 吾思乎，吾思乎，吾親老矣，而暇以他爲乎？……歸兮，歸兮，又奚疑兮，吾行日非兮，吾親日衰兮，胡不然兮，曰思子旋兮，後悔可遷兮，歸兮歸兮。（《詩錄》卷一）

其詩云：

> 思親獨疚心，疾憂庸自遣。（〈諸生來〉）

> 惟縈垂白念，旦夕懷歸圖。（〈贈黃太守澍〉）

> 孤雲渺渺親庭遠，長日斑衣羨老萊。（〈立春〉）

老萊爲春秋楚人，性至孝，年七十，猶著五色斑斕衣，作嬰兒戲，以娛其親，陽明每思之，詩云：「綵衣何日是庭趨」（〈舟中除夕〉）、「思家獨切老萊斑」（〈龍岡謾興〉）、「思親謾想斑衣舞」（〈醉後歌用燕思亭韻〉），欲養之情，溢於言表。

　　正德十五年閏八月，陽明〈四乞省葬疏〉，合其前請，具表於文，曰：

> 照得先准吏部咨，該臣奏稱，以父老祖喪，屢疏乞休，未蒙憐准。……臣思祖母自幼鞠育之恩，不及一面爲訣，每一號痛，割裂昏殞，臣父衰老日甚，近因祖喪，哭泣過節，見亦臥病苦廬，臣今扶病驅馳兵革，往來廣信南昌之間，廣信去家不數日，欲從其地，不時乘間抵家一哭，略爲經畫葬事，一省父病。……臣以父病日深，母喪未葬之故，日夜哀苦，憂疾轉劇，犬馬驅馳之勞，不足齒錄，而烏鳥迫切之情，實可矜憫，已蒙前旨，許待賊平之日來說，迄今已踰八月，未奉明旨，臣旦暮惶惶，延頸以待，內積悲痛之鬱，外遭窘局之苦，新患交乘，舊病彌篤，夫以人臣竭忠委命，以赴國事，及事之定，乃故使之不得一省其親之疾，是沮義士之志，而傷孝子之心也。

> 臣之痛苦，刻骨剗心，憂病纏結，與死爲鄰，已無足論，而臣父衰疾日亟，呻吟床席，思臣一見，晝夜涕洟，每得家書，號慟顛殞，

蘇而復絕，夫虎狼惡獸，尚知父子，烏鳥微禽，猶懷反哺，今臣父
病，狼狽至此，惟欲望臣一歸，而臣乃依依貪戀官爵，未能決然逃
去，是禽獸之不若，何以立身於天地乎？夫人之大倫，內則父子，
外則君臣，事君以忠，事父以孝，不忠不孝，為天下之大戮，臣之
歸省父疾，在朝廷視之，則一人之私情，自臣身言之，則一生之大
節，往者寧藩之變，臣時欲歸省父疾，然則宗社危急，呼吸之間，
存亡攸係，故臣捐九族之誅，委身以死國難，時則君臣之義為重，
今國難已平，兵戈已息，臣待罪巡撫，不過素餐尸位，以苟歲月，
而臣父又衰老病篤若此，尚爾貪戀祿位而不去，此尚可以為子
乎？……今復候命不至，臣必冒死逃歸，若朝廷憫其前後懇迫之
請，赦而不戮，臣死且圖啣結。(《奏疏》卷三)

陽明反覆陳言，其情方之李密報劉之切（陳情表），實有過之而無不及也。弟
子錢德洪嘗為之言曰：

祖母岑太夫人百歲考終，時海日翁壽七十有五矣，尤煢煢苫塊，哀
毀踰制。師十二失恃，鞠於祖母，在贛屢乞終養弗遂，至是聞訃，
已不勝痛割，又聞海日翁居喪之戚，將何以為情，欲濟無梁，欲飛
無翼，讀之令人失涕。師之學發明同體萬物之旨，使人自得其性，
故於人義天常，無不懇至，而居常處變，神化妙應，以成天下之
務，可由此出，其道可以通諸萬世而無弊者，得其道之中也。(《書
錄》，卷五〈陽明「又與克彰太叔」德洪附跋〉)

德洪此言，將陽明之學與其行合一，知陽明立教弘深，蓋有其因也。誠孔子
所謂：「孝，德之本也，教之所由生也。」(《孝經‧開宗明義》)

陽明昆仲有四，陽明居長，弟守儉、守文、守章皆庶母所出。陽明愛友
其弟，可於如後二詩見之，詩云：

扁舟風雨泊江關，兄弟相看夢寐間，已分天涯成死別，寧知意外得
生還。

投荒自識君恩遠，多病心便吏事閒，攜汝耕樵應有日，好移茅屋傍
雲山。(〈赴謫次北新關喜見諸弟〉)

投竄荒夷，九死一生，逆旅逢親，喜慰之情，非言語所能盡也，陽明心生無
限希望，曰：「攜汝耕樵應有日，好移茅屋傍雲山。」有待其來歸之日。詩又
云：

> 爾來我心喜，爾去我心悲，不爲倚門念，吾寧舍爾歸。長途正炎
> 暑，爾行慎興居，涼茗勿頻啜，節食但無飢。勿出船旁立，勿登岸
> 上嬉，收心每澄坐，適意時觀書。申洪皆冥頑，不足長嗔答，見人
> 勿多說，慎默真如愚，接人莫輕率，忠信持謙卑，從來爲己學，慎
> 獨乃其基，紛紛多嗜欲，爾病還爾知，到家良足樂，怡顏報重闈，
> 昨秋童蒙去，今夏成人歸，長者愛爾敬，少者悅爾慈，親朋稱嘖
> 嘖，羨爾能若茲。信哉學問功，所貴在得師，吾匪崇外飾，欲爾沽
> 名爲。望爾日愓愓，聖賢以爲期。九口及印弟，誦此共勉之。(〈守
> 文弟歸省攜其手歌以別〉)

此詩爲陽明官居南都時所作，守文弟來而復歸，陽明攜其手歌以別，諄諄告
誡，恐有不能及之者，見其友慈懇切之心。

二、忠　君

　　陽明於仕途中所遇之坷坎，皆其敬事盡忠之表現，其一心在國，每忘自
身之安危、毀譽、得失，甚而不惜以死勤事，實具儒家「知其不可爲而爲之」
之精神，此由前述陽明因諫被謫，以忠受謗，所蒙不白之冤可知，以陽明淡
泊寧靜之性，早懷歸隱山林之意，陽明有詩云：

> 一絲無補聖明朝，兩鬢徒看長二毛；自識淮陰非國士，由來康節是
> 人豪。時方多難容安枕，事已無能欲善刀；越水東頭尋舊隱，白雲
> 茅屋數峰高。(〈歸興〉)

善刀者，莊子養生主曰：「善刀而藏之。」注：「善猶拭也，拭刀而弢之也。」
自斂其才之喻。陽明又曰：

> 茅茨松菊別多年，底事寒江尚客船；強所不能儒作將，付之無奈數
> 由天。徒聞諸葛能興漢，未必田單解誤燕；最羨漁翁閒事業，一竿
> 明月一蓑煙。(〈即事謾述〉)

然而陽明何嘗棄國事不顧而退歸山林？有詩云：

> 山僧對我笑，長見說歸山；如何十年別，依舊不曾閑。(〈宿淨寺〉)

又云：

> 也知世事終無補，亦復心存出處間。(〈僧齋〉)

> 平難心仍在，扶顛力未衰。(〈楊邃菴待隱園次韻〉)

> 一身良得計，四海未忘情；語及艱難際，停盃淚欲傾。(同前)

陽明臨難倡義興師，實以臣子之義有不能捨之而去者，其平諸賊，復能體君王之仁，露布朝廷威德，示以朝廷不殺之恩，令蠻夷向化歸服，其詩云：

> 樓船金鼓宿烏蠻，魚麗群舟夜上灘；月遠旌旗千嶂靜，風傳鈴柝九溪寒。荒夷未必先聲服，神武由來不殺難；想見虞廷新氣象，兩堦干羽五雲端。（〈謁伏波廟〉）

《易·繫辭上》云：「古之聰明叡智，神武而不殺者夫。」陽明此喻君王以德服民而不以威逼也。其詩又云：

> 勞矣田人莫遠迎，瘡痍未定犬猶驚；燹餘破屋須先緝，雨後荒畬莫廢耕。歸喜逃亡來負襁，貧憐繡綺綴旗旄；聖朝恩澤寬如海，甌鮒盆魚縱爾生。（〈南寧〉）

乃事成，陽明且歸功於上，詩云：

> 戡亂興師既有名，揮戈真已見風行；豈云薄劣能驅策，實仗皇威自震驚。（〈桶岡和邢太守韻〉）

> 尚喜遠人知向望，卻慚無術救瘡痍；從來勝算歸廊廟，恥說兵戈定四夷。（〈謁伏波廟〉）

陽明平兩廣之亂後，其時朝中學士霍韜等曾上疏言陽明之功，其曰：「臣等是以歡服守仁能體陛下之仁，以懷綏思田向化之民，又能體陛下之義，以討服八寨梗人之賊，仁義兩得之也。」（見〈年譜〉）

竭股肱之力，以彰聖德，陽明善事其君矣。

三、親 民

孟子曰：「禹思天下有溺者，猶己溺之也；稷思天下有飢者，猶己飢之也。」（〈離婁篇〉）陽明曰：「聖人各有憂民之念，而同其責任之心，夫聖人之憂民，其心一而已矣，所以憂之者，雖各以其職，而其任之於己也，曷嘗有不同哉？」（《文錄》卷一）此誠然也，當變亂四起，生靈塗炭之際，陽明所切切著於心而責其任者，豈異聖人之憂民哉？其奮袂而起，奔波於途者，欲以解生民倒懸之苦耳，試讀其詩，可知聖者悲天憫人之心懷。其詩云：

> 處處山田盡入畬，可憐黎庶半無家；興師正為民瘼甚，陟險寧辭鳥道斜。（〈桶岡和邢太守韻〉）

畬者，猺民之名也，此指據桶岡為亂之山賊也，強佔民田，致黎庶無家，陽明不辭山勢險峻，率兵而來，為拯民水火也。其詩又云：

旬初一雨遍汀漳，將謂汀虔是接疆；天意豈知分彼此，人情端合有
炎涼。月行今已虛纏畢，斗杓何曾解挹漿；夜起中庭成久立，正思
民瘼欲沾裳。見說虔南惟苦雨，深山毒霧常陰陰；我來遍尋一春
旱，誰解挽回三日霖。寇盜郴陽方出掠，干戈塞北還相尋；憂民無
計淚空墮，謝病幾時歸海潯。（〈祈雨〉二首）

陽明初平漳寇，駐軍上杭，時汀漳上杭久旱不雨，陽明為之禱於行台，得
雨，曾作〈喜雨詩〉，有云：「即看一雨洗兵戈，便覺光風轉石蘿」、「山田旱
久兼逢雨，野老歡騰且縱歌」，及入贛南，又逢虔地之民苦雨，寇賊未滅，復
遭天旱，睹民之疾苦，惻隱之心，油然而生，〈觀九華龍潭〉一詩云：

吾欲鞭龍起，為霖遍九州。

〈題施總兵所畫龍〉詩云：

只今旱劇枯原野，萬國蒼生望霑灑；憑誰拈筆點雙睛，一作甘霖遍
天下。

其憂民之念，可謂無時無刻，其寄於詩而抒發者尚多，如云：

邊烽西北方傳警，民力東南已盡疲。（〈書草萍驛〉）

慚無國手醫民病，空有官銜糜俸錢。（〈寄江西諸士夫〉）

我心惟願兵甲解，天意豈必斯民窮。（〈三日風〉）

閭閻正苦飢民色，咪畝常懷老圃心。（〈和董蘿石菜花韻〉）

淋漓念同胞，苦甘吾與爾。（〈天心湖阻泊〉）

瘡痍念同胞，至人匪為己。（〈復過釣臺〉）

陽明不獨憂民之所憂，且能喜民之所樂，正所謂苦甘與民而共也，大地漸蘇
之際，陽明喜而歌曰：

南國已忻回甲馬，東田初喜出農簑。（〈回軍上杭〉）

寇平漸喜流移復，春煖兼欣農務開。（〈回軍龍南、小憩玉石巖〉）

陽明所經之地，百姓多聞風嚮慕，如大旱之望雲霓。嘉靖六年，陽明往征思
田，繼宸濠之亂後，復過江西南浦，父老軍民頂香林立，填途塞巷，至不能
行，陽明有詩云：

南浦重來夢裏行，當年鋒鏑尚心驚；旌旗不動山河影，鼓角猶傳草
木聲。已喜閭閻多復業，獨憐饑饉未寬征；迂踈何有甘棠惠，慚愧

　　　　香燈父老迎。(〈南浦道中〉)

《詩經‧召南甘棠篇》云:「蔽芾甘棠,勿翦勿伐,召伯所茇。」此詩為周民感念召公之善政也,陽明自問無甘棠之惠施於民,愧父老之迎趨也,其詩又云:

　　　　猶記當年築此城,廣徭湖寇正縱橫;人今樂業皆安堵,我亦經過一駐兵。香火沿門慚老稚,壺漿遠道及從行;峰火摯手疲勞甚,且放歸農莫送迎。(〈過新溪驛〉)

陽明善績著於人心,百姓視如時雨之師,簞食壺漿以迎之,由此詩可見陽明親民愛民之實效。

　　　然而,陽明最足為人稱道者,乃其一體之仁,大公而無私,其於為匪為寇之民,猶存體恤矜憫之意,每臨出師,必祈朝廷許以便宜從事之旨,視民之可撫則撫之,非不得已,不濫施其兵威,陽明詩云:

　　　　窮巢容有遭驅脅,尚恐兵鋒或濫加。(〈桶岡和邢太守韻〉)

　　　　莫倚謀攻為上策,還須內治是先聲。(〈回軍九連山道中短述〉)

　　　　窮搜極討非長計,須有恩威化梗頑。(〈平八寨〉)

故非遇頑凶稔惡之賊,陽明必先以善言安撫之,以義開曉,期以德化,開彼等更生之路,陽明撫諭賊民之書,充分流露其心宅之仁厚,試舉其一以見,陽明曰:

　　　　夫人情之所共恥者,莫過於身被盜賊之名;人心所共憤者,莫過於遭劫掠之苦,人同此心,爾寧獨不知?必欲如此,其間想亦有不得已者,或為官府所迫,或為大戶所侵,一時誤入其中,後遂不敢出,此等苦情,亦甚可憫,然亦皆由爾等悔悟不切耳。爾等久習惡毒,忍於殺人,心多猜疑,豈知我上人之心,無故殺一雞犬,尚且不忍,況於人命關天,我每為爾等思念及此,輒至終夜不能安寢,亦無非欲為爾等尋一生路,惟是爾等冥頑不化,然後不得已而興兵,此則非我殺之,乃天殺之也。爾等今雖從惡,其始同是朝廷赤子,譬如一父母同生十子,八人為善,二人背逆,要害八人,父母之心,須去二人,然後八人得以安生,均之為子,父母之心,何故必欲偏殺二子,不得已也,吾於爾等,亦正如此:若此二子者,一旦悔惡遷善,號泣投誠,為父母者,亦必哀憫而收之,何者,不忍殺其子,乃父母之本心,今得遂其本心,何喜何幸如之,吾於爾

> 等，亦正如此；聞爾等為賊，所得苦亦不多，其間尚有衣食不充者，何不以爾為賊之勤苦精力，而用之於耕農，運之於商賈，可以坐饒致富，而安享逸樂，豈如今日出則畏官避讎，入則防誅懼剿。鳴呼，民吾同胞，爾等皆吾赤子，吾終不能撫恤爾等，而至於殺爾，興言至此，不覺淚下。（《告諭浰頭巢賊》卷一）

陽明此種藹然哀憐無辜之情，先是黃金賊酋盧坷率眾來歸，其後思田囚首盧蘇、王受，亦受陽明仁德感召而自縛請降，陽明無殺戮之慘而全活數萬生靈。

既撫平之，又善導之，督令復業，脩復生理，為舉鄉約、立社學，以明教化，移風易俗；請寬租稅、疏通鹽法，以息民困，並從長計議，詳為精略事宜，請設官巡檢司等，陽明慮患之深，足見其惓惓憂憫赤子之心矣。

陽明嘗寄書聶文蔚曰：

> 世之君子，惟務致其良知，則自能公是非，同好惡，視人猶己、視國猶家，而以天地萬物為一體，求天下無治，不可得矣。古之人所以能見善不啻若己出，見惡不啻若己入，視民之飢溺，猶己之飢溺，而一夫不獲，若己推而納諸溝中者，非故為是而以蘄天下之信己也，務致其良知，求自慊而已矣。（《傳習錄》中）

又曰：

> 天地萬物，本吾一體者也，生民之困苦荼毒，孰非疾痛之切於吾身者乎？（同上）

今觀陽明忠孝仁愛之風，知陽明確能致其萬物一體之仁心，而其所求者，非欲天下人之歌其功、頌其德也，求良心之自安耳。

由陽明之實學，不獨可證其積極入世之精神，尤可發明其創立學說之真義，所謂「陽明思想源於老佛者」，無待辯詰，茲舉古人及近人之論頌陽明者數例，以作本章收語。

明末劉宗周云：

> 特其（陽明）說得高妙，有忘心亦照、無照、無妄等語，頗近於（壇經）不思善、不思惡之語。畢竟以自私自利為彼家斷案，可為卓見矣。（《明儒學案》，卷六十二〈蕺山學案〉）

明王世貞曰：

> 王文成公之致良知與孟子之道性善，皆於動處見本體，不必究析其

偏全，而沉切痛快，誦之使人躍然而自醒，人皆可以爲堯舜，要不
外此第。妒文成之俎豆而膚辭詆訶之，眞蜉蝣之撼樹，可笑也。(《讀
書後》，卷四〈書王文成集後二〉)

清朝朱彝尊曰：

新建勳業氣節文章皆可甲世，特多講學一事，讒言惟興。彝尊少聞
先君子之言矣，心齊顏子之學也，良知不動心，孟子之學也，大學
思復戴、鄭之舊定論，冀息鵝湖之爭，仁智之見各殊，楊墨之歸斯
受，其後流而爲禪者，門弟子之過也。今就先生之詩觀之，其過濂
溪祠云：瞻依多少高山意，曾向圖書識面眞。讀易詩云：乃知先天
翁，畫畫有至教。題武夷壁云：溪流九曲初諳路，精舍千年始及
門。示程畢二子云：紫陽山下多豪俊，應有吟風弄月人。則先生何
嘗立意樹幟張弧，與洛閩諸儒異乎？乃訾訾之口，以先生學術未
純，并先生大節疑焉，皦皦素絲，欲染爲緇，彼譖人者，亦太甚
矣。(《明詩綜卷》二十七下)

近人吳經熊先生嘗曰：

在倫理哲學上，他(陽明)是個十足的儒家；而在思維的方法上，
他卻善於活用禪家的眞知灼見。陽明先生是個富於創造性的思想
家，正惟如此，他才能隨心所欲地吸收各方面的發明，而不爲所
礙，也不爲門戶之見所限。(〈重讀陽明傳習錄隨筆〉，見《陽明學論
文集》)

孟子嘗曰：「頌其詩、讀其書，不知其人，可乎？是以論其世。」(〈萬章下〉)
此誠至教也。故凡論陽明之學說者，斷不可離其生平遭遇而言之，陽明自謂
其學皆「以身發明之」、「自百死千難中得來」，是實經體驗證悟，以爲可行於
世，裨益世教人心者，陽明本身言行，足爲其說之範示，今若捨此不顧，而
欲明陽明學說之眞象，是所謂「刻舟求劍」，去劍遠矣。

第六章　結　論

子夏曰:「詩者,志之所之也,在心為志,發言為詩,情動於中,而形於言。」(〈詩大序〉)故詩特能表現一人之情愫胸懷與夫思想志趣。陽明一生雖未嘗以詩鳴於世,然其詩境極其雄渾鬱勃,憂時傷世而忠貞自持之情,躍然紙上。其作或抒情、或言志、繽紛繁富,前後歷二十餘載,傳世者達六百餘首,於陽明一生學問志業,實不乏證論之價值與補偏之意義。今就本文研究之心得,析論如下:

一、陽明詩各期之特色

大體而觀,陽明每一時期之詩,均能有其時期之特色,除反映其遭遇之外,亦反映當時之心境,而其思想亦融注於其中矣。如今所見陽明詩錄,始於其三十一歲之時,年譜載是年陽明漸悟仙釋二氏之非,然此一時期之詩作,仍流露二家避世養生之色彩,如云:

> 雲端鼓角落星斗,松頂袈裟散雨花;一百六峰開碧漢,八十四梯踏紫霞。山空仙骨葬金槨,春暖石芝抽玉芽;獨揮談塵拂煙霧,一笑天地真無涯。(〈化城寺〉)

> 春宵臥無相,月照五溪花。巖頭金佛國,樹杪謫仙家。彷彿聞笙鶴,青天落絳霞。(〈夜宿無相寺〉)

> 靈峭九萬丈,參差生曉寒;仙人招我去,揮手青雲端。(〈列仙峰〉)

凡此,除顯示陽明思想未臻純熟之外,亦可見其滿懷經國之志,欲有所作為,而遭遇失望挫折心理之反映。陽明雖有隻手斡旋天地之氣概,然士風之衰降、習俗之穨靡,加以從宦以來,「置我有無間,緩急非所賴」之職司,人

微言輕，難以盡展所長。非畏難而避，實初心之所不能堪也，此時陽明又未尋得入聖之途，思想苦悶不已，自不免有遁世息影之念，其曰：

> 塵網苦羈縻，富貴真露草；不如騎白鹿，東遊入蓬島。(〈登泰山〉(五))

然此一經歷，足使陽明思想漸趨成熟，所謂「不經一事，不長一智」。三十四歲，改除兵部主事，會甘泉於京師，講學漸有所得，乃有〈贈陽伯〉一詩，云：「大道即人心，萬古未嘗改，長生在求仁，金丹非外待，繆矣三十年，于今吾始悔。」已明言其涉仙佛之悔意。而其心益能堅忍，自後面臨更大挫折，亦不復動輒思歸，卻能積極謀以自處之道。此堅苦卓絕、淬勵奮發之精神，自以「居謫」三載，發揮最為徹底，試讀其詩所云：「椿樹慣經霜雪老」、「屢經多難解安心」，知其內心已培養出「慣經霜雪」之志意，且能尚友於古人，詩云：「邈然思古人，無悶聊自有」，曰：「邈矣簞瓢子，此心期與論」，能樂顏子之樂，是以能行顏子之道，陽明嘗曰：「顏子有不善未嘗不知，此是聖學真血脈路。」(《傳習錄》下)細嚼陽明此期之吟詠，不獨對其崇高之志節，更增景仰，關於其所以能悟道成學，探得「聖學真血脈路」，亦可了然。

陽明自龍場歸後，稍獲喘息，雖屢有遷陟，往來東西南北仕途，然無論居京師、南都、滁州或歸餘姚，陽明均能趁官閒之便，從事於山水、講學之樂，此亦可由陽明詩見之。

正德十一年始，四方變亂蠭起，陽明身負戡亂之責，出入閩粵湖廣數省，衝寒冒暑，平定賊難，抒朝庭之南憂，解蒼生之倒懸，其憂國憂民之辭，於「贛州詩」與「江西詩」中，俯拾即是，雖其間亦不時流露其對山林之渴慕，對庭闈之眷念，然而陽明詩有云：「家業苟存鄉井戀，風塵先幸甲兵休」、「堂垂雙白虛頻疏，門已三過有底忙」，充分顯其「先天下之憂而憂，後天下之樂而樂」之仁者胸懷。

正德十六年，解甲還鄉，重返園林，不勝喜慰之情，有「青山待我長為主」之句。陽明是年揭致良知之教，四方來遊者日眾，陽明專以此示人，為文賦詩，但求達意，不自拘拘於文辭末節，惟務開曉弟子，故此一時期之詩作，多其論學旨趣，見其傳道解惑之苦切耳。

辭章家評陽明詩，常劃分為前、後期，如王世貞《明詩評》曰：「詩初銳意作者，雖謝專家之業，亦一羽翼之雋也；暮年如武士削髮，縱談玄理，儳

語錯出，君子譏之。」陳子龍等所著《明詩選》曰：「文成少年頗擅風雅，自講學後，多作學究語，乃不堪多錄。」由於陽明早期思想未臻成熟，故曾一度專意於辭章，其後，既以聖學自許，乃不屑為無用之虛文，即有所作，亦以抒發志意為主。孟子嘗曰：「說詩者，不以文害辭，不以辭害意，以意逆志，是為得之。」（〈萬章上〉）故解陽明詩者，亦不當拘於文辭而害其本意，理學家之觀詩，一如辭章家之觀理學，各盡其善，各取其道耳。

「詩以載道」，正可視為理學詩之特殊風貌也。

二、宣其未盡之意

陽明詩可補充其反映於語錄、書錄中之思想，或弟子敘說未盡善者，更能透達陽明精神之所在。

如講學明道一事，陽明自三十四歲專志授徒以來，二十餘載畢力於是，歷憂苦患難之際，亦未嘗廢此。弟子歐陽德於嘉靖二年，第進士，出守六安州，嘗奉書謂其師曰：「初政倥傯，後稍次第，始得與諸生講學。」陽明寄書告曰：「吾所講學，正在政務倥傯中，豈必聚徒而後為講學耶？」（〈年譜〉）其視講學為「明道」之途，故造次必於是，顛沛必於是，屢引孔子之言，曰：「學之不講，是吾憂也。」（《論語・述而篇》，見陽明〈寄希淵書〉）故其後居越六載，每月必以朔望初八、二十三為期，會弟子於龍泉山寺之中天閣，並書壁勉諸生曰：

> 雖有天下易生之物，一日暴之，十日寒之，未有能生者也，承諸君之不鄙，每予來歸，咸集於此，以問學為事，甚盛意也，然不能旬日之留，而旬日之間，又不過三四會，一別之後，輒復離群索居，不相見者，動經年歲，然則豈惟十日之寒而已乎？若是求萌蘗之暢茂條達，不可得矣，故予切望諸君，勿以予之去留為聚散，或五六日八九日，雖有俗事相妨，亦須破冗一會於此，務在誘掖獎勵，砥礪切磋，使道德仁義之習日親日近。……（〈年譜〉）

錢德洪嘗述陽明講學之精神，曰：「先師平生冒天下之非詆推陷，萬死一生，遑遑然不忘講學，惟恐吾人不聞斯道，流於功利機智，以日墮於夷狄禽獸而不覺，其一體同物之心，譊譊終身，至於斃而後已，此孔孟以來聖賢苦心。」（《傳習錄》中卷弁語）

或有謂陽明曰：「古之名世，或以文章，或以政事，或以氣節，或以勳烈，而公克兼之，獨除卻講學一節，即全人矣。」陽明笑曰：「某願從事講學

一節，盡除卻四者，亦無愧全人。」（鄒守益撰《陽明先生文錄序》）

　　由以上陽明所自述或弟子之所追溯，但見其若孔子之栖栖皇皇，恐學術不明於天下之「憂苦」耳。然今讀其詩，曰：

　　　　累累囹圄間，講誦未能輟；桎梏敢忘罪，至道良足樂。（〈別友獄中〉）

　　　　嗟我二三子，吾道有真趣；胡不攜書來，茆堂好同住。（〈諸生〉）

　　　　門生頗群集，樽斝亦時展；講習性所樂，記問復懷睍。（〈諸生來〉）

非但未見其流露一絲憂苦，反而對講學之任，樂於沉潛其中。孔子嘗曰：「知之者，不如好之者；好之者，不如樂之者。」（《論語·雍也篇》）講學明道之事，本為陽明蒿目時艱，感於「天下之患，莫大於風俗之頹靡而不覺」（〈策五道〉），其內心所由衷興起之自覺要求，欲倡明聖學於天下，其以斯道為己任，內心所擔負者，乃神聖莊嚴之使命。陽明深知講學之重任，其不以為苦，反由其中尋得樂趣，庶幾達於孔子所謂「樂之」之最高境界。陽明因常思慕曾點率童冠「浴沂詠歌」之樂〔註1〕渴慕之情，俱見於所詠之詩，曰：

　　　　講習有真樂，談笑無俗流；緬懷風沂興，千載相為謀。（〈諸生夜坐〉）

　　　　滁流亦沂水，童冠得幾人；莫負詠歸興，溪山正暮春。（〈山中示諸生〉）

　　　　閒來聊與二三子，單夾初成行暮春；改課講題非我事，研幾悟道是何人？階前細草雨還碧，簷下小桃晴更新；坐起詠歌俱實學，毫釐須遣認真教。（〈春日花間偶集示門生〉）

　　　　欲將點瑟攜童冠，就攬春雲結小齋。（〈回軍龍南〉）

陽明能寓教於生活之中，平居起坐或山水行樂之間，隨處點化弟子。由其所吟詠之詩句，不難睹其門下一片春風和穆之景。如〈諸生夜坐〉一詩，云：

　　　　謫居澹虛寂，眇然懷同遊；日入山氣夕，孤亭俯平疇。草際見數騎，取徑如相求；漸近識顏面，隔樹停鳴騶。投轡雁鶩進，攜楊各

〔註1〕孔子問志於弟子，子路、冉有、公西華皆整然以對，惟曾點自去鼓起瑟來，及答師之問目，則曰：「暮春者，春服既成，冠者五六人，童子六七人，浴乎沂，風乎舞雩，詠而歸。」孔子有「吾與點也」之嘆。（見《論語·先進篇》）陽明深慕曾點之風。

有羞。分席夜堂坐，絳蠟清樽浮；鳴琴復散帙，壺矢交觥籌。夜弄
溪上月，曉陟林間丘；村翁或招隱，洞客偕探幽。……

寫其日暮時分，獨坐孤亭，俯望平疇，忽見數子策馬而來，或攜酒食，或挾
書冊，分席入坐，鳴琴談笑，觥籌交錯。入夜則相遊於溪上，破曉時登林間
之高丘，怡然和樂，俯仰自如，其景歷歷。陽明每移舟一處，必有弟子聞風
而遠道相從，其教化之施，真如甘霖之降，如〈泊舟大同山溪間〉詩，有
云：「諸生涉水攜詩卷，童子如雲掃石苔。」門人錢德洪曾記癸未年後，從遊
之盛，曰：

環先生而居者比屋，如天妃、光相諸剎，每當一室，常合食者數十
人，夜無臥處，更相就席，歌聲徹昏旦，先生每臨講座，前後左右
環坐而聽者，常不下數百人，送往迎來，安無虛席，諸生每聽講出
門，未嘗不跳躍稱快。（《刻文錄敘說》）

今讀陽明詩，乃知從遊盛況之必然，陽明於講學，不獨志於斯，且樂於斯，
悠遊其中，是以忘憂，其悅樂之情，特於詩中表露無遺也。

此陽明詩所具「補充說明」之價值也。

三、反證後人批評之不實

如日人據陽明登遊寺觀，而斷其思想深染禪學，此點已略辯於前。陽明
固嘗涉遊二氏之門，然據此而為說，則似屬牽強，是只見其一，未知其二也，
殊不知我國文人遊山玩水之通習，況陽明詩中對其佇足寺觀，自有詳言，除
前章所述「尋山到山寺」，是因遊山而偶經其地外，與其長年奔走征戰，不勝
世途擾攘之心境亦有關，陽明詩云：

脩程動百里，往往餉僧居，佛鼓迎官急，禪牀為客虛。桃花成井
落，雲水接郊墟，不覺泥塗澀，看山興有餘。（〈午憩香社寺〉）

陽明自言奔走世途，動輒百里之累，而方外迎客之情誠切，所謂「迎官急，
為客虛」，陽明因而「往往餉僧居」，且漸忘塵世泥塗之艱澀難行。再舉詩以
證，曰：

碧山道士曾相約，歸路還來宿武雲，月滿僊台依鶴侶，書留蒼壁看
鵝群，春巖多雨林芳淡，暗水穿花石溜分，奔走年年家尚遠，空餘
魂夢到柴門。（〈再經武雲觀，書林玉璣道士壁〉）

漾水西頭泗洲寺，經過轉眼又三年，老僧熟認直呼姓，笑我清癯只

> 似前。每有客來看宿處,詩留佛壁作燈傳,開軒掃榻還相慰,慚愧
> 維摩世外緣。(〈泗洲寺〉)

「碧山道士曾相約」、「老僧熟認直呼姓」,彼方外者流,皆超然於勢利之外,陽明過其門而佇足,與之相善,亦不過順其情之自然,「每有客來看宿處,詩留佛壁作燈傳」,足見下榻於此之來客,不乏其人,非陽明專之也,陽明且感於老僧留宿相慰之盛情,猶帶歉意曰:「慚愧維摩世外緣」,謂其與佛家之相交,僅止於世外之緣耳。

故從陽明本身所詠之詩,足以否定後人對其學說所妄下之註解,此略舉一證耳。

四、流言當止於陽明

後人對王學之流弊,往往歸咎於陽明,然讀畢陽明全詩,更覺其光風霽月之人格,且由陽明詩中所流露之民胞物與情懷,見其思想之高超,陽明確能踐履於實,使學行一貫,足以垂範於後世。

陽明於二氏學說亦見其包容之意,陽明曾曰:

> 今夫二氏之說,其始亦非欲以亂天下也,而卒之以亂天下,則是為
> 之徒者之罪也。(〈策五道〉(二))

同樣可說「陽明之學,其始固欲以治天下也,而未免遺後人之惑,則亦為之徒者之罪也」何以然?蓋陽明之學,本為利根之人與中人以下者分別設教而然,學者樂其簡易,恆取捷徑,遂失陽明立教之精神。至於浮偽之輩,則又撿拾虛辭,以相談說,此流弊在陽明當時已略見其端,見陽明年譜所載:

> 客有道自滁,遊學之士,多放言高論,亦有漸背師教者,先生曰:
> 吾年來欲懲末俗之卑污,引接學者多就高明一路,以救時弊;今見
> 學者漸有流入空虛,為脫落新奇之論,吾已悔之矣,故南畿論學,
> 只教學者存天理,去人欲,為省察克治實功。

是年陽明四十三歲,去離世之年,尚十餘載,已生如此弊端,故一旦陽明歿後,諸門人遂各以所見為守,錢德洪常感嘆曰:「師既歿,音容日遠,吾黨各以己見立說,學者稍見本體,即好為徑超頓悟之說,無復有省身克己之功,一見本體,超聖可以企足,視師門誠意、格物、為善、去惡之旨,皆相鄙以為第二義。簡略事為,言行無顧,甚者蕩滅禮教,猶自以為聖門之最上乘。噫!亦已過矣。」(〈陽明大學問跋〉)

王學末流,或專務心法,崇尚頓悟;或蔑棄禮義,無所忌憚。泰州一系

之末流，竟有所謂「酒色財氣不礙菩提路」之語，道德淪落，人亦譏之為「狂禪」，故明末清初攻王學者遂亦紛起，追源其本，而歸咎陽明為始作俑者，甚而將明之亡國，嫁於王學之上，如陸稼書曰：

> 愚以為明之天下，不亡於寇盜，不亡於朋黨，而亡於學術；學術之壞，所以釀成寇盜，朋黨之禍也。（見《三魚堂集》）

此豈為陽明立教之初意？又豈陽明始料所及耶？無怪陽明弟子王畿於「重刻陽明生文錄後語」，曾曰：

> 道必待言而後傳，夫子嘗以無言為警矣。言者，所由以入於道之詮。凡待言而傳者，皆下學也。

又曰：

> 學者之於言也，猶之暗者之於燭，跛者之於杖也，有觸發之義焉，有培栽之義焉，而其機則存乎心悟，不得於心，而泥於言，非善學者也。

陽明既孜孜於講學，聞弟子欲錄其說，又以無言警之，是其深知落於言詮之繁文，傳之，恐眩人耳目也，然豈料其弊一至於此耶？

何以陽明學說傳諸日本，成為明治維新之動力，為彼邦帶來復興之機運[註2]，卻反謂王學在我國造成明朝之滅亡？深究內情，明之滅亡，實內閣外寇交相為禍，積弊重深之故也，正以陽明學說未獲君王之提倡發揚也，而其說在日本，則發揮激濁揚清之作用，日人仰慕陽明之風，日俄戰爭之際，日本東鄉元帥，嘗掛一佩印，上刻「一生低首拜陽明」七字，誠足令人深長思也。

明徐階作王文成公全書序，有言曰：「凡讀書者，以身踐之，則書與我為一，以言視之，則判然二耳。自公致良知之說興，士之獲聞者眾矣，其果能自致其良知，卓然踐之以身者否也，夫能踐之以身，則於公所垂訓，誦其一言而已足，參諸傳習錄而已繁，否則，雖盡讀公之書，無益也。」

此誠然也，今讀陽明詩文，探其學術思想，果能悟之於心而踐之以身，則無愧陽明之教矣。

〔註 2〕　參柳嶽生撰〈王學是明治維新的原動力〉一文。載張鐵君《陽明學說在今日》書中，頁 431。

主要參考書目

1. 唐・孔穎達，《周易正義》，阮刻十三經注疏本，藝文印書館。
2. 唐・孔穎達，《毛詩正義》，阮刻十三經注疏本，藝文印書館。
3. 唐・孔穎達，《禮記正義》，阮刻十三經注疏本，藝文印書館。
4. 宋・邢昺，《論語注疏》，阮刻十三經注疏本，藝文印書館。
5. 宋・邢昺，《孝經注疏》，阮刻十三經注疏本，藝文印書館。
6. 宋・孫奭，《孟子注疏》，阮刻十三經注疏本，藝文印書館。
7. 宋・朱熹，《大學章句》，世界書局。
8. 宋・朱熹，《中庸章句》，世界書局。
9. 宋・釋道原，《景德傳燈錄》，眞善美出版社。
10. 宋・釋普濟，《五燈會元》，廣文書局。
11. 元・宗寶編，《六祖大師法寶壇經》，台灣印經處。
12. 元・脫脫，《宋史》，仁壽本二十六史。
13. 明・謝廷傑彙本，《王陽明全書》，正中書局。
14. 明・楊慎，《升菴全集》，國學基本叢書。
15. 明・王世貞，《名卿績紀》，百部叢書集成紀錄彙編。
16. 明・王世貞，《明詩評》，百部叢書集成紀錄彙編。
17. 明・王世貞，《讀書後》，四庫全書珍本第六集。
18. 明・唐樞，《國琛集》，百部叢書集成。
19. 明・鄺露，《赤雅》，百部叢書集成。
20. 明・田汝成，《西湖遊覽志》，四庫全書珍本第六集。
21. 明・墨憨齋，《王陽明出身靖難錄》，廣文書局。
22. 清・黃宗羲、全謝山，《宋元學案》，臺灣商務印書館。

23. 清‧黃宗義,《明儒學案》,臺灣商務印書館。

24. 清‧陳建,《學蔀通辨》,廣文書局。

25. 清‧毛奇齡,《王文成傳本》,國學基本叢書。

26. 清‧張烈,《王學質疑》,百部叢書集成正誼堂全書。

27. 清‧朱彝尊,《明詩綜》,中國學術名著。

28. 清‧田雯,《黔書》,百部叢書集成粵雅堂叢書。

29. 清‧張廷玉,《明史》,仁壽本二十六史。

30. 清‧沈德潛,《明詩別裁》,國學基本叢書。

31. 清‧沈佳,《明儒言行論》,四庫全書珍本第三集。

32. 清‧唐鑑,《清學案小識》,國立中央圖書館。

33. 清‧郭慶藩,《莊子集釋》,河洛圖書出版社。

34. 清‧陳田,《明詩記要》,國學基本叢書。

35. 《四庫全書總目提要》,國學基本叢書。

36. 民國‧馮友蘭,《中國思想史》。

37. 民國‧王禹卿,《王陽明之生平及其學說》,正中書局。

38. 民國‧陳建夫,《王陽明學說及其事功》,上海大東書局。

39. 民國‧錢穆,《宋明理學概述》,中華文化出版事業委員會。

40. 民國‧吳康,《宋明理學》,華國出版社。

41. 民國‧錢穆,《陽明學述要》,正中書局。

42. 民國‧胡美琦,《陽明教育思想》,中央文物供應社。

43. 民國‧胡哲敷,《陸王哲學辨微》,水牛出版社。

44. 民國‧葉鈞點注,《傳習錄》,商務印書館。

45. 民國‧賈豐臻,《陽明學》,商務印書館。

46. 民國‧簡又文,《白沙子研究》,香港簡氏猛進書屋。

47. 民國‧印順,《中國禪宗史》,台中廣益書局。

48. 民國‧巴壺天,《藝海微瀾》,廣文書局。

49. 民國‧程發軔,《理學概要》,正中書局。

50. 民國‧張其昀等,《陽明學論文集》,華岡出版社。

51. 民國‧陳榮捷,《王陽明與禪》,無隱精舍。

52. 民國‧賈銳,《朱晦菴與王陽明二氏學術思想之比較》,私立東吳大學中國學術著作獎助委員會。

53. 民國‧蔡仁厚,《王陽明哲學》,三民文庫。

54. 民國‧張鐵君,《陽明學說在今日》,學園月刊社。

55. 民國‧杜松柏，《禪學與唐宋詩學》，黎明出版社。

56. 民國‧蔣維喬，《中國佛教史》，莊嚴印書館。

57. 民國‧姜亮夫，《歷代人物碑傳綜表》，華世出版社。

58. 民國‧馬岡，《中國思想史資料導引》，牧童出版社。

59. 《明史傳記資料索引》，中央圖書館。

60. 民國‧王煜，《從瑜珈與禪定論陸象山、王陽明、王龍溪之學非禪非佛》，新亞學院年刊第十八期。